丛书系国家社科基金重大招标项目《中国共产党百年奋斗中坚持敢于斗争经验研究》（项目编号：22ZDA015）阶段性成果。

奋力建设现代化新广东研究丛书

中山大学中共党史党建研究院 编 张 浩 丛书主编

文化强省建设的 广东实践及路径研究

廖茂忠 刘梦雪 著

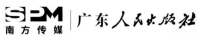
广东人民出版社
·广州·

图书在版编目（CIP）数据

文化强省建设的广东实践及路径研究 / 廖茂忠，刘梦雪著. -- 广州：广东人民出版社，2024.8.（奋力建设现代化新广东研究丛书）. -- ISBN 978-7-218-17812-7

Ⅰ. G127.65

中国国家版本馆CIP数据核字第2024FW3037号

WENHUA QIANGSHENG JIANSHE DE GUANGDONG SHIJIAN JI LUJING YANJIU

文化强省建设的广东实践及路径研究

廖茂忠　刘梦雪　著

出 版 人：肖风华

出版统筹：卢雪华
策划编辑：曾玉寒
责任编辑：伍茗欣　李宜励
装帧设计：广大迅风艺术　刘瑞锋
责任技编：吴彦斌

出版发行：广东人民出版社
地　　址：广州市越秀区大沙头四马路10号（邮政编码：510199）
电　　话：（020）85716809（总编室）
传　　真：（020）83289585
网　　址：http://www.gdpph.com
印　　刷：广州市豪威彩色印务有限公司
开　　本：787mm×1092mm　1/16
印　　张：17.25　　字　　数：280千
版　　次：2024年8月第1版
印　　次：2024年8月第1次印刷
定　　价：75.00元

如发现印装质量问题，影响阅读，请与出版社（020-85716849）联系调换。
售书热线：（020）87716172

奋力建设现代化新广东研究丛书
编委会

主　编：张　浩

编　委：王仕民　詹小美　刘　燕　袁洪亮

　　　　龙柏林　胡　莹　罗嗣亮　石德金

　　　　万欣荣　廖茂忠　史欣向

总 序

古代广东处于中国大陆的最南端，南有茫茫大海、北有五岭的重重阻隔，且远离中国的政治经济文化中心。然而，近代以来，广东却屡开风气之先。广东是反抗外国侵略的前哨，同时又是外国新事物传入中国的门户，地处东西文明交流的前沿，一直扮演着现代化先行者的角色。许多重大历史事件和著名历史人物不约而同和广东联系在一起，使广东在整个近代中国居于一种特殊的地位。中国近代史的第一页就是在广东揭开的。两次鸦片战争都在广东发生，西方国家用大炮打开中国大门，首先打的是广东。而中国人民反抗外国侵略的斗争，也首先是从广东开始的。众所周知，1840年英国侵略者以林则徐在广东虎门销烟为由，发动侵略中国的鸦片战争，这是中国近代史开端的标志。作为近代中国人民第一次反侵略斗争的三元里抗英斗争即发生在广东，因此广东成为中国反对外来侵略的前沿阵地。广东也产生了一大批在中国乃至世界上都有影响力的思想家、革命家。他们站在时代的前列，探索救国救民的真理，投身于救国救民的运动，推动和影响了近代中国发展的历史进程。毛泽东在《论人民民主专政》一文中谈到近代先进的中国人向西方寻求救国真理，他举出四个代表人物，即洪秀全、严复、康有为和孙中山，这四个人中有三个是广东人。从洪秀全领导的太平天国起义，到康有为等人领导的维新运动，这些广东仁人志士对救国良方的寻觅，都推动了中国早期的现代化进程。特别是孙中山先生在《建国方略》中曾对中国现代化景象作出过天才般的畅想。然而，遗憾的是，由于没有先进力量的领导、没有科学理论的指导，民族独立无法实现，现代化也终究是水月镜花。

1921年7月，中国共产党的诞生，是开天辟地的大事变，标志着中国的革命事业有了主心骨、领路人。广东是大革命的策源地、中国共产党领导革命斗争的重要发源地之一、中国共产党探索革命道路的核心区域之一和全国敌后抗日三大战场之一。革命战争年代，广东英雄人物辈出，其中陈延年、张太雷、邓中夏、蔡和森、张文彬等人为中国革命献出了宝贵生命；彭湃烧毁自家田契，领导了海陆丰农民运动，为人民利益奋斗终身；杨殷卖掉自己广州、香港的几处房产，为革命事业筹集经费，最后用生命捍卫信仰……这些铮铮铁骨的共产党人用生命为民族纾困，为国家分忧。总之，广东党组织在南粤大地高举革命旗帜28年而不倒，坚持武装斗争23年而不断，为中国新民主主义革命的胜利作出了巨大的贡献，从而为现代化事业发展准备了根本条件。

新中国成立后，广东砥砺前行，开始了探索建设社会主义现代化的伟大实践。在"四个现代化"宏伟目标的指引下，中共广东省委带领广东人民以"敢教日月换新天"的勇气和斗志，发展地方工业，完成社会主义改造，建立起社会主义基本制度，拉开大规模社会主义建设的序幕。此后，广东又在国家投资支援极少的情况下，自力更生建立了比较完整的工业体系和国民经济体系。这一时期，全省兴建了茂名石油工业公司、广州化工厂、湛江化工厂、广州钢铁厂以及流溪河水电站、新丰江水电站等骨干企业，改组、合并和新建了200多家机械工业企业，工农业生产能力明显增强。这一时期，广东社会主义现代化建设事业经过长期而艰苦的实践探索，在农业、工业、科学技术等方面取得了一系列突出成就，为推进社会主义现代化奠定了坚实的物质基础。

党的十一届三中全会以来，广东充分利用中央赋予的特殊政策和灵活措施，在改革开放中先行一步，走出了一条富有广东特色的现代化发展路径。广东大胆地闯、大胆地试，以"敢为天下先"的历史担当和"杀出一条血路"的革命精神，带领全省人民解放思想，在改革开放探索中先行一步。"改革开放第一炮"作为"冲破思想禁锢的第一声春雷"响彻深圳蛇口上空，"时间就是金钱，效率就是生命"的口号传遍祖国大地。在推进经济特区建设、经济体制改革，发展外向型经济，率先建立社会主义市场经济体制的过程中，广东以改革精神破冰开局，实现了第一家外资企业、第一个出口加工区、第一张股票、第一批农民工、第一家涉外酒店、第一个商品房小区等多个"第一"；探索出"前店后厂""三来一补""外向带动""腾笼换鸟、造林引凤""粤港澳合作"等诸多创新之路。相关数据显示，至2012年，城乡居民人均可支配收入分别为30226.71元和10542.84元；城镇化水平达67.4%，人均预期寿命提高到76.49岁，高等教育毛入学率超过32%。作为改革开放的先行地，广东还贡献了现代化的创新理念、思路和实践经验。"珠江模式""深圳速度""东莞经验"等在全国产生了巨大影响，为探索中国特色社会主义现代化道路贡献了实践模板。总之，改革开放风云激荡，南粤大地生机勃勃，广东人民生活已经实现从温饱到总体达到小康再到逐步富裕的历史性跨越，为基本实现现代化打下了良好的基础。

　　党的十八大以来，中国特色社会主义进入新时代。习近平总书记对广东全面深化改革、全面扩大开放、深入推进现代化事业高度重视，先后在改革开放40周年、经济特区建立40周年、改革开放45周年等重要节点到广东视察，寄望广东"继续在改革开放中发挥窗口作用、试验作用、排头兵作用"，勉励广东"继续全面深化改革、全面扩大开放，努力创造出令世界刮目相看的新的更大奇迹"，要求广东"以更大魄力、在更高起点上推进改革开放"，嘱托广东在新征程上要"在全面深化改革、扩大高水平对外开放、提升科技自立自强能力、建设现代化产业体系、促进城乡区域协调发展等方面继续走在全国前列，在推进中国式现代化建设中走在前列"，这为广东推动改革开放和社会主义现代化向更深层次挺进、更广阔领域迈进指明了方向。在以习近平同志为核心的党中央的亲切关怀和坚强领导下，广东高举习近平新时代中国特色社会主义思想伟大旗帜，坚持改革不停顿、开放不止步，进一步解放思想、改革创新，进一步真抓实干、奋发进取，不断开创广东现代化建设新局面。广东立定时代潮头，坚持改革开放再出发，勇当中国式现代化的领跑者。广东以习近平总书记对广东的重要讲话和重要指示批示精神统揽工作全局，加强对中央顶层设计的创造性落实，不断围绕服务国家重大战略贡献长板、担好角色，以全面深化改革为鲜明导向，纵深推进粤港澳大湾区、深圳先行示范区建设，推动横琴、前海、南沙三大平台稳健起步，实现了经济平稳较好发展和社会和谐稳定，确保经济、政治、文化、社会、生态文明建设"五位一体"统筹推进，在经济高质量发展、文化强省建设、法治广东建设、生态文明建设以及民生事业发展等方面取得具有历史意义的新成就。2023年广东GDP达到13.57万亿元，经济总量连续35年全国第一，区域创新综合能力连续7年全国第一，规上工业企业超7.1万家，高新技术企业超过7.5万家，19家广东企业进入世界500强，超万亿元、超千亿元级产业集群分别达到8个和10个，"深圳—香港—广州"科技集群位居全球前列，建成国际一流的机场、港口、公路及营商环境，新质生产力发展势头良好，这为广东在推进中国式现代化建设中走在前列奠定了坚实的物质基础。

中国式现代化前途光明，任重道远。广东是东部发达省份、经济大省，以占全国不到2%的面积创造了10.7%的经济总量，在中国式现代化建设的大局中地位重要、作用突出，完全能够在现代化建设、高质量发展上继续走在全国前列。

促发展争在朝夕，抓落实重在实干。为了更好落实"在推进中国式现代化建设中走在前列"这一习近平总书记对广东的深切勉励、殷切期望和战略指引，2023年6月20日，中共广东省委十三届三次全会作出"锚定一个目标，激活三大动力，奋力实现十大新突破"的"1310"具体部署。这是紧跟习近平总书记、奋进新征程的坚定态度和郑重宣示，是把握大局、顺应规律、立足实际的科学布局，是推进中国式现代化的广东实践的施工图、任务书。时间不等人、机遇不等人、发展不等人。唯有大力弘扬"闯"的精神、"创"的劲头、"干"的作风，一锤一锤接着敲、一件一件钉实钉牢，才能把蓝图变为现实，推动广东在推进中国式现代化建设中走在前列。

岭南春来早，奋进正当时。2024年2月18日是农历新春第一个工作日，继去年"新春第一会"之后，广东再度召开全省高质量发展大会，这次大会强调"接过历史的接力棒，建设一个现代化的新广东，习近平总书记、党中央寄予厚望，父老乡亲充满期待，我们这代人要有再创奇迹、再写辉煌的志气和担当，才能不辜负先辈，对得起后人"，吹响了奋力建设一个靠创新进、靠创新强、靠创新胜的现代化新广东的冲锋号角，释放出"追风赶月莫停留、凝心聚力加油干"的鲜明信号。向天空探索、向深海挺进、向微观进军、向虚拟空间拓展，广东以"新"提"质"，以科技改造现有生产力，积极催生新质生产力，不断增强高质量发展的"硬实力"。观大局、抓机遇、行大道，广东作为经济大省、制造业大省，不断筑牢实体经济为本、制造业当家的根基，持续推动高质量发展，必将创造新的伟大奇迹。

2024年7月15日至18日，中国共产党第二十届中央委员会第三次全体会议在北京举行。党的二十届三中全会是在新时代新征程上，中国共产党坚定不移高举改革开放旗帜，紧紧围绕推进中国式现代化进一步全面深化改革而召开的一次十分重要的会议。全会审议通过的《中共中央关于进一步全面深化改革、推进中国式现代化的决定》，深入分析推进中国式现代化面临的新情况新问题，对进一步全面深化改革作出系统谋划和部署，既是党的十八届三中全会以来全面深化改革的实践续篇，也是新征程推进中国式现代化的时代新篇，擘画了进一步全面深化改革的蓝图，发出了向改革广度和深度进军的号令。广东全省上下要闻令而动，积极响应党中央的号召，全面贯彻落实党的二十届三中全会各项部署，以走在前列的担当进一步全面深化改革，扎实推进中国式现代化的广东实践。要围绕强化规则衔接、机制对接，把粤港澳大湾区建设作为全面深化改革的大机遇、大文章抓紧做实，携手港澳加快推进各领域联通、贯通、融通，持续完善高水平对外开放体制机制，依托深圳综合改革试点和横琴、前海、南沙、河套等重大平台开展先行先试、强化改革探索，努力创造更多新鲜经验，牵引带动全省改革开放向纵深推进。要围绕构建新发展格局、推动高质量发展，进一步深化经济体制改革，着眼处理好政府和市场的关系，加快构建高水平社会主义市场经济体制；着眼发展新质生产力，健全推动经济高质量发展体制机制；着眼补齐最突出短板，健全促进城乡区域协调发展的体制机制，更好激发广东发展的内生动力和创新活力。要围绕推进高水平科技自立自强，加快构建支持全面创新体制机制，深化教育综合改革、科技体制改革、人才发展体制机制改革，打通创新链、产业链、资金链、人才链，着力提升创新体系整体效能。要围绕提升改革的系统性、整体性、协同性，统筹推进民主、法治、文化、民生、生态等各领域改革，确保改革更加凝神聚力、协同高效。要围绕构建新安全格局，扎实推进国家安全体系和能力现代化，全面贯彻总体国家安全观，加强国家安全体系建设，完善公共安全治理机制，持续加强和创新社会治理，切实保障社会大局平安稳定。要围绕提高对进一步全面深化改革、推进中国式现代化的领导水平，切实加强党的全面领导和党的建设，始终坚持党中央对全面深化改革的集中统一领导，深化党的建设制度改革，健全完善改革推进落实机制，充分调动广大党员干部抓改革、促发展的积极性、主动性、创造性，以钉钉子精神把各项改革任务落到实处。

　　站在新的历史起点上，回望我们党领导人民夺取革命、建设、改革伟大胜利的光辉历程和广东取得的举世瞩目的发展成就，眺望强国建设、民族复兴的光明前景和广东现代化建设的美好未来，我们更加深刻感到，改革开放必须坚定不移，广东靠改革开放走到今天，还要靠改革开放赢得未来；更加深刻感到，改革开放需要群策群力，进一步全面深化改革，每个人都不是局外人旁观者，都是参与者贡献者；更加深刻感到，改革开放务求真抓实干，中国式现代化是干出来的，伟大事业都成于实干。岭南处处是春天，一年四季好干活。全省上下要从此刻开始，从现在出发，拿出早出工、多下田、干累活的工作热情，主动投身到进一步全面深化改革的宏伟事业中来，以走在前列的闯劲干劲拼劲，推动改革开放事业不断取得新进展新突破，推动高质量发展道路越走越宽，让创新创造社会财富的活力竞相迸发、源泉充分涌流，奋力建设好现代化新广东，切实推动广东在推进中国式现代化建设中走在前列，为强国建设、民族复兴作出新的更大贡献！

　　在中华人民共和国成立75周年、中山大学建校100周年之际，中山大学中共党史党建研究院组织专家撰写的《奋力建设现代化新广东研究丛书》的出版，具有重要的政治意义和纪念意义。同时，这套丛书也是国家社科基金重大招标项目《中国共产党百年奋斗中坚持敢于斗争经验研究》（项目号：22ZDA015）的阶段性成果，丛书的出版也有一定的学术意义。

　　希望这套丛书在深化对党的二十大精神和习近平总书记视察广东重要讲话、重要指示精神如何在岭南大地落地生根、结出丰硕成果的研究阐释方面立新功，在深化对广东推进中国式现代化的创新举措和发展经验研究方面谋新篇，在推动中山大学围绕中央和地方经济社会发展需要开展对策研究和前瞻性战略研究方面探新路。

　　是为序。

中山大学中共党史党建研究院

2024年8月

目录
CONTENTS

2

第二章
广东文化强省建设基础与现状

3

第三章
广东文化强省建设的战略规划

4 第四章
文化强省建设丰富高品质文化供给

5

第五章

文化强省建设赋能广东高质量发展

6 第六章
文化强省建设丰富人民精神文化生活

7 第七章
文化强省建设推进岭南文化的传承与发展

第八章

文化强省建设深化拓展文化传播与交流

第九章

高水平推进广东文化强省建设的基本策略

加快推进文化建设是时代发展的必然要求

在人类历史发展进程中，文化发挥着不可替代的作用，"政治、法、哲学、宗教、文学、艺术等等的发展是以经济发展为基础的。但是，它们又都互相作用并对经济基础发生作用。"①文化兴国运兴，文化强民族强。文化建设在中国特色社会主义建设事业总体格局中占有十分重要的战略地位。新时代以来，随着我国社会的快速转型和我国经济体制改革的不断深入，建设社会主义文化强国成为党和国家建设的重中之重，体现了社会主义物质文明与精神文明协调发展的根本取向，为中国特色社会主义事业建设发展奠定了良好的文化基础。

2012年11月，党的十八大报告提出"扎实推进社会主义文化强国建设"的战略目标，这是中国共产党在准确把握世情国情变化的基础上，对社会主义文化建设作出的具体部署。"建设社会主义文化强国，必须走中国特色社会主义文化发展道路，坚持为人民服务、为社会主义服务的方向，坚持百花齐放、百家争鸣的方针，坚持贴近实际、贴近生活、贴近群众的原则，推动社会主义精神文明和物质文明全面发展，建设面向现代化、面向世界、面向未来的，民族的科学的大众的社会主义文化。"②中国共产党第十八届中央委员会第三次全体会议通过的《中共中央关于全面

---

① 《马克思恩格斯文集》第10卷，人民出版社2009年版，第668页。

② 《十八大以来重要文献选编》（上），中央文献出版社2014年版，第24页。

深化改革若干重大问题的决定》指出："建设社会主义文化强国，增强国家文化软实力，必须坚持社会主义先进文化前进方向，坚持中国特色社会主义文化发展道路，培育和践行社会主义核心价值观，巩固马克思主义在意识形态领域的指导地位，巩固全党全国各族人民团结奋斗的共同思想基础。坚持以人民为中心的工作导向，坚持把社会效益放在首位、社会效益和经济效益相统一，以激发全民族文化创造活力为中心环节，进一步深化文化体制改革。"[1]2017年10月，习近平总书记在党的十九大报告中深刻指出："文化是一个国家、一个民族的灵魂。文化兴国运兴，文化强民族强。没有高度的文化自信，没有文化的繁荣兴盛，就没有中华民族伟大复兴。要坚持中国特色社会主义文化发展道路，激发全民族文化创新创造活力，建设社会主义文化强国。"[2]在党的十九大报告中，"建设社会主义文化强国"的战略目标更加明确，文化自信的基础性地位更加凸显，牢牢掌握意识形态工作领导权的任务更为关键，全党全国各族人民在实现中华民族伟大复兴的历史征程中担负起了新的文化使命，在实践创造中进行文化创造，在历史进步中实现文化进步。

党的十八大以来，以习近平同志为核心的党中央把文化建设提升到新的历史高度，将文化自信和道路自信、理论自信、制度自信并列为中国特色社会主义"四个自信"，把坚持马克思主义在意识形态领域指导地位的制度确立为中国特色社会主义制度体系的根本制度，把坚持社会主义核心价值体系纳入新时代坚持和发展中国特色社会主义的基本方略。我国文化建设在正本清源、守正创新中取得历史性成就、发生历史性变革，为新时代坚持和发展中国特色社会主义、开创党和国家事业全新局面提供了强大正能量。"十四五"时期是我国实现第一个百年奋斗目标之后，乘势而

---

① 《十八大以来重要文献选编》（上），中央文献出版社2014年版，第533页。
② 《十九大以来重要文献选编》（上），中央文献出版社2019年版，第29页。

上开启全面建设社会主义现代化国家新征程、向第二个百年奋斗目标进军的关键时期，要把文化建设放在全局工作更加突出的位置。习近平总书记明确提出了"十四五"时期我国文化建设的目标任务，强调要坚持马克思主义在意识形态领域的指导地位，坚守中华文化立场，坚持以社会主义核心价值观引领文化建设，紧紧围绕举旗帜、聚民心、育新人、兴文化、展形象的使命任务，加强社会主义精神文明建设，繁荣发展文化事业和文化产业，不断提高国家文化软实力，增强中华文化影响力，发挥文化引领风尚、教育人民、服务社会、推动发展的作用。习近平总书记在党的二十大报告中明确强调："全面建设社会主义现代化国家，必须坚持中国特色社会主义文化发展道路，增强文化自信，围绕举旗帜、聚民心、育新人、兴文化、展形象建设社会主义文化强国，发展面向现代化、面向世界、面向未来的，民族的科学的大众的社会主义文化，激发全民族文化创新创造活力，增强实现中华民族伟大复兴的精神力量。"[1]举旗帜、聚民心、育新人、兴文化、展形象是新征程上建设社会主义文化强国的核心要点，我们要坚持马克思主义在意识形态领域指导地位的根本制度，坚持为人民服务、为社会主义服务，坚持百花齐放、百家争鸣，坚持创造性转化、创新性发展，以社会主义核心价值观为引领，发展社会主义先进文化，弘扬革命文化，传承中华优秀传统文化，满足人民日益增长的精神文化需求，巩固全党全国各族人民团结奋斗的共同思想基础，不断提升国家文化软实力和中华文化影响力。

高水平推进文化强省建设是广东肩负的光荣使命

岭南春早，潮起珠江。广东是我国改革开放的先行地，是我国多项改革试点工作的实验区。在党中央、国务院和广东省委省政府的坚强领导

---

① 《习近平著作选读》第1卷，人民出版社2023年版，第35页。

下，广东社会经济建设取得了举世瞩目的成就，为全国各省市树立了旗帜与典范。党的十八大以来，习近平总书记高度重视广东、时刻关心广东，对广东高质量发展谆谆指引。2012年12月，习近平总书记在党的十八大胜利召开后前往广东调研，提出"广东要努力成为发展中国特色社会主义的排头兵、深化改革开放的先行地、探索科学发展的实验区，为率先全面建成小康社会、率先基本实现社会主义现代化而奋斗"①的殷殷期许。"三个定位两个率先"既是对广东建设成绩与特殊地位的高度肯定，又为广东日后工作树立了明确的前进方向与行动指南。2017年4月，习近平总书记向广东作出了"坚持党的领导、坚持中国特色社会主义、坚持新发展理念、坚持改革开放，为全国推进供给侧结构性改革、实施创新驱动发展战略、构建开放型经济新体制提供支撑，努力在全面建成小康社会、加快建设社会主义现代化新征程上走在前列"②的重要批示。总书记认为，"广东这40年非常了不起，创造了许多全国第一"，指出"广东改革发展先行一步，对推动高质量发展必要性和紧迫性的感受会更深一些"，寄望广东"在推动高质量发展上聚焦用力，发挥示范引领作用"。2023年4月，习近平总书记在广东考察调研时提出"扎实推进广东高质量发展"。③在习近平总书记的亲自谋划、亲自部署与亲自推动下，党中央接连赋予广东建设粤港澳大湾区、深圳先行示范区和横琴、前海、南沙三大平台等重大机遇，部署建设大湾区国际科技创新中心、综合性国家科学中心和高水平人才高地，以及鹏城实验室、广州实验室、广州期货交易所、

---

① 丘克军：《南粤春早（伟大征程·纪念改革开放40周年）》，《人民日报》2018年4月23日。

② 丘克军：《南粤春早（伟大征程·纪念改革开放40周年）》，《人民日报》2018年4月23日。

③ 《黄坤明同志在广东省高质量发展大会上的讲话实录》，广东省人民政府门户网站2023年1月28日。

华南国家植物园、深圳"国际红树林中心"等重要项目，为广东高质量发展注入了强劲动力。在以中国式现代化全面推进中华民族伟大复兴的时代主题下，广东使命光荣而任务艰巨，必须坚持以广东高质量发展推进中国式现代化建设新跨越，以广东文化强省建设掀起中国特色社会主义文化建设新高潮。

广东发挥"敢为天下先"的改革开放精神，在社会主义文化建设方面作出了先行探索，总结得出了许多推进中国特色社会主义文化繁荣发展的有益经验。深圳特区成立三十周年之际，《人民日报》连续发表《"沙漠"何以变"绿洲"》《深圳，让文化回归市民权利》等文章，指出"文化、旅游曾都被认为是深圳的弱项，而今深圳却排名内地旅游城市前列，作为文化经济发展的典范"，着力介绍了深圳"文化是阳光、水、空气，应该渗透进每一个单位、企业、家庭"的文化建设理念。深圳市文化建设所取得的瞩目成就是广东省深入推进文化建设的重要体现。新时代以来，广东充分发挥岭南文化丰富深厚、文化事业基础坚实、文化和旅游产业实力雄厚、文化科技全国领先、居民消费潜力巨大等优势条件，大力弘扬敢闯敢试、敢为人先的改革精神，充分发挥广东先行一步的优势，不断研究新情况、解决新问题、总结新经验、探索新规律，通过广东在文化强省建设方面的生动实践为党的理论创新提供丰厚土壤，为社会主义文化强国建设贡献广东力量。《人民日报》等中央权威媒体陆续刊发《广东"文化绿洲"添新景》《广东：2000场文化活动闹新春》《文化决定城市未来》《用文字丈量城市维度》《广东：传统产业插上文化翅膀》《广东文创大步流星走出去》《广东软实力练出硬功夫》等重要文章，宣传新时代广东文化强省建设的重要成就，推介广东文化强省建设的有益经验。新的征程上，广东担负起新的文化使命，深入学习贯彻习近平总书记关于文化建设的新思想新观点新论断，把文化强省建设摆在突出重要位置，为广东在推进中国式现代化建设中走在前列提供坚强思想保证和强大精神力量，以先行者的姿态开辟中国特色社会主义文化发展道路。

高水平推进文化强省建设要交出物质文明和精神文明两份好的答卷

2023年6月，中共广东省委十三届三次全会强调，要深入学习贯彻习近平总书记视察广东重要讲话、重要指示精神，锚定"走在前列"总目标，自觉用以统领广东各项工作，深刻认识和把握好总目标蕴含的丰富新内涵、新使命、新要求、新期待、新标高，深刻认识和把握好广东具有的优势条件和面临的困难问题，进一步明晰广东所处的历史方位，坚决摒弃守的心态、振奋创的精神，以"再造一个新广东"的闯劲干劲拼劲向着新的目标再出发，切实担负起推进中国式现代化建设的广东使命。全会着重指出，扎实推进文化强省建设，在努力交出物质文明和精神文明两份好的答卷上取得新突破。

高水平推进广东文化强省建设是加快建设现代化产业体系的迫切要求。党的二十大报告提出"建设现代化产业体系"的战略目标，要求实施国家文化数字化战略，健全现代文化产业体系和市场体系，实施重大文化产业项目带动战略。文化产业是一个物质与精神高度融合的产业，是促消费、稳增长、稳就业的主力军，在现代化产业体系中扮演着非常重要的角色。目前，广东文化产业已经形成特色鲜明的优势效应，总体呈现出稳健发展态势。《广东省国民经济和社会发展第十四个五年规划和2035年远景目标纲要》规划展望："十四五"时期，全省文化产业增加值年均增速高于8%，到2025年，文化产业增加值占全省GDP比重超过6%。近年来，广东统筹推进传统文化产业改造升级和新兴文化产业培育壮大，着重培育"数字+文化""创意+文化""金融+文化""农业+文化""绿色+文化""旅游+文化"等新模式，因地制宜发展新产业新业态，形成供应链齐全、各要素集中、富有创新活力的新型文化产业集群，构筑广东文化强省新优势，努力塑造与经济实力相匹配的文化实力，为广东在推进中国式现代化建设中走在前列构筑强大的物质技术基础。

推进广东文化强省建设是促进人的全面发展的必然要求。恩格斯在《社会主义从空想到科学的发展》中强调："通过社会化生产，不仅可能保证一切社会成员有富足的和一天比一天充裕的物质生活，而且还可能保证他们的体力和智力获得充分的自由的发展和运用。"①在公有制社会中，随着生产力的不断解放和发展，人们能够从物质生活与精神生活两方面获得实现全面自由发展的条件。"我们今天的奋斗，就是为了打造更多享誉世界的广东产品、广东企业、广东产业，建成国际一流的广东机场、广东港口、广东公路，涵育多彩多姿的广东山水、广东湖海、广东花木，传承充满浓浓乡愁的广东城乡、广东文化、广东韵味，让父老乡亲脸上充满幸福的笑容和希望。"②广东经济建设、政治建设、文化建设、社会建设、生态建设的根本目的就是实现人民的幸福生活，促进人的自由全面发展。目前，广东仍然存在精神文明和物质文明发展不平衡的短板，人民群众的精神文明需求难以得到充分满足。因此，坚持以人民为中心，扎实推进文化强省建设，切实解决文化发展不平衡不充分的问题，让人民群众文化获得感成色更足更可持续，是广东必须长期坚持的道路方向。

推进广东文化强省建设是传承发展岭南文化的内在要求。习近平总书记强调："盛世修文，我们这个时代，国家繁荣、社会平安稳定，有传承民族文化的意愿和能力，要把这件大事办好。"③广东拥有广府、客家、潮汕三大民系，雷州文化、侨乡文化、疍民文化、少数民族文化构成岭南

---

① 《马克思恩格斯文集》第3卷，人民出版社2009年版，第563页。
② 《黄坤明同志在广东省高质量发展大会上的讲话实录》，广东省人民政府门户网站2023年1月28日。
③ 《习近平在文化传承发展座谈会上的讲话》，《求是》2023年17期。

文化生态的多元特色。岭南文化是民族文化的瑰宝，是广东人民的精神家园，也是发扬以爱国主义为核心的民族精神和以改革创新为核心的时代精神的文化根基。广东坚持将继承发展中华优秀传统文化和岭南特色文化作为文化建设的重点工作，对岭南文物资源和非物质文化遗产资源进行了较为系统的保护整理。随着广东现代化建设的深入推进，如何更好地促进马克思主义基本原理同中华优秀传统文化相结合？如何在继承岭南文化遗产的基础上为岭南传统文化注入新的时代精神？如何更好地实现岭南文化与世界范围内多元文化的融通发展？这些问题都需要在更高水平、更高质量、更高层次的广东文化强省建设的实际行动中得到解答。

第一章

走中国特色社会主义发展道路
铸就社会主义文化强国辉煌

CHAPTER1

习近平总书记在党的二十大报告中深刻指出："全面建设社会主义现代化国家，必须坚持中国特色社会主义文化发展道路，增强文化自信，围绕举旗帜、聚民心、育新人、兴文化、展形象建设社会主义文化强国，发展面向现代化、面向世界、面向未来的，民族的科学的大众的社会主义文化，激发全民族文化创新创造活力，增强实现中华民族伟大复兴的精神力量。"①中国特色社会主义文化发展道路是经过实践长期检验的、适合我国基本国情的正确道路，社会主义文化强国是党和人民推进文化建设的长期战略目标。

一 现代化视域下社会主义文化强国建设的历史展演

文化是一个国家、一个民族的灵魂。文化兴国运兴，文化强民族强。在领导中国革命、建设、改革的各个历史时期，中国共产党始终高度重视文化建设，将建设社会主义文化强国视为中国特色社会主义事业的重要组成部分和实现中华民族伟大复兴的重要助推力量，在深刻认识和把握文化发展规律和文化建设规律的基础上，制定了一系列契合我国实际的文化建设战略，推动了社会主义文化的繁荣兴盛。

---

① 《习近平著作选读》第1卷，人民出版社2023年版，第35页。

（一）社会主义革命和建设时期：文化强国建设的初步探索

以马克思列宁主义、毛泽东思想教育人民，是巩固新生的社会主义政权的迫切需要，也是更好地实现从新民主主义社会向社会主义社会平稳过渡的需要。1951年5月，刘少奇在中国共产党第一次全国宣传工作会议上明确指出，"用马列主义的思想原则在全国范围内和全体规模上教育人民，是我们党的一项最基本的政治任务。我们要向社会主义、共产主义前进，首先就要在思想上打底子，用马列主义的立场、观点和方法来教育自己和全国的人民。这就是今天在新形势、新条件下，党的宣传工作的任务"①，表明中国共产党坚持将马克思主义作为新中国意识形态领域的根本指导思想。这一时期，报刊和书籍是推进马克思主义大众化的主要载体。1950年12月，中共中央机关报《人民日报》头版发表《实践论：论认识和实践的关系——知与行的关系》。1951年1月，《人民日报》发表社论《学习毛泽东同志的〈实践论〉》。1952年4月，《人民日报》头版再次发表《矛盾论》。除《人民日报》之外，其他主流报刊也刊登了大量学习马克思列宁主义、毛泽东思想的理论文章。1951年至1953年，人民出版社先后出版了《毛泽东选集》第1—3卷。在全国范围内掀起了学习马列主义和毛泽东思想的高潮。

稳步开展文化普及工作。新中国成立初期，人民群众文化程度普遍较低，农村地区文盲率高达95%以上，成为开展社会主义改造和建设工作的极大阻碍。为此，党和政府总结此前在根据地开展冬学教育的有益经验，在全国范围内大力开展扫盲运动。据统计，1950年冬，老区参加冬学学习的农民达1200余万人。1950年9月，第一次全国工农教育会议召开，明确

---

① 中共中央文献研究室：《建国以来重要文献选编》第2册，中央文献出版社1992年版，第292页。

开设工农速成中学、工农文化补习学校，组织机关干部业余学习，开展职工业余教育、农民业余教育。①1952年11月，中央人民政府扫除文盲工作委员会正式成立，设办公厅、城市扫盲工作司、农村扫盲工作司、编审司。在扫盲识字工作中，各地区、各行业出现了多种学习方式，如工厂的"车间学校"，煤矿的"坑口学习小组"，农村的"地头学习小组"，妇女的"炕头学习小组"等。1956年3月，国务院通过《中共中央、国务院关于扫除文盲的决定》，要求按照各地情况，分别在五年或者七年内基本扫除文盲。截至1957年上半年，全国已有2200万人脱离文盲状态，160万人达到高小和初中毕业文化程度。②1959年11月，中央批转了《教育部党组关于进一步开展农村扫除文盲和业余教育工作的请示报告》。截至1960年2月，全国农村参加扫盲和业余学习的人数已达一亿三千二百多万人，占农村青壮年总数的66%。③

　　繁荣社会主义科学文化事业。社会主义现代化建设不仅需要发展经济、巩固政权，更需要不断推进文学艺术的繁荣，将人民群众从贫瘠的精神文化生活中解放出来，更需要不断推进科学技术的进步，为社会经济发展提供可靠的支持。1951年4月，毛泽东为中国戏曲研究院题词"百花齐放，推陈出新"，表明其对于新中国文艺工作的重视与支持。随着社会主义改造的基本完成，为了更好地处理社会主义社会中仍然存在的各种矛盾，为了更好地组织领导社会主义文艺工作来满足人民日益增长的精神文化需求，1956年4月，毛泽东在中共中央政治局扩大会议上正式提出

---

① 中共中央文献研究室：《建国以来重要文献选编》第1册，中央文献出版社1992年版，第432页。

② 中共中央文献研究室、中央档案馆、《党的文献》编辑部：《共和国重大决策和事件述实》，人民出版社2005年版，第88—89页。

③ 中共中央文献研究室：《建国以来重要文献选编》第13册，中央文献出版社1996年版，第215页。

了"百花齐放、百家争鸣"的方针，指出"在艺术方面的百花齐放的方针，学术方面的百家争鸣的方针，是有必要的"[1]。在《中华人民共和国宪法》范围之内，艺术上不同的形式和风格可以自由发展，科学上不同的学派可以自由争论。1956年5月，陆定一指出："百花齐放，百家争鸣"是提倡在文学艺术工作和科学研究工作中有独立思考的自由，有辩论的自由，有创作和批评的自由，有发表自己的意见、坚持自己的意见和保留自己的意见的自由。这种自由不同于资产阶级民主主义所主张的自由，而是人民内部的自由在文艺工作和科学工作领域中的表现。[2]这一讲话系统阐述了"百花齐放、百家争鸣"方针的重要地位、丰富内涵与基本原则，在文艺界和科学界引起了强烈的反响。

"百花齐放、百家争鸣"方针的提出，借鉴了中国古代特别是春秋战国时期文化繁荣的先例，总结了中国共产党组织领导文艺工作和科学工作的经验和教训，符合社会主义文化发展的客观规律。在这一方针指导下，《红旗谱》《青春之歌》《三家巷》《灵泉洞》《苦菜花》《铁道游击队》《红日》《林海雪原》《三里湾》《山乡巨变》《创业史》等小说，《杨高传》《赶车传》《动荡的年代》等长篇叙事诗，《万水千山》《红色风暴》《英雄万岁》《东进序曲》《共产主义凯歌》等戏剧，《宝莲灯》《小刀会》《五朵红云》等舞剧，《上甘岭》《林则徐》《青春之歌》《董存瑞》《战火中的青春》《老兵新传》《黄河飞渡》《春满人间》《万紫千红总是春》《五朵金花》等电影，极大地丰富了人民群众的精神生活，极大地振奋了人民群众的精神力量。

确立"科学文化现代化"的发展目标。1957年2月，毛泽东在《关于正确处理人民内部矛盾的问题》中提出"将我国建设成为一个具有现代工

---

[1] 中共中央文献研究室：《毛泽东文艺论集》，中央文献出版社2002年版，第144页。

[2] 《陆定一文集》下卷，人民出版社1992年版，第501—502、504页。

业、现代农业和现代科学文化的社会主义国家"①的宏伟目标，正式提出了"现代科学文化"这一概念。1959年12月，毛泽东进一步指出，"建设社会主义，原来要求是工业现代化，农业现代化，科学文化现代化，现在要加上国防现代化"②，初步形成了涵括工业现代化、农业现代化、科学文化现代化、国防现代化的"四个现代化"体系。1960年《人民日报》元旦社论《展望六十年代》指出：中国人民的奋斗目标是，在新的十年间，要在主要工业产品的产量方面赶上或者超过英国，基本上建立起完整的工业体系，基本上实现工业、农业和科学文化的现代化，从而把中国建设成为一个强大的社会主义国家。③1960年3月，毛泽东在同尼泊尔首相柯伊拉腊谈话中再次指出："我们可以建设我们国家现代化的工业、现代化的农业、现代化的科学文化和现代化的国防。"④可以看到，中国共产党在全面探索社会主义现代化之初，便将科学文化现代化置于基础性地位。

（二）改革开放和社会主义建设新时期：文化强国建设的稳步发展

确立精神文明建设的战略地位。1979年9月，叶剑英指出："我们要在建设高度物质文明的同时，提高全民族的教育科学文化水平和健康水平，树立崇高的革命理想和革命道德风尚，发展高尚的丰富多彩的文化生活，建设高度的社会主义精神文明。"⑤这是中国共产党首次提出"社会主义精神文明"，并将其明确纳入社会主义现代化的目标体系当中，

---

① 《毛泽东文集》第7卷，人民出版社1999年版，第207页。
② 《毛泽东文集》第8卷，人民出版社1999年版，第116页。
③ 《展望六十年代》，《人民日报》1960年1月1日。
④ 《毛泽东文集》第8卷，人民出版社1999年版，第162页。
⑤ 中共中央文献研究室：《三中全会以来重要文献选编》（上），人民出版社1982年版，第234页。

为我们党在新的历史时期加强文化建设工作拉开了序幕。此后，邓小平在多次重要讲话中高度肯定了精神文明建设的重要意义，推动精神文明成为社会主义现代化的战略目标之一。1979年10月，邓小平指出："我们要在建设高度物质文明的同时，提高全民族的科学文化水平，发展高尚的丰富多彩的文化生活，建设高度的社会主义精神文明。"[①]1981年6月，《关于建国以来党的若干历史问题的决议》将"社会主义必须有高度的精神文明"作为社会主义现代化建设的基本结论之一。1983年4月，邓小平会见印度共产党中央代表团时指出，"建设社会主义的精神文明，最根本的是要使广大人民有共产主义的理想，有道德，有文化，守纪律"[②]，将培养有理想、有道德、有文化、有纪律的社会主义公民作为精神文明建设的核心目标。为此，"五讲四美三热爱"等精神文明创建活动在社会各界广泛开展。

随着改革开放的不断深化，我国社会在经济转型的过程中发生着深刻而广泛的变革，西方纷繁的文化思潮在较短时期内大量涌入，社会主义精神文明建设的地位更为凸显。1985年9月，邓小平讲话强调：不加强精神文明的建设，物质文明的建设也要受破坏，走弯路……思想政治工作和思想政治工作队伍都必须大大加强。[③]1986年1月，邓小平在中央政治局常委会上的讲话中强调："抓精神文明建设，抓党风、社会风气好转，必须狠狠地抓，一天不放松地抓，从具体事件抓起。"[④]1986年9月，《中共中央关于社会主义精神文明建设指导方针的决议》（以下简称《决议》）明确指出：社会主义精神文明建设是关系社会主义兴衰成败的大事。社会主义

---

① 《邓小平文选》第2卷，人民出版社1994年版，第208页。
② 《邓小平文选》第3卷，人民出版社1993年版，第28页。
③ 《邓小平文选》第3卷，人民出版社1993年版，第144—145页。
④ 《邓小平文选》第3卷，人民出版社1993年版，第152页。

精神文明建设的战略地位，决定了它必须是推动社会主义现代化建设的精神文明建设，必须是促进全面改革和实行对外开放的精神文明建设，必须是坚持四项基本原则的精神文明建设。①《决议》全面系统地阐述了社会主义精神文明建设理论，是新的历史时期加强我国社会主义精神文明建设的纲领性文献。

明确中国共产党肩负的文化使命。2000年2月，江泽民在广东省考察工作中首次提出"三个代表"重要思想，"我们党在革命、建设、改革的各个历史时期，总是代表着中国先进生产力的发展要求，代表着中国先进文化的前进方向，代表着中国最广大人民的根本利益，并通过制定正确的路线方针政策，为实现国家和人民的根本利益而不懈奋斗"②。其中，中国共产党代表着先进文化的前进方向是中国共产党对自身文化使命的明确认知和清晰表述。江泽民在考察中进一步强调：全党同志必须始终坚持以马克思主义为指导，努力继承和发扬中华民族的一切优秀文化传统，努力学习和吸收外国的一切优秀文化成果，从而不断创造和推进有中国特色社会主义文化，使社会主义物质文明和精神文明协调发展，使社会全面进步。③

2001年7月，江泽民在庆祝中国共产党成立八十周年大会上的讲话中总结回顾了中国共产党进行文化建设的奋斗历程。中国共产党无论是在革命战争年代，还是在改革开放的新时期，始终高高举起马克思主义先进文化的伟大旗帜，与腐朽没落的文化和思想作斗争，弘扬维护最广大人民群众根本利益、代表未来发展方向的先进文化，广泛形成凝聚人心、统一意

---

① 中共中央宣传部：《中国共产党宣传工作简史》下册，人民出版社2022年版，第392页。

② 《江泽民文选》第3卷，人民出版社2006年版，第2页。

③ 《江泽民文选》第3卷，人民出版社2006年版，第2页。

志的指导思想和共同理想。因此，中国共产党始终代表中国先进文化的前进方向，就是党的理论、路线、纲领、方针、政策和各项工作，必须努力体现发展面向现代化、面向世界、面向未来的，民族的科学的大众的社会主义文化的要求。①在当代中国，发展社会主义文化，必须以培养一代又一代有理想、有道德、有文化、有纪律的公民为根本任务，以加强社会主义思想道德建设为重要内容和中心环节，必须继承和发扬一切优秀的文化，必须充分体现时代精神和创造精神，必须具备世界眼光。2002年11月，江泽民再次强调："文化的力量，深深熔铸在民族的生命力、创造力和凝聚力之中。"②党的十六大将"三个代表"重要思想和马克思列宁主义、毛泽东思想、邓小平理论一道确立为中国共产党的指导思想，实现了党的指导思想的与时俱进。这既是新世纪以来党的建设工作的重要举措，也为中国共产党在新的历史阶段上更加深刻地认识文化建设的战略意义，更加自觉地推动社会主义文化的发展繁荣奠定了牢固基石。

构建社会主义核心价值体系。党的十六届六中全会通过的《中共中央关于构建社会主义和谐社会若干重大问题的决定》首次提出了"社会主义核心价值体系"这一概念，并将其作为建设社会主义和谐社会的根本。社会主义核心价值体系主要涵括马克思主义指导思想、中国特色社会主义共同理想、以爱国主义为核心的民族精神和以改革创新为核心的时代精神、以"八荣八耻"为主要内容的社会主义荣辱观，形成了意涵丰富而逻辑紧密的意识形态价值体系。胡锦涛指出：社会主义核心价值体系是社会主义意识形态的本质体现，要积极探索用社会主义核心价值体系引领社会思潮的有效途径，主动做好意识形态工作。③社会主义核心价值体系的提出，

---

① 《江泽民文选》第3卷，人民出版社2006年版，第276页。
② 《江泽民文选》第3卷，人民出版社2006年版，第558页。
③ 《十七大以来重要文献选编》（上），中央文献出版社2009年版，第26、27页。

充分说明了党和国家在机遇与挑战并存的发展战略期对于意识形态工作的高度重视。

构建社会主义核心价值体系不仅是意识形态治理的内在需要，也是建设物质文明与精神文明协调发展的社会主义现代化的应有之义。2008年12月，胡锦涛强调："社会主义核心价值体系是我国指导思想、共同理想、民族精神、道德观念的集中体现，是社会主义精神文明建设的基本内容。"[1]为此，要深入持续开展社会主义核心价值体系的宣传教育，把社会主义核心价值体系融入国民教育、精神文明建设和党的建设全过程，把社会主义核心价值体系的要求贯穿到媒体传播之中，落实到精神文化产品的创作生产之中，融汇到日常工作生活之中，体现到政策法规制定和社会管理之中，使之转化为人民群众的自觉追求，在社会上广泛树立起积极向上的思想精神。2012年11月，胡锦涛从建设社会主义文化强国的高度指出，"社会主义核心价值体系是兴国之魂，决定着中国特色社会主义发展方向"[2]，并首次概括提出社会主义核心价值观，以更凝练、更具体、更直观、更形象、更生动的形式来展现社会主义核心价值体系的根本精神和原则方向。党的十八大也将"加强社会主义核心价值体系建设"[3]写入党章。这意味着建设社会主义核心价值体系作为党和国家长期的战略任务，在新的历史阶段上得到了持续推进。

提出建设社会主义文化强国的战略目标。经过改革开放三十余年的建设，我国从改革开放初期"文化水平还不高"[4]的国家完成了向"文化大国"的重大转变。随着我国国际政治经济地位再上新的台阶，迫切需要加

---

① 《胡锦涛在纪念中国科协成立50周年大会上的讲话》，人民出版社2008年版，第18页。
② 《胡锦涛文选》第3卷，人民出版社2016年版，第638页。
③ 《中国共产党第十八次全国代表大会文件汇编》，人民出版社2012年版，第68页。
④ 《邓小平文选》第3卷，人民出版社1993年版，第41页。

快建设与我国深厚文化底蕴和丰富文化资源相匹配、与中国特色社会主义事业总体布局相适应、与建设富强民主文明和谐的社会主义现代化国家的目标相承接的社会主义文化强国。2011年10月，《中共中央关于深化文化体制改革推动社会主义文化大发展大繁荣若干重大问题的决定》（以下简称《决定》）提出"建设社会主义文化强国"的重大战略目标，并围绕着"坚持中国特色社会主义文化发展道路，努力建设社会主义文化强国"作出了一系列关于文化发展与改革工作的重大部署。此时，广东等地已经提出了建设文化强省的建设目标，正在稳步实施建设文化强省的发展战略。在此基础上，从国家层面正式提出建设社会主义文化强国的战略目标，既符合我国文化事业的实际情况，也符合党和国家事业的发展要求，有利于凝聚各方面的力量推动社会主义文化大发展大繁荣。

《决定》指出，建设社会主义文化强国，就是要着力推动社会主义先进文化更加深入人心，推动社会主义精神文明和物质文明全面发展，不断开创全民族文化创造活力持续迸发、社会文化生活更加丰富多彩、人民基本文化权益得到更好保障、人民思想道德素质和科学文化素质全面提高的新局面，建设中华民族共有精神家园，为人类文明进步作出更大贡献。[①]社会主义文化强国的内涵定位既充分彰显了人民群众的根本利益，尊重人民群众在文化建设中的主体地位，又高度凸显了社会主义文化对于人类现代文明的重要价值。《决定》在提出"社会主义文化强国"这一长期战略目标的同时，也明确提出了2020年文化改革发展奋斗的阶段性目标，为将我国建设成为社会主义文化强国打下了坚实基础。

推动中华文化"走出去"。随着我国经济结构的逐步转型，经济领域率先提出了"走出去"战略。2002年7月，文化部部长孙家正在全国文

---

① 中共中央宣传部：《中国共产党宣传工作简史》，人民出版社2022年版，第552页。

化厅局长座谈会上指出：要以更加开放的姿态融入国际社会，进一步扩大对外文化交流，实施"走出去"战略，着力宣传当代中国改革和建设的伟大成就，大力传播当代中国文化。[①]2005年10月，胡锦涛在党的十六届五中全会上指出：加快实施文化产品"走出去"战略，推动中华文化走向世界。[②]《中共中央关于制定国民经济和社会发展第十一个五年规划的建议》强调：积极实施文化"走出去"战略，支持和鼓励具有民族特色和市场竞争力的文化产品参与国际文化市场竞争，提高中华文化的国际影响力。[③]2011年10月，《中共中央关于深化文化体制改革 推动社会主义文化大发展大繁荣若干重大问题的决定》将"创新文化走出去模式"作为进一步深化改革开放，加快构建有利于文化繁荣发展的体制机制的重要举措，特别强调"实施文化走出去工程，完善支持文化产品和服务走出去政策措施，支持重点主流媒体在海外设立分支机构"[④]。

为了贯彻落实中华文化"走出去"战略，党和国家采取了多方面的举措。第一，振兴我国文化产业。国家通过出台相关政策和制定完善体制机制等措施，大力支持文化产业发展，推动图书、音像制品、影视作品、文学作品等各种文化艺术品远销海外。第二，广泛开展文化交流活动。各地政府定期举办中国文化年、中国文化节、文化艺术交流周、中华文物展以及各类演出活动等。第三，加大对外传播建设。1981年，《中国日报》创刊，随后，《中国日报》（美国版）《中国日报》（欧洲版）等也陆续创刊。1985年，《人民日报》（海外版）创刊；1995年，中国日报网创办；

---

① 孙家正：《关于战略机遇期的文化建设问题》，《文艺研究》2003年第1期。

② 《十六大以来重要文献选编》（中），中央文献出版社2006年版，第1033页。

③ 《〈中共中央关于制定国民经济和社会发展第十一个五年规划的建议〉辅导读本》，人民出版社2005年版，第440页。

④ 《中共中央关于深化文化体制改革 推动社会主义文化大发展大繁荣若干重大问题的决定》，人民出版社2011年版，第36页。

2000年，中央电视台英语国际频道正式开播；2011年，中国国际广播电视网络台（CIBN）正式成立。第四，在海外设立文化机构。1988年，中国在海外设立的第一个中国文化中心——毛里求斯中国文化中心落成开放。随后，贝宁中国文化中心、开罗中国文化中心等纷纷设立，吸引了大批海外民众前来感受中华文明魅力。

▼二 以习近平文化思想统揽中国特色社会主义文化建设

新时代以来，习近平总书记站在建设中国特色社会主义和实现中华民族伟大复兴的历史高度，就中国特色社会主义文化建设提出了一系列新思想新观点新论断，内涵十分丰富、论述极为深刻，构成了习近平新时代中国特色社会主义思想的文化篇，为推进社会主义文化强国建设提供了根本遵循。

（一）坚定中国特色社会主义文化自信

文化自信，是一个国家、一个民族、一个政党对自身文化价值的充分肯定。中华文化在当代中国的发展就是中国特色社会主义文化，它源自中华民族五千多年文明历史所孕育的中华优秀传统文化，熔铸于党领导人民在革命、建设、改革中创造的革命文化和社会主义先进文化，植根于中国特色社会主义伟大实践，积淀着中华民族最深层的精神追求，代表着中华民族独特的精神标识，是中国人民胜利前行的强大精神力量。习近平总书记在哲学社会科学工作座谈会上的讲话中强调："站立在960万平方公里的广袤土地上，吸吮着中华民族漫长奋斗积累的文化养分，拥有13亿中国人民聚合的磅礴之力，我们走自己的路，具有无比广阔的舞台，具有无比深厚的历史底蕴，具有无比强大的前进定力，中国人民应该有这个信心，每一个中国人都应该有这个信心。"[1]文化自信是对中国特色社会主义道路、中国特色社会主义理论、中国特色社会主义制度等方面的深层自觉与高度自信。正是在这层意义上，文化自信是更基础、更广泛、更深厚的自信，是一个国家、一个民族发展中更基本、更深沉、更持久的力量。

坚定文化自信与建设社会主义文化强国相辅相成。习近平总书记在教育文化卫生体育领域专家代表座谈会上指出："要坚定文化自信，推动中华优秀传统文化创造性转化、创新性发展，继承革命文化，发展社会主义先进文化，不断铸就中华文化新辉煌，建设社会主义文化强国。"[2]坚定文化自信是事关国运兴衰、事关文化安全、事关民族精神独立的大问题，在建设社会主义文化强国事业中居于基础性地位。只有坚定中国特色社会主义文化自信，才能具备传承发扬中华优秀传统文化的自觉，才能具备坚定走中国特色社会主义文化发展道路的底气，才能具备激发新时代文化创新创造的活力，才能为建设社会主义文化强国提供强大的精神力量和智慧支撑。在新的历史起点上，要明确建设社会主义文化强国、建设中华民族现代文明的战略主题，坚定文化自信，坚持走自己的路，立足中华民族伟大历史实践和当代实践，用中国道理总结好中国经验，把中国经验提升为中国理论，实现精神上的独立自主与自信自强。

（二）牢牢把握意识形态工作的领导权、管理权、话语权

习近平总书记高度重视意识形态工作，曾在多次讲话中反复强调：意识形态工作是党的一项极端重要的工作。这不仅是习近平总书记在全面总

---

① 《习近平谈治国理政》第2卷，外文出版社2017年版，第339页。
② 《习近平谈治国理政》第4卷，外文出版社2022年版，第309页。

结中国共产党团结带领广大人民进行革命、建设与改革的历史经验基础上得出的必然结论，也是习近平总书记出于物质文明与精神文明相协调而作出的战略考量。"只有物质文明建设和精神文明建设都搞好，国家物质力量和精神力量都增强，全国各族人民物质生活和精神生活都改善，中国特色社会主义事业才能顺利向前推进。"①随着我国意识形态领域形势发生全局性、根本性的转变，习近平总书记在党的二十大报告中进一步指出，"意识形态工作是为国家立心、为民族立魂的工作"②，将意识形态工作置于更为关键的地位。这标志着深入推进意识形态工作"立心立魂"成为党和国家的重要任务，意识形态工作必须在中国式现代化全面推进中华民族伟大复兴的新时代新征程上更好地发挥思想指导、精神引领、文化凝聚等方面的价值作用。

建设具有强大凝聚力和引领力的社会主义意识形态，巩固社会主义文化强国建设的前进方向和发展道路。一是要牢牢掌握党对意识形态工作的领导权，坚持马克思主义在意识形态领域指导地位的根本制度，健全用党的创新理论武装全党、教育人民、指导实践工作体系，把坚定"四个自信"（中国特色社会主义道路自信、理论自信、制度自信、文化自信）作为建设社会主义意识形态的关键；二是要严格落实意识形态工作责任制，配齐建强党务工作和思想政治工作队伍，注意区分政治原则问题、思想认识问题、学术观点问题，旗帜鲜明地反对和抵制各种错误观点，有效防范和化解意识形态领域风险；三是要强化意识形态阵地建设和管理，既要巩固党校、党报、党刊等传统意识形态阵地，不断增强意识形态领域的主导权和话语权，又要推进媒体融合向纵深发展、建设全媒体传播体系，尤其要注重网络内容建设，抢占互联网舆论斗争主阵地；四是要深入实施马克

---

① 《习近平著作选读》第1卷，人民出版社2023年版，第147页。
② 《习近平著作选读》第1卷，人民出版社2023年版，第36页。

思主义理论研究和建设工程，加快构建中国特色哲学社会科学学科体系、学术体系、话语体系，培育壮大哲学社会科学人才队伍；五是要从维护国家意识形态安全的高度，掌握国际传播的规律，构建对外话语体系，提高对外传播艺术，全面提升国际传播效能，增强国家文化软实力和中华文化影响力。

（三）坚持以社会主义核心价值观引领文化建设

核心价值观是文化软实力的灵魂，承载着一个民族、一个国家的精神追求，体现着一个社会评判是非曲直的价值标准，是推动民族文明进步、国家发展壮大最持久最深沉的力量。一个国家的文化软实力，从根本上说，取决于其核心价值观的生命力、凝聚力、感召力。构建具有强大感召力的核心价值观，关系社会和谐稳定，关系国家长治久安。以富强、民主、文明、和谐，自由、平等、公正、法治，爱国、敬业、诚信、友善为丰富内涵的社会主义核心价值观是社会主义核心价值体系的内核，体现着社会主义意识形态的本质要求，代表着社会主义先进文化的前进方向，也寄托着近代以来中国人民上下求索、历经千辛万苦确立的理想和信念，承载着我们每个人的美好愿景。在此意义上，培育和弘扬社会主义核心价值观，是社会系统得以正常运转、社会秩序得以有效维护的重要途径，是坚定道路自信、理论自信、制度自信、文化自信的强大支撑。

习近平总书记指出："社会主义核心价值观是凝聚人心、汇聚民力的强大力量。"[1]社会主义核心价值观是当代中国精神的集中体现，凝结着全体人民共同的价值追求。建设具有强大感召力的社会主义核心价值观是新征程上巩固全体人民团结奋斗的共同思想基础、凝聚实现中华民族伟

---

① 《习近平著作选读》第1卷，人民出版社2023年版，第36页。

大复兴的中国力量的必然要求。要持之以恒地抓好社会主义核心价值观建设，在全社会大力弘扬和践行社会主义核心价值观，深入开展社会主义核心价值观宣传教育，以社会主义核心价值观铸魂育人。通过教育引导、舆论宣传、文化熏陶、实践养成、制度保障等，形成有利于培育和弘扬社会主义核心价值观的生活情境和社会氛围，推动社会主义核心价值观日常化、具体化、形象化、生活化，推动社会主义核心价值观融入法治建设、融入社会发展、融入日常生活，像空气一样无处不在、无时不有。要注重发挥社会主义核心价值观对国民思想文化教育、群众性精神文明创建活动、精神文化产品生产及传播的引领作用，创新社会主义核心价值观引领文化建设的方式，推动社会主义核心价值观成为全体人民的共同价值追求，成为我们生而为中国人的独特精神支柱。

（四）繁荣发展文化事业，构建现代公共文化服务体系

习近平总书记指出："我们的文化是社会主义文化，文化建设的根本目的是满足群众文化需求，实现好人民群众文化权利。"[①]衡量社会主义文化建设的质量和水平，最重要的不是看经济效益，而是看能不能提供更多既能满足人民文化需求，又能增强人民精神力量的文化产品。构建现代公共文化服务体系是保障人民群众基本文化权益、建设社会主义文化强国的重要制度设计。要把现代公共文化服务体系建设作为一项民心工程，坚持政府主导、社会参与、共建共享，统筹城乡和区域文化均等化发展，加快形成覆盖城乡、便捷高效、保基本、促公平的现代公共文化服务体系，把为人民服务、为社会主义服务真正落到实处，让人民普遍享有更加充实、更为丰富、更高质量的精神文化生活。各级领导机关要把工作重心放

---

① 习近平：《干在实处 走在前列——推进浙江新发展的思考与实践》，中共中央党校出版社2006年版，第330页。

在基层，着力加强农村贫困地区的公共文化服务体系建设，不断完善农村文化基础设施网络，增加农村公共文化服务总量供给，保障农村地区群众的基本文化权益。

繁荣发展社会主义文艺、建设社会主义文化强国，需要在党的领导下，广泛团结凝聚爱国奉献的文艺工作者，培养造就一大批德才兼备的文艺工作者。广大文艺工作者要坚持为人民服务、为社会主义服务的根本方向，坚持百花齐放、百家争鸣的方针，聚焦举旗帜、聚民心、育新人、兴文化、展形象的使命任务，用自强不息、厚德载物的文化创造来展示中国文艺新气象。各级党委要从建设社会主义文化强国的高度，把文艺工作纳入重要议事日程，贯彻好党的文艺方针政策，把握文艺发展的正确方向。中国文联、中国作协要发挥自身组织优势，积极创新工作体系，做好对文艺组织和文艺群体的教育引导工作，在总体协调的前提下向基层文艺工作者倾斜。

（五）推动中华优秀传统文化创造性转化和创新性发展

新时代以来，习近平总书记站在推进社会主义文化强国建设的时代高度，以实现伟大复兴中国梦为价值旨归，深刻揭示了中华优秀传统文化的重要价值。从文化根脉来看，中华优秀传统文化是中华文明的智慧结晶和精华所在，其蕴含的精神追求、精神特质、精神脉络支撑着中华民族在几千年的历史长河中顽强生存、不断发展，是中华民族生生不息、长盛不衰的精神滋养；从文化力量来看，"如果没有中华五千年文明，哪里有什么中国特色？如果不是中国特色，哪有我们今天这么成功的中国特色社会主义道路？"[1]中国特色社会主义植根于中华文化沃土，正是在中华优秀

---

① 《习近平谈治国理政》第4卷，外文出版社2022年版，第315页。

传统文化的涵养下，党和人民才走出了一条有别于西方模式的中国式现代化道路。中华优秀传统文化是中国共产党不断推进理论创新的文化根脉，是涵养社会主义核心价值观的重要源泉，是繁荣中国特色哲学社会科学的有益滋养，也是我们在世界文化激荡中站稳脚跟的坚实根基；从文化交流来看，中华文明具有突出的连续性、创新性、统一性、包容性和和平性。中华优秀传统文化蕴含的思想观念、人文精神、道德规范，不仅是我们中国人思想和精神的内核，对解决当代人类所面临的共同难题也具有重要启示，能够为推动构建人类命运共同体提供重要的精神指引。

中国共产党从成立之日起，既是中国先进文化的积极引领者和践行者，又是中华优秀传统文化的忠实传承者和弘扬者，在坚持将马克思主义基本原理同中国具体实际相结合、同中华优秀传统文化相结合的过程中，推动了马克思主义中国化时代化，推进了中华优秀传统文化创造性转化、创新性发展。新征程上，中国共产党肩负着建设社会主义文化强国、建设中华民族现代文明的文化使命。一要加强历史研究和传承，深入研究中华文化的起源、发展和特质，形成较为完整的中国文化基因的理念体系；二要深入探索中华民族历久弥新的精神世界，充分继承和弘扬中华民族在恢宏历史长河中形成的宝贵思想文化，使之为培育和践行社会主义核心价值观服务，为建设社会主义先进文化服务，为建设社会主义文化强国服务；三要坚持在"第二个结合"中推动马克思主义中国化、中华优秀传统文化现代化，在中国化的马克思主义和现代化的中华优秀传统文化的相融相通之中，创造具有马克思主义科学光辉和中华文明独特气韵的新文化形态。

（六）提高国家文化软实力，增强中华文明传播力和影响力

当前，世界百年未有之大变局加速演进，世界进入新的动荡变革期，各种思想文化交流交融交锋。习近平总书记在亚洲文明对话大会开幕式上

的主旨演讲中强调："应对共同挑战、迈向美好未来，既需要经济科技力量，也需要文化文明力量。"①任何一种文明都是流动的、开放的，中华文明在同其他民族文化的长期交流交融中形成了博大精深的文化底蕴和兼收并蓄的开放胸怀。习近平总书记强调："要深刻认识新形势下加强和改进国际传播工作的重要性和必要性，下大气力加强国际传播能力建设，形成同我国综合国力和国际地位相匹配的国际话语权。"②提高我国文化软实力，增强中华文明传播力和影响力，不仅是加快提升我国在国际上的话语权，为我国改革发展稳定营造有利外部舆论环境的迫切需要，也是维护世界和平、促进共同发展、推动构建人类命运共同体的必然要求。

一是要充分展示中华文化独特魅力。加强中华文化"走出去"工作，坚定中国特色社会主义道路自信、理论自信、制度自信、文化自信，坚守中华文化立场，提炼展示中华文明的精神标识和文化精髓，深刻探寻中华优秀传统文化与当代文化的连接点，增强中华文化亲和力、感染力、吸引力、竞争力，综合运用大众传播、群体传播、人际传播等多种方式展示中华优秀传统文化的独特魅力。二是要深度传播当代中国价值观念。当代中国价值观念代表了中国特色社会主义的核心理念，代表了中国先进文化的前进方向。要加强提炼和阐释，挖掘中国故事背后的思想力量和精神力量，打造融通中外的新概念、新范畴和新表述，将当代中国的价值观念贯穿于国际交流传播的方方面面，向世界推介更多具有中国特色、体现中国精神、蕴藏中国价值理想的优秀文化产品。三是要加快构建中国话语和中国叙事体系，用中国理论阐释中国实践，用中国实践升华中国理论。我国哲学社会科学工作者要勇于立时代之潮头、通古今之变化、发思想之先声，担负起历史赋予的光荣使命。四是要做到精准发力。采用贴近不同区

---

① 《习近平谈治国理政》第3卷，外文出版社2020年版，第465页。
② 《习近平谈治国理政》第4卷，外文出版社2022年版，第316页。

域、不同国家、不同群体受众的精准传播方式，推进中国故事和中国声音的全球化表达、区域化表达、分众化表达，增强国际传播的亲和力和实效性。同时，各级党委要把加强国际传播能力建设纳入党委意识形态工作责任制，加强顶层设计和统筹协调，推进国际传播体制机制创新，从制度层面为加强和改进国际传播工作提供坚实保障。

▼三 新时代以来社会主义文化强国建设的伟大成就

新时代以来，以习近平同志为核心的党中央在领导全党和全国人民推进中国特色社会主义现代化建设的伟大实践中，始终将文化建设摆在全局工作的重要位置，不断深化对社会主义文化建设的规律性认识，推进社会主义文化强国建设迈出坚实步伐。

（一）新时代党的创新理论深入人心

新时代以来，在以习近平同志为核心的党中央的坚强领导下，中国共产党以全新的视野深化对共产党执政规律、社会主义建设规律、人类社会发展规律的认识，进行艰辛理论探索，取得重大理论创新成果，形成了习近平新时代中国特色社会主义思想。党的十九大对习近平新时代中国特色社会主义思想的基本内容、体系结构进行了系统阐述，并确立了习近平新时代中国特色社会主义思想的指导地位，强调习近平新时代中国特色社会主义思想是全党全国人民为实现中华民族伟大复兴而奋斗的行动指南，必须长期坚持并不断发展。习近平新时代中国特色社会主义思想是当代中国马克思主义、二十一世纪马克思主义，是中华文化和中国精神的时代精华，实现了马克思主义中国化的新飞跃，从根本上展现了当代中国共产党人的思想力量。

党的理论武装在主题教育中不断加强。根据党的十九大的安排部署，全党范围内开展"不忘初心、牢记使命"主题教育，引导广大党员深入学习贯彻习近平新时代中国特色社会主义思想，锤炼忠诚干净担当的政治品格，团结带领全国各族人民为实现伟大梦想共同奋斗。建党百年之际，为了更好地从党的百年伟大奋斗历程中汲取继续前进的智慧和力量，巩固深化"不忘初心、牢记使命"主题教育成果，全党开展党史学习教育，引导广大党员干部学史明理、学史增信、学史崇德、学史力行。2023年4月，以县处级以上领导干部为重点，全党深入开展学习贯彻习近平新时代中国特色社会主义思想主题教育，用习近平新时代中国特色社会主义思想武装头脑、指导实践、推动工作。各地党委（党组）理论学习中心组举行集体学习，认真学习贯彻习近平新时代中国特色社会主义思想。

理论宣传教育工作得到创新发展。《人民日报》《光明日报》等中央媒体深入学习宣传贯彻党的理论和路线方针政策和党中央重大决策部署，策划推出"总书记擘画高质量发展"等重点专题报道，持续推出"微镜头"特写栏目，充分发挥在舆论上的导向、旗帜、引领作用。电视理论节目实现党的创新理论的有效传播，东方卫视《这就是中国》、江苏卫视《时代问答》、江西卫视《闪耀东方》、四川卫视《理"响"巴蜀——"川"行新征程》每期平均忠实度均在50%以上，山东卫视制作播出全国首档交互式电视理论节目《跟总书记学方法》，让理论学习"飞入寻常百姓家"。基层理论宣讲活动取得明显成效，中央宣讲团奔赴全国各地开展党的二十大精神基层巡回宣讲活动，"青春在战疫中绽放"全国宣讲活动、"听党话、感党恩、跟党走"乡村宣讲活动、"我和我的祖国"百姓宣讲活动等宣讲活动在各地广泛开展，掀起了群众理论学习的热潮。

（二）社会主义核心价值观广泛传播

培育和践行社会主义核心价值观，是凝魂聚气、强基固本的基础工程，党的十八大以来，以习近平同志为核心的党中央着力培养担当民族复兴大任的时代新人，坚持贯穿结合融入、落细落小落实，不断推进社会主义核心价值观建设。新时代以来，中共中央、国务院陆续出台实施《培育和践行社会主义核心价值观行动方案》《新时代公民道德建设实施纲要》《新时代爱国主义教育实施纲要》《关于新时代加强和改进思想政治工作的意见》等重要文件，广泛组织开展社会主义核心价值观公益广告扶持项目、公益宣传海报征集展示活动、主题微电影（微视频）展播活动、"弘扬优秀传统文化培育社会主义核心价值观"主题展览，以及"中国美·劳动美""永远跟党走""我和我的祖国""强国复兴有我"等群众性主题宣传教育活动。在推进社会主义核心价值观制度体系建设的同时，发挥先进模范的示范引领作用。开展"最美奋斗者""最美人物""中国好人"等全国性道德模范评选表彰宣传活动，先后授予钱海军、万步炎、陆军工程大学"星火"理论宣讲服务政治教员群体、空军航空兵某团飞行二大队等充分体现"爱国、敬业、诚信、友善"的价值准则，充分体现中华传统美德，具有鲜明先进性、代表性、典型性的个人或集体以"时代楷模"的称号。习近平总书记曾数次亲切会见全国道德模范及提名奖获得者，要求广泛宣传道德模范的先进事迹，弘扬道德模范高尚品格。

推进社会主义核心价值观融入法治建设，使符合社会主义核心价值观的行为得到鼓励、违背社会主义核心价值观的行为受到制约。2016年10月，最高人民法院发布5个人民法院依法保护"狼牙山五壮士"等英雄人物人格权益的典型案例，维护社会主义核心价值观。2016年12月，中共中央办公厅、国务院办公厅印发了《关于进一步把社会主义核心价值观融入法治建设的指导意见》，运用法律法规和公共政策向社会传导正确价值取向。2018年5月，中共中央印发的《社会主义核心价值观融入法治建设立法修法规划》强调，要以习近平新时代中国特色社会主义思想为指导，坚持全面依法治国，坚持社会主义核心价值体系，着力把社会主义核心价值观融入法律法规的立改废释全过程，确保各项立法导向更加鲜明、要求更加明确、措施更加有力，力争经过五到十年时间，推动社会主义核心价值观全面融入中国特色社会主义法律体系，为弘扬社会主义核心价值观提供有力制度保障和法治支撑。

（三）文化产业保持平稳增长态势

新时代以来，国家有关部门规划出台《文化产业振兴规划》《关于加快文化产业发展的指导意见》《关于金融支持文化产业振兴和发展繁荣的指导意见》《关于推动文化产业赋能乡村振兴的意见》《关于推动数字文化产业高质量发展的意见》等重要政策和规划，将文化产业推向了转型升级的新阶段。同时，中国国际文化产业博览交易会、中国西部文化产业博览会、三亚国际文化产业博览交易会、长三角国际文化产业博览会、海峡两岸文化产业博览交易会等产业博览会，中国文化产业发展高峰论坛等产业论坛成为推动我国文化产业发展的重要引擎、中华文化走出去的重要平台、扩大文化对外开放的重要窗口。2019年6月，我国首部文化法《文化产业促进法（草案征求意见稿）》公布，标志着我国文化产业促进法立法已经进入新的阶段，为文化产业健康发展保驾护航。

在国家政策扶持等因素的推动下，我国文化产业始终保持平稳增长态势。如表1-1所示，2022年全国文化及相关产业增加值为53782亿元，比2012年增长197.6%，占国内生产总值（GDP）的比重为4.46%，比2012年提高1.1个百分点。特别是近五年来，如表1-2所示，我国文化及相关产业资产总计由2018年225785亿元提升至2022年315945亿元，增长39.9个百分点；我国文化及相关产业营业收入由2018年的130185亿元提升至2022年的165502亿元，增长27.1个百分点。国家统计局发布的《2022年全国文化及相关产业发展情况报告》显示：2022年我国文化产业营业收入超过16.5万亿元，比上年增加1698亿元，增长1.0%；2022年末，我国文化产业资产总计为315945亿元，比上年末增长6.2%。总体来看，2022年我国文化产业发展态势良好。第一，我国文化产业结构不断优化。文化新业态行业快速发展，已成为推动我国文化产业高质量发展的重要支撑。第二，我国文化产业利润实现平稳增长。2022年我国文化产业实现利润总额12707亿元，比上年增长2.8%。第三，我国文化企业自主创新能力有效提升。2022年，规模以上文化企业投入研究与试验发展经费1529亿元，比上年增长6.4%。第四，我国文化产业投资规模持续扩大，文化产业固定资产投资比上年增长7.6%。

表1-1 2012—2021年文化及相关产业增加值及占GDP比重

单位：亿元，%

年份	增加值	占GDP比重
2012	18071	3.36
2013	21870	3.69
2014	24538	3.81
2015	27235	3.95
2016	30785	4.12
2017	35427	4.26
2018	41171	4.48
2019	44363	4.50
2020	44945	4.43
2021	52385	4.56
2022	53782	4.46

注：数据来源于《中国文化及相关产业统计年鉴》、国家统计局。

表1-2 2018—2022年文化及相关产业资产总计及营业收入

单位：亿元

年份	资产总计	营业收入
2018	225785	130185
2019	246229	135025
2020	274156	139004
2021	297493	163803
2022	315945	165502

注：数据来源于《中国文化及相关产业统计年鉴》、国家统计局。

（四）公共文化服务体系建设日臻完善

新时代以来，党和政府高度重视现代公共文化服务体系建设，将公共文化服务体系建设作为服务型政府建设的重要任务，推动公共文化服务体系建设取得了显著成效，为人民群众提供更丰富、更便捷的文化产品和服务。如表1-3所示，自2012年至2022年，公共图书馆机构增加227个，博物馆机构增加3022个，艺术表演团体机构增加12420个。其中，农村地区各类文化艺术机构增长较为显著，我国覆盖城乡的公共文化服务设施网络基本建立。我国公共文化建设投入稳步增长，相关人员配备更加完善。2022年艺术表演场馆财政拨款收入为350555.9万元，比2012年增长163.3%；2022年群众文化服务业从业人员共195826人，比2012年群众文化服务业从业人员增长39598人。

表1-3 2012—2022年公共文化供给基本情况

单位：个，万元，人

年份	公共图书馆机构	博物馆机构	艺术表演团体机构	艺术表演场馆财政拨款收入	群众文化服务业从业人员数
2012	3076	3069	7321	133141.4	156228
2013	3112	3473	8180	160313.0	164355
2014	3117	3658	8769	149079.3	170299
2015	3139	3852	10787	217843.6	173499

（续表）

年份	公共图书馆机构	博物馆机构	艺术表演团体机构	艺术表演场馆财政拨款收入	群众文化服务业从业人员数
2016	3153	4109	12301	187709.6	182030
2017	3166	4721	15742	254286.9	180911
2018	3176	4918	17123	231541.0	185636
2019	3196	5132	17795	289068.0	190068
2020	3212	5452	17581	349409.2	185076
2021	3212	5772	18370	373541.5	190007
2022	3303	6091	19741	350555.9	195826

注：数据来源于国家统计局。

我国公共文化服务效能不断增强，人民群众文化需求得到更好满足。如表1-4所示，2022年公共图书馆图书流通人次为78970万，比2012年增长81.8%；2020—2022年博物馆参观人次受疫情影响略有回落，但总体呈现出快速增长态势；2022年群众文化机构参加文艺活动人次为68474万，比2012年增长114.3%；2022年群众文化机构参加培训人次为6811万，比2012年增长147.7%；2022年群众文化机构参观展览人次为19872万，比2012年增长121.7%。《中华人民共和国2022年国民经济和社会发展统计公报》最新数据显示：截至2022年底，广播节目综合人口覆盖率为99.6%，电视节目综合人口覆盖率为121.7%。2022年全年制作电视节目2852115小时，生产故事影片380部，科教、纪录、动画和特种影片105部，出版各类报纸270.99亿份，各类期刊19.31亿册，图书113.98亿册。

表1-4 2012—2022年公共文化服务基本情况

单位：万人次

年份	公共图书馆图书流通	博物馆参观	群众文化机构参加文艺活动	群众文化机构参加培训	群众文化机构参观展览
2012	43437	56401	31958	2750	8962
2013	49232	63776	31379	3105	9246
2014	53036	71774	36382	3578	10263

（续表）

年份	公共图书馆图书流通	博物馆参观	群众文化机构参加文艺活动	群众文化机构参加培训	群众文化机构参观展览
2015	58892	78112	39728	3868	10752
2016	66037	85061	42337	4250	10786
2017	74450	97172	48183	4494	10711
2018	82032	104404	53950	4961	11041
2019	90135	112225	60137	5404	12465
2020	54146	52652	43134	3931	8692
2021	74614	74850	62140	6119	14259
2022	78970	57047	68474	6811	19872

注：数据来源于国家统计局。

（五）中华优秀传统文化得到创造性转化、创新性发展

2017年，中共中央办公厅、国务院办公厅印发《关于实施中华优秀传统文化传承发展工程的意见》，首次以中央文件的形式专题阐述中华优秀传统文化传承发展工作。2021年，中央宣传部印发《中华优秀传统文化传承发展工程"十四五"重点项目规划》，绘就未来五年传承发展工作蓝图。在中央文件的指导下，《关于推动传统工艺高质量传承发展的通知》《关于做好第六批中国传统村落调查推荐工作的通知》《中国传统工艺振兴计划》等陆续发布，为中华优秀传统文化传承发展工作提供切实有力的保障。在建立完善文化资源数据库，加强典籍整理编纂出版的同时，中华传统工艺大会、中国非物质文化遗产传统技艺大展、中国传统医药文物特展、中华传统文化典籍保护传承大展等会议展览，中华传统晒书系列活动、全国少数民族传统体育运动会、中华优秀传统文化知识竞赛、中华优秀传统文化艺术表演赛等活动赛事在全国范围内广泛开展，推动中华优秀传统文化传承保护意识深入人心。截至2023年12月，我国国家级非遗代表性项目1557项、国家级非遗代表性项目代表性传承人3057名，43个非遗项

日列入联合国教科文组织非物质文化遗产名录（名册），数量位居世界第一。①

在实施中华优秀传统文化传承发展工程的同时，中华优秀传统文化在与时代文化的交融交汇中实现创造性转化和创新性发展。第一，中华优秀传统文化与传统产业融合再生产，"新中式美学"引领消费热潮。相关研究报告显示，2015—2021年，我国汉服市场规模实现了由1.9亿元到101.6亿元的激增，2025年有望达到191.1亿元；以故宫文创为代表的文创产业营业额快速增长，新中式茶饮、新中式糕点等产业发展势头强劲；第二，中华优秀传统文化资源衍育出一大批优秀文艺作品，使传统文化内涵更好地融入人民群众的精神生活。《国家宝藏》《中国诗词大会》《典籍里的中国》等综艺节目，《只此青绿》《丽人行》等舞蹈诗剧，《我在故宫修文物》等纪录片备受观众喜爱；第三，中华优秀传统文化在数字时代构筑出崭新的网络空间和文化场域。运用互联网技术、AR影像等前沿科技，中华优秀传统文化元素联合短视频软件，突破时空限制，为人民带来更丰富、更真切的文化体验；第四，中华优秀传统文化在立德树人方面发挥更大作用。在《完善中华优秀传统文化教育指导纲要》《中华优秀传统文化进中小学课程教材指南》等文件的指导下，中华优秀传统文化融入教材体系，覆盖各学段的学校教育。北京大学昆曲传承基地等全国普通高校中华优秀传统文化传承基地陆续建成，有力地促进了中华优秀传统文化与思想政治教育、社会主义核心价值观培育、学科教学内容有机融合，推动中华优秀传统文化入脑入心。

---

① 资料参考自中国非物质文化遗产网·中国非物质文化遗产数字博物馆。

（六）对外文化传播实现质的飞跃

对外文化传播能力是构成一个国家文化软实力乃至综合国力的重要指标。新时代以来，在习近平总书记系列重要讲话精神的指导下，我国不断提升中华文明在国际上的感染力、吸引力与影响力，取得了一系列显著的成绩。

第一，政府间文化合作机制建设取得重大进展。目前，我国已经与近160个国家签订两国政府文化合作协定和文化合作计划，建立双多边文化合作机制，不断加强双方在文化、艺术、旅游、教育、体育、新闻出版、广播影视等方面的交流与合作。同时，我国同罗马尼亚等国家签订了《关于防止盗窃、盗掘和非法进出境文化财产的协定》，致力于保护人类共同文化遗产。第二，中外思想文化交流机制日益成熟。中法文化论坛、中俄文化论坛等文化论坛，2016年中埃文化年、2020中国意大利文化和旅游年、2021中国希腊文化和旅游年等文化项目，丝绸之路（敦煌）国际文化博览会等文化展览，有效促进了国家之间的文化交流和人民之间的相互了解，使世界各国零距离接触中国文化。第三，中国当代价值理念广泛传播。《习近平谈治国理政》已被陆续译为英、法、俄、阿、西、葡、德、日等多个语种，在世界170多个国家和地区发行，累计发行数百万册。《厚土中国》已输出了英语、印地语、泰语、越南语等语种的版权，向世界贡献中国脱贫攻坚的宝贵经验，传递当代中国发展的价值理想。第四，对外文化贸易繁荣发展。商务部数据显示，2021年，我国对外文化贸易额首次突破2000亿美元；2022年，对外文化贸易额超过2200亿美元，同比增长约11%。其中，文化产品进出口额1803亿美元，文化服务进出口额414亿美元。2022年7月，27部门联合印发《关于推进对外文化贸易高质量发展的意见》，支持文化贸易发展，提升文化产业国际竞争力，为对外文化贸易发展注入新活力。第五，海外中国文化中心建设加速推进。海外中国文化中心、孔子学院、孔子课堂是我国政府主导的文化"走出去"战略的重要组成部分，为数千万各国学员学习中文、了解中国文化提供服务。截至2021年末，全球设有45家海外中国文化中心，截至2019年末，162个国家和地区建立了550所孔子学院和1172个孔子课堂[①]。第六，中华优秀传统文化远扬海外。世界多个国家曾举办了京剧、武术、古琴等传统剧目演出和书法、篆刻、花灯等艺术展览。中华优秀传统文化也积极借助TikTok为代表的数字媒体、中国风游戏动漫等新型载体走向国际，起到了润物无声且事半功倍的传播效果。

---

① 资料参考自中国非物质文化遗产网·中国非物质文化遗产数字博物馆。

第二章

广东文化强省建设基础与现状

CHAPTER2

"文化强省"是指在文化建设方面走在全国前列，具有强大的综合实力，在全国范围内引领文化建设潮流，对于其他省市地区的文化建设具有显著示范作用的省份。广东文化强省建设具备良好的文化基础和社会基础，在党和政府的持续推动下，广东文化强省建设取得了显著的成绩，迈向了新的发展阶段。

一 广东文化强省的深厚文化底蕴

广东是中华文化与海洋文明交汇融合的重要区域。深厚的历史底蕴、多元的文化元素和独特的地理位置，共同构筑了广东丰富多彩的文化风貌。从古老的广府文化、潮汕文化、客家文化，到近代的开埠通商、西风东渐，再到当代的改革开放、创新引领，广东文化始终在传承中创新，在开放中发展。

探寻广东文化的深厚根基，不仅是对历史的回溯，更是对未来的启迪。

（一）具有独特思想魅力的岭南文化

岭南文化是中国最具特色和活力的地域文化之一，是中华文化的重要组成部分。岭南文化从狭义上说，专指以珠江三角洲为中心地带的广东省和港澳地区的区域文化，而港澳历史上是广东政区的一部分，自古以来就属珠江三角洲文化圈。广东地域文化在类型上归属于岭南文化，并且是它的主体，在特定的历史地理基础上形成了广东文化特质和风格，堪为岭南文化的代表。①习近平总书记视察广东期间便提出了传承与弘扬岭南文化的重要指示。广东文化强省必须建基于岭南文化传统，深刻把握岭南文化的内在精髓，在新时代的创新创造中展示岭南风韵和人文精神。

从地理特征来看，广东省位于南岭以南，南海之滨，全年温热多雨，山地、丘陵、台地和平原分别占全省土地总面积的33.7%、24.9%、14.2%和21.7%。粤东、粤北、粤西多为山地丘陵，"无平原广阡，其田多在山谷间。高者恒苦旱，下者恒苦涝。"南部珠三角地区和沿海地区则以平原台地为主。珠江水系支流众多、水道繁纡，由虎门、蕉门、洪奇门、横门、磨刀门、鸡啼门、虎跳门和崖门八大口门流入南海。受地理环境影响，岭南地区农耕渔猎并行，在此孕育的岭南文化兼具大河文明和海洋文明两重文化性格。同时，同中原地区相对阻隔的地理环境使岭南地区在早期发展中形成了独特的文化风貌。

从经济结构来看，地处南海之滨的岭南地区是我国海上商业贸易的重镇。《史记·货殖列传》记载："番禺亦其一都会也，珠玑、犀、玳瑁、果、布之凑。"番禺是当时九大商业都会之一，盛产宝玉珠石。《汉书·地理志》记载："自日南障塞、徐闻、合浦船行可五月，有都元国；又船行可四月，有邑卢没国；又船行可二十余日，有谌离国；步行可十余日，有夫甘都卢国。自夫甘都卢国船行可二月余，有黄支国，民俗略与珠崖相类，其州广大，户口多，多异物，自武帝以来皆献见。有译长，属黄门，与应募者俱入海市明珠、璧流离、奇石异物，赍黄金、杂缯而往。"秦汉之时，徐闻港已成为古代海上丝绸之路的起点之一。元朝《南海志》记载："广东南边大海，控引诸蕃，西通牂牁，接连巴蜀，北限庾岭，东界闽瓯。或产于风土之宜，或来自异国之远，皆聚于广州。"这清晰地表

---

① 袁行霈、陈进玉：《中国地域文化通览·广东卷》，中华书局2014年版，第14—15页。

明了广东作为国内商贸中心、海外贸易枢纽的重要位置。因此，广东人民在同其他地区进行商贸交易、同其他民族进行文化交往的过程中，逐步形成了兼收博采、重商务实的文化特质。

从历史演进来看，中原地区数次纷争战乱导致汉族大批南迁入粤，"天下已乱，中朝士人以岭外最远，可以避地，多游焉"。随着魏晋时期"衣冠南渡"等大规模南迁，正统的中原文化道德礼教逐渐在岭南地区落地生根。黄遵宪《己亥杂诗》以诗证史："筚路桃弧展转迁，南来远过一千年。方言足证中原韵，礼俗犹留三代前。"随着儒学的兴起，岭南地区读书科举之风盛行，潮州更有"海滨邹鲁"之誉。南宋陈余庆《重修州学记》有言：潮之为郡，实古瀛洲，文物之富，始于唐而盛于我宋。爰自昌黎文公，以儒学兴化，故其风声气习，传之益久而益光大。明清时期，广东地区民众普遍"贾而好儒"。乾隆《广州府志》记载："士多刚方，崇信义、际风云者，喜以勋业自见，廉耻相高，时穷见节往往有之，词章文藻视为绪余。然登高作赋之流，摩肩辈出，华实并茂。"随着士人群体的数次南迁而带来的文化中心南移，广州愈发成为两广地区的经济、政治、文化中心，岭南文化也在各种文化的交流激荡中形成多元融通、积极开阔的气象。

总的来看，以广府文化、潮汕文化、客家文化为主要板块的岭南文化具有崇文尚儒、开放包容、求新求实、重商重义、开拓进取的基本精神。在岭南文化的哺育下，岭南人民创造了岭南画派、白沙书派、粤剧戏曲、岭南建筑、广府园林、"三雕一彩"工艺、粤菜饮食文化等文化瑰宝，南粤大地上涌现出了"岭南三大家"、"岭南七子"、张九龄、湛若水、屈大均、慧能、崔与之等仁人先贤。特别是明清时期，广东书院林立，大儒辈出，诗文成风，在文化艺术方面走在了全国前列。中山大学王季思教授总结道："岭南文化，蔚为国光，融通中外，莽莽苍苍。"岭南文化在全国地域文化版图中占有重要地位，对我国多元一体文化格局的形成和发展作出了重要贡献。

（二）"敢为天下先"的近代革命文化

正如李大钊所说："广东是现代思潮汇注之区，自明季迄于今兹，汉种孑遗，外邦通市，乃至太平崛起，类皆孕育萌兴于斯乡。"[①]广东既深受儒家传统文化的濡染，又是重要的中西通商口岸，多方政治势力在此冲突，多种思想文化在此际会，从中涌现了一大批英才人物，引领中国风气之先。

广东在反帝反封建斗争中走在前列。林则徐虎门销烟揭开了反抗帝国主义殖民侵略的序幕，广州人民自发组织武装抗英团体，在三元里等地沉重打击了英国侵略军的嚣张气焰。1847年广州人民反英斗争，1860年潮州反英斗争以及1899年新安、东莞人民抗英斗争和遂溪人民抗法斗争等展现了广东人民强烈的爱国精神和自强精神。广东花县（今花都区）人洪秀全融汇西方基督教教义与中国传统文化中的"大同理想"，掀起了轰轰烈烈的太平天国运动。太平天国运动虽然有保守落后的一面，但有力地打击了清王朝的封建统治和外国的侵略，被认为是"大英帝国主义侵入中国后第一次中国国民革命的大运动"。为反对清政府签订丧权辱国的《马关条约》，广东南海人康有为、广东新会人梁启超集结各省举人联名上书，"先鼓动粤中公车，上折拒和议"，拉开了维新变法的序幕，极大地推动了中华民族救亡图存的进程。毛泽东指出："自从1840年鸦片战争失败那时起，先进的中国人，经过千辛万苦，向西方国家寻求真理。洪秀全、康有为、严复和孙中山，代表了在中国共产党出世以前向西方寻找真理的一

---

① 李大钊研究会：《李大钊文集》第5卷，人民出版社1999年版，第38页。

派人物。"①

广东是资产阶级民主革命的策源地。伟大的爱国主义者、中国民主革命的伟大先驱孙中山先生在广东发动了饶平黄冈起义、惠州七女湖起义、钦廉防城起义、广州起义、黄花岗起义等多次起义，将民主革命思想推向全国，其领导的辛亥革命成功推翻了统治中国数千年的封建专制制度。1924年1月，孙中山在中国共产党和苏联的帮助下在广州召开国民党"一大"，根据"联俄、联共、扶助农工"的三大政策，重新解释了三民主义，实现了国共第一次合作，使中国革命由此进入一个新的历史时期。孙中山先生在《留别粤中父老昆弟书》中指出："吾粤之所以为全国重者，不在地形之便利，而在人民进取心之坚强，不在物质之进步，而在人民爱国心之勇猛。"②可以说，广东是大革命运动乃至于中国近代民主革命的中心，以孙中山、廖仲恺、朱执信等为代表的广东籍革命领袖以拳拳爱国之心、积极进取之志，引领着中国近代民主革命风云。

广东是中国共产党组织建立的摇篮，早期中国共产党人杨匏安系统传播马克思主义，被誉为"华南地区系统传播马克思主义第一人"，与李大钊并称为"南杨北李"；彭湃在广州开办农民运动讲习所，在海丰等地领导农民运动，所著《海丰农民运动报告》是早期中国共产党领导工农运动宝贵经验的系统总结，因此他被称为"中国农民运动的领袖"；阮啸仙曾题词"坚忍卓绝为吾人本色，奋斗牺牲是我辈精神"，在青年团工作、工人运动、农民运动等方面作出了积极探索。陈独秀、毛泽东、邓中夏、瞿秋白、周恩来等共产党领袖在广东云集，领导香港海员大罢工、省港大罢工，组建广州社会主义青年团，创建了第一支由中国共产党掌握的武装军队，开辟了第一个苏维埃革命根据地。1925年12月，毛泽东在《政治周

---

① 《毛泽东选集》第4卷，人民出版社1991年版，第1469页。

② 孙中山：《特载：总理轶文：留别粤中父老昆弟书》，《中央党务月刊》1929年第14期。

报》发刊词中指出："我们在广东的工作，在扫平杨、刘，肃清郑、莫以后，划然开一新时代。""我们已有了一个革命的权力，已有了一个肃清土匪的机会，已有了一个与土豪劣绅、贪官污吏作战的力量，民政、财政、司法、教育、交通诸端已可开始刷新的工作。总而言之，我们已有了一个革命的基础。"①可以说，广东波澜壮阔的近代革命运动深刻彰显了广东人民的家国之情、仁义之气、进取之心、求新之志，为中华民族的前途命运和中国人民的幸福安康作出了重要贡献。

（三）解放思想、改革开放的时代精神

1979年1月，一份关于香港厂商希望在家乡广州开设工厂的来信送达邓小平办公室，邓小平作出批示："这种事，我看广东可以放手干。"②习仲勋代表广东省委向党中央建议，发挥广东邻近香港、澳门的优势，在对外开放上做点文章，让广东先走一步，在深圳、珠海和重要侨乡汕头划出一些地方搞贸易合作区。③邓小平听后指出："中央没有钱，可以给些政策，你们自己去搞，杀出一条血路来。"④广东兼具地域之势与文化之利，自然而然地成为全国改革开放的前沿阵地，拉开了改革开放的序幕。广东在改革开放进程中铸就的改革开放精神、特区精神、企业家精神，极大丰富了民族精神内涵，也成为广东建设文化强省的独特精神资源。

解放思想，实事求是。1978年5月，《实践是检验真理的唯一标准》掀起了全国关于真理标准的大讨论。从6月开始，习仲勋领导广东全省

---

① 《毛泽东文集》第1卷，人民出版社1993年版，第21、22页。
② 李岚清：《突围——国门初开的岁月》，中央文献出版社2008年版，第71页。
③ 中国人民政治协商会议广东省委员会：《敢为人先：改革开放广东一千个率先》政治卷，人民出版社2015年版，第4页。
④ 中国人民政治协商会议广东省委员会：《敢为人先：改革开放广东一千个率先》政治卷，人民出版社2015年版，第5页。

开展真理标准问题的讨论，并在讲话中指出"离开实践，理论一文不值。"①中共广东省委机关报《南方日报》在广东省委的领导下，紧密联系改革实践，在短时间内陆续发表《检验真理的标准只能是革命实践》《坚持百家争鸣，发展科学事业》《判断是非的理论依据不是检验真理的标准》《逻辑证明是检验真理的标准吗？》等重要文章，在农村经济体制改革、农村破除生产力束缚等方面发出了理论先声。1979年7月，《南方日报》发表题为《在基层开展真理标准的讨论很有必要》的评论员文章。同年8月，广东省委在中山县（今中山市）召开现场会，推广中山县在基层广泛开展真理标准问题大讨论的有益经验，交流各省市开展这一讨论的情况和经验，极大地澄清了人民群众的思想困惑，为改革开放扫清障碍。

敢试敢闯，锐意改革。改革开放之初，广东率先打破长期以来政府定价的局面，在市场化改革方面迈出重要一步。随后，广东出台一系列重要经济政策，允许私营企业与国营企业竞争并存，打破单一所有制结构，形成多种经济成分的所有制格局，为各地经济改革提供经验范本。在文化建设方面，广东同样敢于打破旧制、引领先风。广东潮剧团、广东武术团、广东粤剧团、广东杂技团、广东琼剧团远赴新加坡、加拿大、泰国、美国等地进行演出交流。广东各地党政领导部门在农村公社建立文化站，试办农村文化中心。这些农村文化中心大都有影剧院、图书馆、电视室、文娱室、音乐曲艺室等，实行企业管理，经济独立核算。广东举办首届广东艺术节、首届全国广东音乐演奏邀请赛、"羊城音乐花会"，在全国范围内产生了较大的反响。

2012年12月，习近平总书记在广东考察时指出，广东在我国改革开

---

① 《深切缅怀习仲勋同志》，《甘肃日报》2013年10月10日。

放中得风气之先。^①2018年10月，习近平总书记在广东考察时再度指出：广东是改革开放的排头兵、先行地、实验区，改革开放以来党中央始终鼓励广东大胆探索、大胆实践。^②广东40多年发展历程充分证明，改革开放是党和人民大踏步赶上时代的重要法宝，是坚持和发展中国特色社会主义的必由之路，是决定当代中国命运的关键一招，也是决定实现"第二个百年"奋斗目标、实现中华民族伟大复兴的关键一招。广东要弘扬敢闯敢试、敢为人先的改革精神，立足自身优势，创造更多经验，把改革开放的旗帜举得更高更稳。2023年4月，习近平总书记着重强调："广东是改革开放的排头兵、先行地、实验区，在中国式现代化建设的大局中地位重要、作用突出。"^③广东不仅要在全面深化改革、扩大高水平对外开放、促进城乡区域协调发展等方面继续走在全国前列，也要在推进中国式现代化建设中走在前列。广东求新求变的精神特质在改革开放的时代主题中得到了充分的展开与彰扬，成为推动中国社会经济变革和前进的重要力量，助推中华民族走向更光明的前景。

▼ 二 广东文化强省的社会基础

文化强省建设不仅仅依赖于历史文化的积淀，更是社会经济、政策环境、人民生活、教育水平、社会组织以及对外开放等多重因素共同作用

---

① 《改革不停顿 开放不止步 ——习近平总书记考察广东纪实》，《南方日报》2012年12月13日。

② 《高举新时代改革开放旗帜 把改革开放不断推向深入》，《人民日报》2018年10月26日。

③ 《"在推进中国式现代化建设中走在前列"——习近平总书记考察广东纪实》，《人民日报》2023年4月15日。

的结果。近年来，广东在社会经济发展、政策制度创新、人民生活水平提升、文化教育进步、社会团体壮大以及对外开放深化等方面取得了较为显著的成果。这些社会条件的成熟与完善，为广东文化强省建设提供了坚实的基础。

（一）社会经济持续稳定发展

政治、法律、哲学、宗教、文学、艺术等的发展是以经济发展为基础的。经济繁荣是文化繁荣的根本条件，没有一定的经济基础作为支撑，文化事业就无法得到持续的动力，很难实现长期发展和全面繁荣。因此，社会经济的持续稳定发展是广东文化强省建设的首要前提，也是推进广东文化强省建设的重要保障。

表2-1 2012—2022年广东地区生产总值情况

单位：亿元

年份	地区生产总值	地区生产总值指数（上年=100）
2012	57007.7	108.3
2013	62503.4	108.5
2014	68173.0	107.8
2015	74732.4	108.0
2016	82163.2	107.5
2017	91648.7	107.5
2018	99945.2	106.8
2019	107986.9	106.2
2020	111151.6	102.3
2021	124719.5	108.1
2022	129118.6	101.9

注：数据来源于国家统计局。

如表2-1所示，2012年至2022年，广东地区生产总值保持平稳增长，广东经济年均增长8.6%，经济增速高于全国平均水平。2021年，广东成为我国首个生产总值突破12万亿元的省份，综合实力跃上新台阶。2022年，广东地区生产总值达到129118.6亿元，连续34年保持全国首位，占全国经济总量的10.67%。面对世界百年未有之大变局加速演变与新冠肺炎疫情叠加共振的严峻形势，广东统筹疫情防控与经济发展、统筹社会稳定与民生福祉，全面落实稳经济各项政策举措，实现了经济发展稳中有升，展现了广东经济的强大韧性。

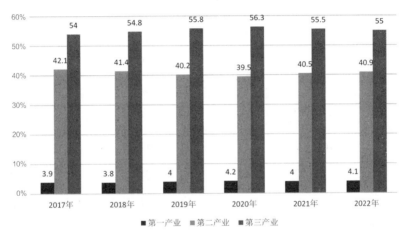

图2-1　2017—2022年广东三次产业结构

如图2-1所示，2017年至2022年，广东三次产业结构变动较小，2022年第三产业所占比重比2017年提高了1%，2022年第二产业所占比重比2017年降低了1.2%，2022年第一产业所占比重比2017年提高了0.2%。2022年广东第一产业增加值5340.36亿元，比上年增长5.2%，对地区生产总值增长的贡献率为11.8%；第二产业增加值52843.51亿元，比上年增长2.5%，对地区生产总值增长的贡献率为52.9%；第三产业增加值70934.71亿元，比上年增长1.2%，对地区生产总值增长的贡献率为35.3%。总体来看，广东传统农业正在加快向现代农业的转变，工业向高级化发展，服务业水平得到进一步提升。

（二）政府出台政策制度保障

2010年7月，广东省委、省政府印发的《广东省建设文化强省规划纲要（2011—2020年）》明确指出，文化建设是中国特色社会主义事业总体布局的重要组成部分，是保障人民基本文化权益的根本要求，是广东省努力当好推动科学发展、促进社会和谐的排头兵、全面实现小康社会的必由之路，并提出从文化大省向文化强省跨越的宏伟目标。自此，全面推进文化建设、努力建成文化强省成为广东高质量发展的重要工作。广东省政府陆续印发《广东省文化事业发展"十二五"规划》《广东省文化事业发展"十三五"规划》《广东省文化产业振兴规划（2011—2015年）》《广东省文化和旅游发展"十四五"规划》，以及同文化和旅游部、粤港澳大湾区建设领导小组办公室联合印发《粤港澳大湾区文化和旅游发展规划》等重要文件，《广东省省级文化产业示范园区管理办法》《广东省省级非物质文化遗产代表性传承人认定与管理办法》《关于广东省省级文化生态保护区的管理办法》等规范性文件。在财政投入上，广东逐步建立健全建设文化强省的财政保障机制，规定各级财政的文化事业经费要随着经济发展稳步增长，在省、市两级设置文化产业发展专项资金、文化繁荣发展专项资金等，确保文化基础设施和公共服务体系建设足额投入。

表2-2　2012—2022年广东财政文化体育与传媒支出情况

单位：亿元

年份	财政一般预算支出	财政文化体育与传媒支出
2012	7387.86	137.64
2013	8411.00	141.68
2014	9152.64	168.16
2015	12827.80	194.58
2016	13446.09	229.71

（续表）

年份	财政一般预算支出	财政文化体育与传媒支出
2017	15037.48	285.87
2018	15729.26	321.84
2019	17297.85	350.33
2020	17430.79	417.22
2021	18247.01	395.59
2022	18509.93	350.12

注：数据来源于国家统计局、广东省财政厅。

2016年以来，广东财政文化体育与传媒支出连续七年居全国首位。2020年广东财政文化体育与传媒支出突破400亿元，较2012年累计实际增长203.12%。在新冠肺炎疫情持续影响下，2021年、2022年广东财政文化体育与传媒支出略有回落，但总体保持稳定增长态势。2023年是全面贯彻落实党的二十大精神的开局之年，也是走出疫情阴霾后，社会经济全面恢复的重要一年。2023年，广东财政预算安排77.09亿元，支持文化强省"六大工程"建设，推动物质文明与精神文明协调发展。其中，安排14.73亿元推进区域城乡公共文化服务体系一体建设，支持公共文化体育设施免费或低收费开放；安排2.67亿元支持打造高水平文艺精品创作生产体系；安排5.47亿元支持国家版本馆广州分馆、白鹅潭大湾区艺术中心等文化新地标建设；安排1.3亿元支持打造重点品牌性文化旅游活动，推动文旅深度融合发展；安排1.3亿元支持主流媒体创新发展、品牌提升；安排0.4亿元支持4K/8K超高清视频产业持续快速发展，打造数字文化引领地；安排2.71亿元支持创新实施岭南文化"双创"工程，促进文化遗产、非遗项目保护传承；安排红色革命遗址保护利用经费1亿元，推动用好红色资源、赓续红色血脉。

（二）人民生活水平稳定提升

人民是社会历史前进的根本动力，是社会变革的最终决定力量。只有充分发挥人民群众的文化自觉性、激发人民群众的文化创造力，才能够为文化强省建设提供源源不绝的动力。马克思恩格斯指出，人们为了能够"创造历史"，必须能够生活。但是为了生活，首先就需要衣、食、住以及其他东西。①因此，在满足人民基本生活需求的基础上，不断提高人民生活水平是建设文化强省的重要条件。

表2-3　2012—2022年广东地区居民消费情况

单位：万元

年份	居民人均可支配收入	居民人均消费支出
2012	21268	16002
2013	23421	17421
2014	25685	19205
2015	27859	20976
2016	30296	23448
2017	33003	24820
2018	35810	26054
2019	39014	28995
2020	41029	28492
2021	44993	31589
2022	47065	32169

注：数据来源于国家统计局。

在经济健康平稳运行的大背景下，广东居民人均可支配收入由2012年的21268万元跃升到2022年的47065万元，增长幅度为121.29%；广东居民

---

① 《马克思恩格斯文集》第1卷，人民出版社2009年版，第531页。

人均消费支出由2012年的16002万元跃升到2022年的32169万元，增长幅度为101.03%，与居民人均可支配收入增速保持相对同步。随着广东居民人均可支配收入水平和人均消费支出水平的不断提高，居民消费结构发生着相应的变化，文化娱乐类产品和服务消费需求快速增长。

表2-4　2016—2022年广东居民消费价格指数及文化娱乐类
居民消费价格指数

年份	居民消费价格指数 （上年=100）	文化娱乐类居民消费价格指数 （上年=100）
2016	102.3	99.6
2017	101.5	100.9
2018	102.2	101.2
2019	103.4	100.1
2020	102.6	99.0
2021	100.8	100.5
2022	102.2	101.7

注：数据来源于国家统计局、《中国统计年鉴》。

居民消费价格指数（CPI）是通过具有代表性商品或服务的价格水平变动，反映居民家庭购买商品或服务的价格变动情况的相对数（指数的基期数值定为100），是反映地方宏观经济运行情况的重要指标。一般来说，居民消费价格指数越稳定，居民生活水平越高，越有利于促进包容性增长。从广东居民消费价格指数变化情况来看，2016年至2022年，广东文化娱乐类居民消费价格指数呈现出长期稳定的状态，每年度的文化娱乐类居民消费价格指数均低于居民消费价格指数，反映了人民良好的文化生活水平。

（四）人民文化教育水平提升

文化与教育息息相关，教育的本质在于赋予人以文化生命。人们在接受教育的过程中有选择性地传承文化，在创造中发展文化，由此实现文化的更新迭代。因此，任何时期的文化建设都离不开受教育的人。广东省委、省政府始终重视教育、关心教育、支持教育，谋划部署一系列重大举措，推动全省教育事业取得长足发展。其中，高等教育是人才培养的重镇。新时代以来，广东高等教育事业取得了显著成绩。

表2-5　2012—2022年广东地区财政教育支出及高等教育情况

单位：亿元，个，万人

年份	地方财政教育支出	普通高等学校数	普通高校招生数	普通高校毕（结）业生数
2012	1501.22	137	50.19	40.40
2013	1744.59	138	51.69	41.23
2014	1808.97	141	53.54	44.10
2015	2040.65	143	55.06	47.69
2016	2318.47	147	53.98	48.94
2017	2575.52	151	55.84	51.12
2018	2792.90	152	57.33	52.39
2019	3210.51	154	61.63	52.21
2020	3510.56	154	86.61	55.01
2021	3796.69	160	69.43	57.44
2022	3873.61	161	71.57	63.38

注：数据来源于国家统计局、广东省教育厅。

如表2-5所示，广东地区财政教育支出逐年增长，年平均增长率为10%。全省高校由2012年的137所增至2022年的161所，实现21个地级以上市本科、高职院校全覆盖。新增3所高校进入国家新一轮"双一流"建设行列，拥有中山大学、华南理工大学、暨南大学、华南师范大学、南方科技大学、华南农业大学、广州中医药大学、广州医科大学8所"双一流"高校。普通高等学校招生数由2012年的50.19万人增至2022年的71.57万人，累计增长42.60%；普通高等学校毕（结）业生数由2012年的40.40万人增至2022年的63.38万人，累计增长56.88%。

表2-6 2012—2022年广东6岁及以上人口受教育程度统计情况

单位：人，%

年份	6岁及以上人口	大学专科	大学本科	研究生	专科及以上学历占比
2012	82228	--	--	--	9.76
2013	81324	--	--	--	8.20
2014	82029	--	--	--	9.38
2015	1559777	108571	72518	5862	11.99
2016	85168	6197	5296	286	13.83
2017	84724	6955	4659	278	14.04
2018	86007	6439	3997	236	12.41
2019	82975	6950	4687	330	14.42
2020	116379547	10824882	8075509	883018	17.00
2021	124845	13381	10284	1225	19.94
2022	121049	13283	11182	1043	21.07

注：本表为全国人口变动情况抽样调查样本数据，数据来源于《中国统计年鉴》。

在教育事业蓬勃发展的助推下，广东人民文化水平普遍提高。同时，广东积极引进高层次人才，实施粤东粤西粤北博士博士后人才支持项目（博士项目）、海外博士后人才支持项目等人才引进项目，通过提供优惠的经济政策、提供落户生活便利、建立优秀文化人才引进"绿色通道"等引才政策，使广东成为富有吸引力的人才高地。《2022年度广东省人力资源和社会保障事业发展统计公报》显示：截至2022年底，粤港澳大湾区(广东)人才港共服务各类人才1.49万人次，举办人才活动31场，累计参与人数超3200人，与107家单位达成战略合作。根据各年度全国人口变动情况抽样调查样本数据，广东省专科及以上学历占比由2012年的9.76%跃升至2022年的21.07%，在我国位居前列，为建设广东文化强省提供了强大的人才支撑和智力支持。

（五）社会团体夯实组织基础

社会组织是指在各级民政部门依法登记的社会团体、社会服务机构（民办非企业单位）和基金会。社会组织是公共关系的三大构成要素之一，对于社会建设具有举足轻重的影响。新时代以来，广东省民政厅印发了《关于进一步引导动员社会组织参与乡村振兴的若干措施》《广东省培育发展社区社会组织专项行动实施方案（2021—2023年）》《广东省基金会章程示范文本》等文件规章，推动社会组织健康有序发展。

表2-7 2012—2022年广东社会团体数量

单位：个

年份	社会组织总计	社会团体	基金会	民办非企业单位
2012	35324	15853	336	19135
2013	41317	19000	434	21883
2014	47680	22132	558	24990
2015	53958	24904	677	28377
2016	59455	27077	804	31574
2017	63784	28648	951	34185
2018	67940	30299	1088	36553
2019	70860	31494	1184	38182
2020	71845	31966	1294	38585
2021	71834	32089	1382	38363
2022	71607	32818	1462	37827

注：数据来源于国家统计局、《中国统计年鉴》。

由表2-7可知，2012年至2022年社会组织单位数累计增长102.71%，其中，社会团体数量累计增长107.01%，基金会数量累计增长335.12%，民办非企业数量累计增长97.68%。2022年，广东社会组织数量为71607个，其中，社会团体数量为32818个，基金会数量为1462个，均位居全国首位，民办非企业单位数量为37827个，位居全国第四。文化类社会组织在推动广东文化艺术发展方面发挥了积极作用，成为建设广东文化强省的一支重要力量。

社会团体方面，广东省文化艺术行业协会、广东省动漫行业协会等行业性协会助推文化产业高质量发展；广东省德云文化慈善基金会等公益性协会广泛开展各种形式的文化慈善和公益活动，扶助需要物质和精神帮助的弱势群体；广东省传统文化促进会、广东京剧艺术促进会、广东省声乐艺术研究会、广东省雕刻艺术研究会等致力于保护传承传统文化特色；广东省广府人珠玑巷后裔海外联谊会致力于弘扬广府文化和广府人精神，与广东人民出版社合作编纂出版了《广府文库》等著作；广东省党的建设研究会、广东省红色文化研究会等在思想文化研究与阐释方面起到了重要作用。

基金会方面，广东省中艺文化发展基金会、广东省宣卿文化基金会、广州市促进文化艺术发展繁荣基金会等资助优秀岭南文化的研究与传承，扶持文化从业工作者、开展艺术与文化相关活动；广东省关山月艺术基金会、广东省许钦松艺术基金会、广东省林若熹艺术基金会等积极资助艺术活动；广东省繁荣粤剧基金会、广东省潮剧发展与改革基金会等支持戏剧文化发展；广州市华侨文化发展基金会、深圳市华侨公益基金会支持开展各类华侨文化活动；佛山市建设文化事业基金会为建设佛山市公共文化事业服务。

民办非企业单位方面，珠海市名家文化艺术交流中心、深圳市南山区腾星文化艺术交流服务中心、广东济德文化公益服务中心等举办文化艺术类相关的讲座、论坛、展演，建设群众喜闻乐见的社区文化项目；广东南方红色文化研究院、广东岭南红色文化研究院等开展红色文化学术交流和公益性活动；广东省文山艺术研究院、广东省岭南艺术研究院等开展艺术研究的学术交流和展览；广东南方软实力研究院、广东省国粹戏剧普及教育研究院、深圳市文化创意产业研究院等开展各类文化艺术理论与实践研究。

（六）对外开放持续深入推进

百年未有之大变局加速演进带来的世界之变、时代之变、历史之变深刻塑造了当前中国发展的内外部环境，要求必须从国际视野的高度审视广东文化强省建设。文化强省不仅意味着省内文化的繁荣发展，更需要不断增强文化引领力、辐射力、影响力，成为全国文化对外交流的枢纽，担当中国文化"走出去"的生力军。

广东是我国对外开放的南大门。截至2023年4月，广东省共与全球65个国家缔结204对正式友城（不含友好交流省州和城市）。从结好主体看，省级友城48对，市级友城142对，县（区）级友城14对。从区域分布看，亚洲友城45个，非洲友城12个，欧洲友城68个，美洲友城55个，大洋洲友城24个，实现了对全球主要经济体、新兴经济体和区域性大国的全覆盖。[1]截至2023年9月，广州市已与67个国家的104个城市建立了友好关系。[2]国家积极支持广东对标国际体制机制，建设对外文化交流门户，《现代综合交通枢纽体系"十四五"发展规划》选定广州、深圳为国际性综合交通枢纽城市，以便更好地连接中国与世界各地。可以说，广东处于我国对外交往的前沿地带，兼具经济产业优势和人文资源优势，为开展中外文化交流提供得天独厚的条件。

---

① 中共广东省委外事工作委员会办公室：《广东省国际友城情况简介》，广东省外事办中文网站2022年11月16日。

② 《广州与河内签署加强交流合作备忘录广州国际友城数量达104个》，《广州日报》2023年9月27日。

表2-8　2012—2022年广东货物进出口情况

单位：亿元人民币

年份	进出口总额	出口额	进口额
2012	62123.5	36242.5	25881.0
2013	67806.1	39514.0	28292.1
2014	66137.3	39693.4	26443.9
2015	63559.7	39983.1	23576.6
2016	63099.6	39520.5	23579.1
2017	68168.9	42192.9	25976.0
2018	71645.8	42744.1	28901.7
2019	71484.4	43416.0	28068.4
2020	70862.7	43493.1	27369.6
2021	82681.6	50525.5	32156.1
2022	83102.9	53323.4	29779.5

注：数据来源于国家统计局、广东省人民政府。

2022年，广东外贸进出口总额为83102.9亿元，占全国进出口总额的19.8%，连续37年位居全国第一，是我国外贸第一大省。广东对外贸易的蓬勃发展为文化对外贸易提供了诸多便利。目前，广东已经形成了较为完备的文化出口体系，覆盖160多个国家和地区，在数字出版、动漫游戏、创意设计、文化设备制造等领域培育了一批具有国际竞争力的重点出口企业和品牌，文化对外贸易稳步增长。

表2-9　2012—2019年广东国际旅游（外汇）收入及接待国际游客情况

单位：百万美元，百万人次

年份	国际旅游（外汇）收入	接待国际游客
2012	15610.67	34.89
2013	16278.07	33.89
2014	17106.36	33.55
2015	17884.66	34.50
2016	18577.13	35.07

（续表）

年份	国际旅游（外汇）收入	接待国际游客
2017	19960.40	36.55
2018	20511.74	37.48
2019	20521.31	37.31

注：数据来源于国家统计局。

广东是全国最大的入境游省份。自1979年以来，广东国际旅游（外汇）收入与接待国际游客人次在全国各省市中遥遥领先。广州市、深圳市、珠海市、佛山市等地市作为世界级旅游目的地，是促进旅游经济国内国际双循环的"世界门户"，也是增进世界了解中国和弘扬中国先进文化的"中国窗口"，吸引着成千上万外国友人认识中国，感受中国，在中西文化的交流融合中塑造新的文化样态，激发新的文化活力。

▼三 广东文化强省的建设状况与主要成就

在探寻广东文化强省建设的全貌时，我们不仅需要回顾其深厚的历史根基和坚实的社会基础，还需要细致观察这片热土上文化建设的现状与未来。经过多年的研究规划，广东在文化强省建设的道路上迈出了坚实步伐，在多个领域都取得了举世瞩目的成就，文化建设展现出光明的前景。

（一）广东文化强省建设的推进历程

2009年7月，广东省委办公厅、广东省人民政府办公厅发布《关于加快和提升文化软实力的实施意见》，明确提出了未来五年至十年广东文化发展的总体要求、基本目标和重大举措，继提出"建设文化大省"后，首次提出"建设文化强省"的建设目标。为了推进文化强省建设，全面提升文化软实力，决定实施"七大工程"：提高公民素质工程、文化精品工程、文化创新工程、公共文化服务体系建设工程、文化创意产业提升工程、文化"走出去"工程、高端文化人才工程。2010年7月，广东省委十届七次全会专题研究部署文化强省建设工作，出台了《广东省建设文化强省规划纲要（2011—2020年）》，从广东在全国文化发展格局中的地位、责任与使命以及国际文化交流演进趋势等角度提出：把广东建设成为在全国具有重要影响力的区域文化中心、发展社会主义先进文化的排头兵、提升我国文化软实力的主力省、中国文化"走出去"的生力军、率先探索中国特色社会主义文化发展道路的示范区。2011年11月，广东召开全省文化改革发展工作会议，深化文化强省建设共识，提出推进文化强省建设的新思路新举措。

2015年7月，广东省委办公厅、广东省人民政府办公厅联合印发《关于加快构建现代公共文化服务体系的实施意见》，着力提升公共文化服务体系建设水平，广东文化强省建设呈现出整体推进、重点突破、全面提升的良好发展态势。2018年6月，广东省委十二届四次全会部署了"1+1+9"重点任务。第一个"1"是指以推进党的建设新的伟大工程为政治保证；第二个"1"是指以全面深化改革开放为发展主动力。"9"是指9个方面的重点工作。展开来讲，一是以粤港澳大湾区建设为重点，加快形成全面开放新格局；二是以深入实施创新驱动发展战略为重点，加快建设科技创新强省；三是以提高发展质量和效益为重点，加快构建推动经济高质量发展的体制机制；四是以构建现代产业体系为重点，加快建设现代化经济体系；五是以大力实施乡村振兴战略为重点，加快改变广东农村落后面貌；六是以构建"一核一带一区"区域发展新格局为重点，加快推动区域协调发展；七是以深入推进精神文明建设为重点，加快建设文化强省；八是以把广东建设成为全国最安全稳定、最公平公正、法治环境最好的地区之一为重点，加快营造共建共治共享的社会治理格局；九是以打好三大攻坚战为重点，加快补齐全面建成小康社会、跨越高质量发展重大关口的短板。广东将文化强省建设纳入"1+1+9"工作部署，标志着广东对于文化建设地位与作用的认识更为深入，规划更加清晰，推进更加有力。

2019年，《广东省进一步加强精神文明建设行动计划》《广东省建设文化强省行动计划》《广东省推进"粤港澳大湾区文化圈"建设三年行动计划（2019—2021年）》等文件相继出台，以走在全国前列为目标，高标准高质量推动广东文化繁荣兴盛。全省文化产业改革发展工作会议、全省加快文化强省建设工作推进会议、省文化体制改革专项小组扩大会议陆续召开，推动各项工作取得新进展新成效，一幅恢宏绚丽的新时代广东文化强省建设蓝图徐徐展开。2022年2月，扎实推进文化强省建设大会在广州召开。会议以习近平新时代中国特色社会主义思想为指导，深入学习贯彻习近平总书记关于文化建设的重要论述和对广东系列重要讲话、重要指示批示精神，认真贯彻落实中央关于文化强国建设的部署要求，对新发展阶段文化强省建设进行再部署、再推动。

2023年6月，中共广东省委十三届三次全会审议通过了《中共广东省委关于深入学习贯彻习近平总书记重要讲话重要指示精神奋力在推进中国式现代化建设中走在前列的决定》和《中国共产党广东省第十三届委员会第三次全体会议决议》。会议指出：要扎实推进文化强省建设，在交出物质文明和精神文明两份好的答卷上取得新突破，坚持用党的创新理论武装头脑、教育人民、指导实践，凝聚奋进新征程的强大精神力量，涵养向上向善、刚健朴实的文化，不断丰富高品质文化供给，更好满足人民精神文化生活新期待，面向世界讲好中国故事、大湾区故事、广东故事，建设好展示中华民族现代文明的重要窗口。广东省委明确"锚定一个目标，激活三大动力，奋力实现十大新突破"的"1310"具体部署，是紧跟习近平总书记、奋进新征程的郑重宣示，是把握大局、顺应规律、立足实际的科学布局。会议进一步明确了文化强省建设在新时期广东现代化建设中的重要地位，为建设更高水平的文化强省提供了清晰的施工图与任务书。

（二）广东文化强省建设的主要成就

经过党和人民的长期建设，广东各项文化工作取得了新进展新成效，形成了文化艺术繁荣、文化事业基础坚实、文化产业实力雄厚、文化遗产深沉丰富、对外交流全国领先等优势条件，为在新发展阶段推进更高水平的文化强省建设提供了坚实基础。

艺术精品创作展演繁荣发展。广东文艺工作者坚持推动岭南文化的创造性转化和创新性发展，打造出一批具有岭南风格、中国风骨、世界风尚的精品力作，筑就了新时代广东文艺高峰。"十三五"期间，创作200多台大型主旋律剧（节）目，演出总场次超过4万场，获得"五个一工程"奖、"文华奖"等全国性文艺奖项106个，获得戏剧奖、荷花奖、金钟奖等专业领域国家最高奖项约300人次。打造高端演艺品牌聚集地，成功举办中国设计大展（深圳）、中国国际马戏节（珠海）、广东省艺术节、广东省艺术院团演出季、广东国际青年音乐周、广东现代舞周、南国音乐花会、华语戏剧盛典、广州艺术季、羊城粤剧节等艺术品牌活动。

公共文化服务体系提质增效。广东省人大常委会制定了《广东省公共文化服务促进条例》，在公共文化服务立法方面首开全国先河。广东省文旅厅先后出台《关于加快构建现代公共文化服务体系的实施意见》《广东省关于进一步提升革命老区和原中央苏区公共文化服务水平三年行动计划（2020—2022年）》等政策文件，形成省、市、县三级公共文化服务标准体系。实施公共文化基础设施攻坚做强工程，实现省市县镇村五级公共文化设施全覆盖，超过110个县（市、区）建成图书馆、文化馆总分馆制，创新建成"粤书吧"等新型阅读空间1900多家，建设了"三馆合一"等彰显广东特色、具有国际水平的重大标志性公共文化设施，大大推动了公共文化服务体系提质增效。

文化及相关产业规模持续扩大。深入实施文化改革振兴工程，健全现代文化产业体系和市场体系，整体实力和综合竞争力显著提升。新型文化企业、文化业态、文化产品、文化消费模式加快发展，文化及相关产业规模不断扩大，增加值稳居全国首位。省文化和旅游厅出台《广东省关于文化产业发展的若干政策意见》《广东省加快推进文化和旅游融合发展三年行动计划（2020—2022年）》《关于释放旅游消费潜力推动旅游业高质量发展的若干措施》等政策文件，深入实施创新驱动发展战略，加快推进全省文化和旅游融合发展，推动广东省文化及相关产业高质量发展走在全国前列。

文化遗产保护传承卓有成效。广东先后制定施行《广东省非物质文化遗产条例》《广东省粤剧保护传承规定》《广东省省级文化生态保护区管理办法》《广东省省级非物质文化遗产代表性传承人认定与管理办法》等，实施文物保护重点工程以及革命文物保护利用工程，建立广东省文物数据库，加强文化遗产的保护与传承；相关部门出台《广东省红色革命遗址保护利用行动方案》《广东省实施革命文物保护利用工程行动计划》《广东省"十四五"文物保护和科技创新实施方案》等，推动非物质文化遗产、红色资源的挖掘与利用。建立由分管副省长担任组长的广东省文物安全工作联席会议，全面加强政策支持和组织领导，文化遗产保护传承利用制度体系不断完善。

对外文化交流全面推进。相关部门出台《关于贯彻落实〈粤港澳大湾区发展规划纲要〉的实施意见》，制定《广东省推进粤港澳大湾区建设三年行动计划（2018—2020年）》等意见规划，完善文化和旅游交流合作机制，举办粤港澳大湾区文化艺术节、粤港澳大湾区艺术精品巡演、粤港澳大湾区公共文化和旅游产品采购会等系列活动，加快打造粤港澳大湾区世界级休闲旅游目的地。大力实施文化"走出去"战略，依托海外中国文化中心资源落实多批次文化交流项目，深入打造"广东文化精品丝路行"品牌，组织艺术团体赴多个国家和地区参加"欢乐春节""广东文化周"等活动，逐渐形成有岭南文化特色的国际交流品牌。

（三）广东文化强省建设的发展形势

当前，广东发展的国内外环境和自身条件都发生了复杂而深刻的变化，进入了具有新的历史特点的重要战略机遇期，机遇更具战略性、可塑性，挑战更具复杂性、全局性。

从国际环境来看，世界之变、时代之变、历史之变正以前所未有的方式展开，多重挑战和危机交织叠加，世界经济复苏乏力，保护主义抬头以及其他国际贸易壁垒增多。与此同时，新一轮科技革命和产业变革深入发展，数字时代加速到来，推动人类生产生活方式发生前所未有的变革，深刻改变国家间的比较优势。各类挑战和威胁更加复杂危险，地缘冲突不断加剧，不稳定性、不确定性因素明显增加，人类又一次站在历史的十字路口。长期以来，中国坚持推动构建人类命运共同体，坚定维护国际公平与正义，旗帜鲜明地反对一切霸权主义和强权政治，毫不动摇地反对任何单边主义、保护主义、霸凌行径，推动构建新型国际关系，为全球治理提供了中国方案，展现了大国责任和担当。我国国际影响力、感召力、塑造力显著提升，在国际格局和世界秩序塑造中发挥着越来越重要的作用。习近平总书记指出："当今世界正面临百年未有之大变局，化解人类面临的突出矛盾和问题，需要依靠物质的手段攻坚克难，也需要依靠精神的力量诚意正心。"①这要求我们充分发掘和灵活运用中华文明所蕴含的宝贵精髓，为人类破解时代难题、推动构建人类命运共同体提供重要的精神指引，为维护世界和平与发展注入更多确定性和正能量。

从国内情况来看，我国社会主要矛盾已经转化为人民日益增长的美好生活需要和不平衡不充分的发展之间的矛盾，发展中的矛盾和问题主要集中在发展质量上。我国推动经济从规模扩张转向结构优化、从要素驱动转向创新驱动，正处于质量变革、效率变革、动力变革的关键时期。党的二十大确立了全面建成社会主义现代化强国的总的战略安排：从2020年到2035年基本实现社会主义现代化；从2035年到本世纪中叶把我国建成富强民主文明和谐美丽的社会主义现代化强国。目前，中国共产党正在团结带领全国各族人民向着全面建成社会主义现代化强国、实现第二个百年奋斗目标进军，以中国式现代化全面推进中华民族伟大复兴。中国经济进入了高质量发展新阶段和以国内大循环为主体、国内国际双循环相互促进的发展新格局。中国特色社会主义是全面发展、全面进步的伟大事业，没有社会主义文化的繁荣发展，就没有社会主义现代化。中国式现代化必然包括文化的现代化，中华民族伟大复兴必然包括文化的复兴。因此，在新的起点上继续推动社会主义文化强国建设和中华民族现代文明建设，共同努力创造属于我们这个时代的新文化，是我们新的文化使命。

从区域规划来看，习近平总书记对作为改革开放排头兵、先行地、实验区的广东省寄予殷殷重托，对广东省现代化建设作出了多项重要指示，要求广东以新的更大作为开创工作新局面，在构建推动经济高质量发展体制机制、建设现代化经济体系、形成全面开放新格局、营造共建共治共享社会治理格局上走在全国前列。随着粤港澳大湾区建设和深圳中国特色社

---

① 《习近平复信希腊学者》，《人民日报》2023年2月21日。

会主义先行示范区"双区驱动"效应不断增强，由珠三角地区、沿海经济带、北部生态发展区构成的"一核一带一区"区域发展新格局加快构建，努力塑造与广东经济实力相匹配的文化优势，努力补齐精神文明和物质文明发展不平衡的短板弱项，努力满足人民日益增长的美好生活需要的任务变得愈发紧迫。《广东省关于加快文化产业发展的若干政策意见》《关于新时代广东高质量发展的若干意见》等政策文件的密集出台，为广东省文化强省建设提出了新要求、确定了新目标、规划了新图景。广州、深圳、佛山、东莞等地市将加快推进文化强市建设战略与统筹推进经济社会发展紧密结合起来，持续推进文化强市建设纵深发展，为建设更高水平的文化强省提供了牢固根基与强大动力。

第三章

广东文化强省建设的战略规划

CHAPTER3

荷兰哲学家冯·皮尔森曾指出："文化战略就是人类的生存战略。"①扎实推进文化强省建设是广东贯彻落实习近平总书记视察广东重要讲话、重要指示精神，锚定"走在前列"总目标，切实担负起推进中国式现代化建设的广东使命的重要部署。广东根据社会经济文化等方面的实际情况，科学制定了文化强省建设的思想原则、主要目标、发展要求，谋划重大战略，部署重大任务，具有非常重大的意义。

一 广东文化强省建设的思想原则

文化强省建设作为广东省贯彻落实党的二十大精神和习近平总书记视察广东重要讲话精神的重要决策部署，具有科学的指导思想和明确的基本原则，为文化强省建设提供了基本遵循。广东将坚持科学指导思想和正确前进方向，不断推动文化事业和文化产业繁荣发展，为建设社会主义现代化强省提供强大的精神动力和文化支撑。

（一）广东文化强省建设的指导思想

高举中国特色社会主义伟大旗帜，坚持以马克思列宁主义、毛泽东思想、邓小平理论、"三个代表"重要思想、科学发展观、习近平新时代中国特色社会主义思想为指导。全面贯彻党的基本理论、基本路线、基本方略，深入贯彻习近平总书记对广东系列重要讲话和重要指示批示精神。

---

① （荷）冯·皮尔森：《文化战略》，中国社会科学出版社1992年版，第4页。

闱绕习近平总书记关于文化建设的重要论述，闱绕举旗帜、聚民心、育新人、兴文化、展形象的使命任务，坚持以人民为中心的发展思想，坚定不移贯彻新发展理念，坚持稳中求进工作总基调。以推动高质量发展为主题，以改革创新为根本动力，以满足人民日益增长的美好生活需要为根本目的，以在全面建设社会主义现代化国家新征程中走在全国前列、创造新的辉煌为总定位总目标。加快建设现代化文化体系，打造新发展格局的战略支点，奋力打造粤港澳大湾区文化新高地，努力塑造与经济实力相匹配的文化优势，为广东努力当好改革开放的排头兵、先行地、示范区提供强大的精神动力和文化支撑，为广东在全面建设社会主义现代化国家新征程中走在全国前列、创造新的辉煌作出积极贡献。

（二）广东文化强省建设的基本原则

坚持党的领导。中国共产党的领导是中国特色社会主义最本质的特征，是中国特色社会主义制度的最大优势，也是实现社会主义现代化的根本保障。中国式现代化是中国共产党领导的、具有中国特色的社会主义的现代化，必须坚决维护习近平总书记党中央的核心、全党的核心地位，坚决维护党中央权威和集中统一领导。要坚持以习近平新时代中国特色社会主义思想为指导，坚持党委对文化建设的领导，把党的领导贯穿文化强省建设各领域和全过程，确保正确政治方向，确保党中央决策部署落地见效。全省各级党委政府要把推动文化强省建设摆在突出重要位置抓紧抓实，形成强大合力和整体效应。

坚持以人为本。坚持人民主体地位，坚持共同富裕方向，始终把满足人民群众日益增长的精神文化需求作为文化建设的立足点和出发点。尊重人民群众主体地位，积极开展丰富多样的群众性文化活动，鼓励和引导创作群众喜闻乐见的文化精品，建立政府主导与社会参与相统一、多层次、多元化的文化建设管理体制，最大限度地调动人民群众参与文化建设的积极性和主动性，最大限度激发人民群众的文化创新创造活力，让人民享有更加充实、更为丰富、更高质量的精神文化生活，真正做到文化发展为了人民、文化发展依靠人民、文化发展成果由人民共享。

坚持协调发展。围绕中心、服务大局，坚持文化建设全省一盘棋，加强上下衔接、左右协调，统筹固根基、扬优势、补短板、强弱项，实施战略性布局、整体性推进。立足广东省实际，实现重点突破与均衡发展相结合，大力推进区域、城乡文化建设协调发展，推动形成珠三角地区和粤东西北地区优势互补、良性互动的文化发展新格局。针对广东省区域、城乡、人群之间公共文化服务的差异，分类指导各地域、各人群现代公共文化服务体系建设。着眼长远和区域文化公共配套设施的规划布局，在设施建设管理、资源配置等方面协同推进。确保政策的一致性、协调性和可落地性，做到文化建设的持续、平稳、有效。通过明确主要抓手和重点任务，以科学、具体、易行的措施和办法，重点解决主要矛盾和瓶颈问题。

坚持改革创新。紧扣新发展阶段、新发展理念、新发展格局，紧盯解决突出问题，推进文化领域深层次改革，加强改革系统集成，发挥改革整体效应。深入推进改革开放，加强文化治理体系和治理能力建设，推进共建共治，破除制约文化高质量发展的体制机制障碍，深化发展资源配置机制和社会力量参与机制改革，持续增强发展动力和活力。突出创新的核心地位，把创新作为引领发展的第一动力，以供给侧结构性改革为主线，将改革创新理念贯穿文化体制机制创新、文化科技赋能、文旅资源盘活、文化要素集聚、文化产业融合、文化品牌推广、文化金融创新以及区域交流协作等各个环节，大力推进产品创新、业态创新、服务创新、管理创新、科技创新，全面塑造文化发展新优势，提高创造性转化、创新性发展能力。

坚持继承发展。坚定文化自信，坚持守正创新，通过创作新的艺术形式、推广传统文化教育、开展文化创意产业等方式使传统文化焕发新的生机和活力，更有效地推动中华优秀传统文化实现创造性转化与创新性发展，不断激发全社会的文化创造力。深入挖掘中华优秀传统文化蕴含的宝贵资源，坚持立德树人、凝心铸魂，努力使中华优秀传统文化保持民族性，体现时代性，与社会主义现代化建设相适应，与先进文化发展规律和发展方向相适应。遵循文化发展的内在规律，营造文化发展的宽松环境，把弘扬中华优秀传统文化、岭南优秀历史文化与吸收外来文明成果有机结合起来，推动各种学术观点、艺术流派和文化业态不断丰富发展，形成文化大发展大繁荣的良好局面。

坚持兼收并蓄。坚持解放思想，与时俱进，以更加自信的心态、更加开阔的视野对待世界各民族文化，推进文化领域高水平对外开放，促进和而不同、兼收并蓄的文明交流，广泛吸收借鉴国外先进文化建设经验和优秀文化发展成果，加快转变文化发展方式，增强文化发展活力，不断培育和创造新时代中国特色社会主义文化。主动服务和融入国家大局，积极与"一带一路"沿线国家和地区、粤港澳大湾区城市等开展文化交流与合作活动，以自信开放的姿态更好地推动中华文化走出去，推动岭南文化走出去，让中华文明在同其他文明的交流互鉴中不断焕发新的生命力，让岭南文化在中华文化走向世界的进程中展现更大作为。

▼二　广东文化强省建设的目标远景

过去广东走在前列，主要靠的是总量、规模、速度。今天想要继续走在前列，就必须划定新的"标高"。广东自觉以"走在前列"作为总目标统领各项工作，以高质量发展为牵引推动文化强省建设，充分体现中国特色社会主义文化的先进性质和前进方向，努力打造社会主义现代化文化强省的典型范例。

（一）在全面建设社会主义现代化国家、实现中华民族伟大复兴的战略全局中把握广东文化强省建设的目标

党的二十大擘画了全面建成社会主义现代化强国、以中国式现代化全面推进中华民族伟大复兴的宏伟蓝图，明确了新时代新征程党的中心任务。中央积极支持广东继续走在全国前列，在广东实施多项国家战略和先行先试政策，这要求广东积极推进物质文明与精神文明协调发展，以文化繁荣为全面建设社会主义现代化国家、实现中华民族伟大复兴注入磅礴的精神力量。因此，广东文化强省建设以学习贯彻习近平新时代中国特色社会主义思想为重要目标。深入实施习近平新时代中国特色社会主义思想传播工程，打牢忠诚拥护"两个确立"、坚决做到"两个维护"的思想根基，更好地用党的创新理论武装头脑、指导实践、推动工作。坚持以社会主义核心价值观为引领，推动理想信念教育常态化制度化，加强爱国主义、集体主义、社会主义教育，弘扬党和人民在各个历史时期艰苦奋斗而形成的伟大精神，厚植爱党、爱国、爱社会主义情感，铸牢中华民族共同体意识。全面提升人民思想道德文化素质，深化拓展群众性精神文明创建活动，建设和谐文化和现代文明社会，将广东建设成为我国社会主义核心价值体系建设的示范区。到2035年，社会主义核心价值观深入人心，人民思想道德素质、科学文化素质和身心健康素质明显提高，社会文明程度达到新高度，社会主义物质文明与精神文明更加协调。

（二）从实现人的现代化的视角把握广东文化强省建设的目标

习近平总书记深刻指出："现代化的本质是人的现代化"①"现代化的最终目标是实现人自由而全面的发展。"②广东紧扣"实现人的现代化"这一重要主题，充分发挥人的主体作用，努力打造"人的现代化"的广东样本，奋力书写"走在前列"的广东答卷。广东文化强省建设以提供高质量文化供给为重要目标。全面提升公共文化服务供给质量，创新实施文化惠民工程，着力打造新时代广东文艺高峰，实现更高质量的文化供给，使人民群众文化权益得到充分保障，人民群众多样化、多层次、多方面的文化需求得到充分满足，人民群众的获得感、幸福感、安全感与日俱增。到2025年，广东艺术发展体系更加繁荣有序，文艺精品不断涌现，文艺演出更加繁荣，文艺院团运营能力明显增强。现代公共文化服务体系更加健全，公共文化服务标准化、均等化水平明显提高，城乡公共文化设施网络更加完善均衡，公共文化产品和服务更加丰富优质、供给方式更加多元高效。到2035年，人民生活更加美好，人的全面发展、全体人民精神生活共同富裕率先取得更为明显的实质性进展。

（三）从经济与文化的辩证关系出发把握广东文化强省建设的目标

经济发展为文化事业的繁荣提供了物质基础和条件，为文化产业的繁荣提供了市场需求和支持。同时，文化繁荣也能够为经济发展注入新的活

---

① 《十八大以来重要文献选编》（上），中央文献出版社2014年版，第594页。
② 习近平：《携手同行现代化之路——在中国共产党与世界政党高层对话会上的主旨讲话》，人民出版社2023年版，第2页。

力，成为推动经济结构优化和经济效益增长的新动能和新引擎。因此，广东文化强省以推动文化产业高质量发展为重要目标。实施文化产业数字化战略，加快培育数字出版、动漫网游、网络视听媒体等新型文化业态、文化企业、文化产品，建设产业结构合理、产业布局科学、产业发展集聚、产业竞争高端的现代文化产业体系，打造一批国际性文化产业枢纽城市，文化产业总体实力和核心竞争力稳居全国前列。广东推动文化旅游深度融合发展，推动文化旅游与其他领域融合互促，推进粤港澳大湾区文化圈和世界级旅游目的地建设。到2025年，广东现代文化产业体系更加健全，文化产业结构优化升级，旅游产业综合实力进一步壮大，优质文化和旅游产品、服务供给大幅增加，产业融合和创新发展更加突出，在产业规模、产业数字化发展、催生新型业态等方面引领全国，文化和旅游产业成为全省国民经济发展的重要支柱性产业。

（四）从文化传承与创新的角度把握广东文化强省建设的目标

习近平总书记深刻指出："如果没有中华五千年文明，哪里有什么中国特色？如果不是中国特色，哪有我们今天这么成功的中国特色社会主义道路？"[①]以岭南文化为主的传统文化赋予了广东人民独特的精神气质与个性禀赋，这是广东文化强省建设的深厚资源与价值基础。广东文化强省建设以传承和弘扬广东优秀传统文化为重要目标。深入实施岭南文化"双创"工程，在加强文化遗产的发掘、整理与保护的基础上提炼岭南文化的价值精髓，大力培育以社会主义核心价值体系为灵魂、以岭南优秀文化传统为底蕴、以现代文明素质为特征的新时代广东人文精神。到2025年，广

---

① 《习近平谈治国理政》第4卷，外文出版社2022年版，第315页。

东文化遗产保护传承利用体系不断完善，文物和非物质文化遗产得到系统性保护，博物馆综合实力处于全国领先水平，革命文物保护管理运用不断加强，非物质文化遗产传承传播活力明显增强。

（五）从提升中华文化软实力的战略高度把握广东文化强省建设的目标

广东作为改革开放的排头兵、先行地、实验区，拥有广州、深圳两颗"双子星"，新加坡总理李显龙、法国总统马克龙等外国元首多次到访，是联通中国与世界的重要门户。广东文化强省建设以加强国际传播能力建设为重要目标。瞄定世界文化前沿，不断提升现代文化传播体系的国际竞争力，奋力打造具有广东特色、中国风范、国际水平的现代文化高地，形成特色鲜明的岭南文化和现代开放型文化体系，助推中国文化走向世界。展望未来，经过"十四五"夯基垒台，"十五五"攻坚突破，"十六五"冲锋决胜，到2035年广东将基本实现社会主义现代化。接续奋斗到本世纪中叶，我们将建成令世界刮目相看的现代化，创造更多的中国奇迹、谱写更美的中国交响。到那时，整个广东和粤港澳大湾区的经济实力、科技实力、文化实力、综合竞争力将站在世界最前沿。

表3-1 2025年广东省文化建设的主要指标

单位：平方米，册，个

指标名称	数量
每万人拥有公共文化设施面积	1306
人均拥有公共图书馆藏量	1.25
省级以上文化产业示范园区（基地）	90
省级以上文化产业和旅游产业融合发展示范区	40
省级以上文物保护单位	1000
博物馆数量	400

（续表）

指标名称	数量
省级以上文化生态保护区（实验区)	13
4A级以上景区	239
省级以上旅游度假区数量	40

注：数据来源于广东省文化和旅游厅。

▼三　广东文化强省建设的根本要求

推动广东从"文化大省建设"走向"文化强省建设"的标志性文件《广东省建设文化强省规划纲要（2011—2020年）》指出：要形成文化事业强、文化产业强、文化辐射力和影响力强、文化形象好的文化优势，为广东努力当好推动科学发展、促进社会和谐的排头兵提供强大的精神动力和文化支撑，促进人的全面发展和社会的全面进步。这从根本上规定了广东文化强省建设的发展方向与根本要求。

（一）文化事业强

文化事业在保护和传承文化遗产、促进经济稳定发展、丰富人们的文化生活、促进文化多样性和相互理解，以及塑造良好国际形象、提升国家文化软实力等方面具有重要作用。它不仅对于国家社会的进步和发展至关重要，对个人的精神追求和幸福感也具有重要影响。因此，文化事业强是广东文化强省建设的必然要求，是广东推进文化强省建设的重中之重，也是广东文化强省建设的根本性检验标准之一。文化事业强主要表现在以下三点：一是人民群众的基本文化权益得到充分保障。基层公共文化设施网络全覆盖，公共文化服务组织体制和运行机制健全，全省城乡居民基本公共文化服务均等化，人民群众在日常生活中享有更加充实、更为丰富、更高质量的精神文化生活，在充分享有精神生产资料的基础上进行自由自主的精神创造。二是人民群众的思想道德素质得到有效提升。社会主义核心价值体系教育与人民群众的日常生活有效结合起来，公民道德建设工程取得明显成效，社会文明程度得到全面提升，人们普遍具有正确的道德观念和文明的行为方式，广东人民的综合文化素质在全国各省市居于前列。三是向上向善、刚健朴实的广东精神文化得到广泛弘扬。人们解放思想，开拓进取，提振改革开放的精气神，让"敢闯敢试、敢为人先"精神成为广东不断前行的强大动力和闪亮的时代标识。

（二）文化产业强

文化产业作为一种特殊的文化形态和特殊的经济形态，既是经济的重要组成部分，能够带来可观的经济效益，促进经济增长和产业结构调整，同时又具有独特的文化属性，对于文化传承、传播与创新发展具有不可替代的作用。广东作为我国的经济强省，具有良好的经济发展软环境，兼有丰富的文化资源和独特的文化底蕴，影视、音乐、艺术、传媒、旅游等文化产业都较为活跃。数年来广东文化及相关产业增加值稳居全国首位，为广东经济的增长和文化的繁荣作出了重要贡献。雄厚的文化产业是广东长期推进经济文化建设所积累的重要优势，也是广东推进更高水平文化强省建设的有力抓手。在文化强省建设的大背景下，文化产业强主要表现在以下四点：一是文化产业成为广东的重要支柱产业和战略性产业，广东成为全国乃至全球具有较强竞争力的文化产业中心；二是文化产业同国内宏观经济态势保持着协调合理的增长速度，广东文化产业高质量发展走在全国前列；三是文化产业与科技、金融多元融合，科技在文化产业竞争中的地位和作用更加突出，以科技创新推动文化业态和生产传播方式创新，催生新型文化产品和服务，进一步拓展数字文化等消费新空间；四是数字创意、动漫游戏等新兴文化产业健康发展，形成在国际上具有较强竞争力的战略性新兴产业集群。

（三）文化辐射力和影响力强

文化强省是指在文化建设领域走在全国前列，具有强大的综合实力，并且对于其他省市地区具有显著引领示范作用的省份。文化辐射力和影响力是省份文化实力的重要体现，又是决定省份文化引领力和竞争力的关键因素。因此，文化辐射力和影响力是评价省份文化建设成效的重要指标。经过长期筹谋与建设，广东文化辐射力与影响力得到了较为显著的提升，但仍然与广东经济强省的重要地位存在着一定差距，与广东在中国特色社会主义事业中的特殊地位不相适应。广东文化强省建设必须补齐文化辐射力和影响力不足的短板弱项，在以下四个方面做好做强：一是形成具有独特性、创新性、高质量的文化产出，打造一批具有国内领先、国际知名的文化活动品牌，培育一批德艺双馨的文学艺术名家大师，推出一批具有全国影响力的精品力作；二是建设带动全省、辐射全国、影响国际的文化自主创新中心、区域文化研究中心和国际文化交流基地等；三是实现传统媒体和新兴媒体深度融合发展，全媒体传播体系深入推进，发展若干国内一流、国际知名的新型主流媒体群；四是广泛培养国际文化交流与合作关系，构建粤港澳大湾区文化圈新发展格局，广东成为我国重要的对外文化交流枢纽和华侨华人文化交流中心。

（四）文化形象好

文化形象是指一个地区、国家或群体在文化方面所展现出来的总体形象和群体特征。其中，地区文化形象是在长期自然变化和历史发展中形成的，同时受到政府政策、舆论宣传、社会风气等即时性因素的影响。广东省第十一次党代会首次公布了新时期广东精神，即"厚于德、诚于信、敏于行"。"厚于德"侧重于对优秀文化的传承和弘扬，是广东精神的来源和基础；"诚于信"侧重于对以诚信为主要内容的现代市场经济伦理的融合和坚守，是广东精神的时代要求；"敏于行"侧重于对敏行、敢为、实干的当代广东鲜明特色精神的彰显，是广东精神不断发展并永葆生机的内在动力。新时期广东精神的提出标志着广东着力打造符合社会主义核心价值体系、契合岭南文化气质的现代广东文化新气象。广东形成良好的文化形象主要体现在以下三个方面：一是地方文化认知度高。全国人民能够通过网络传媒、艺术展演、产业展销等方式了解感知岭南历史文化、广东文化艺术、广东习俗传统以及现代社会风尚。二是地方文化认可度强。广东文化能够更多地以中华优秀传统文化、革命文化、社会主义先进文化的性质在公众视野中出现，得到社会的广泛认可和赞誉，产生积极正向的社会风气影响。三是文化旅游产业兴盛。省内各类文化旅游景点吸引大批国内外游客前来参观体验，游客乐于参与本地特色文化活动与节日庆典。

▼四 广东文化强省建设的重大意义

目前，广东文化强省建设在物质建设、制度建设、思想建设等方面取得了较为可观的成就，进入了"建设更高水平的文化强省"的发展阶段。在开启全面建设社会主义现代化国家新征程，向第二个百年奋斗目标进军的重要时期，广东文化强省建设不仅事关广东省内的社会经济发展，也关系到中国特色社会主义事业的繁荣兴盛。

（一）树立"两个文明"协调发展的典型示范

习近平总书记在党的二十大报告中指出，中国式现代化是物质文明和精神文明相协调的现代化。物质富足、精神富有是社会主义现代化的根本要求。物质贫困不是社会主义，精神贫乏也不是社会主义。我们不断厚植现代化的物质基础，不断夯实人民幸福生活的物质条件，同时大力发展社会主义先进文化，加强理想信念教育，传承中华文明，促进物的全面丰富和人的全面发展。物质文明与精神文明协调发展是中国式现代化的内在要求，也是全国各地中国特色社会主义建设不断求索的关键主题。广东是改革开放事业的排头兵、先行地、实验区，在物质文明建设方面走在全国前列，在我国改革开放和社会主义现代化建设大局中具有十分重要的地位和作用。同时，广东率先开展精神文明建设方面的探索，率先创立了精神文明学，成立了全国首家精神文明学会。1994年12月，广东省精神文明学会在广州召开第一次理事会暨"爱国主义教育与精神文明建设"理论研讨会，在精神文明理论研究方面迈出了坚实的一步。长期以来，广东高度重视文化建设，《广东省建设文化强省规划纲要（2011—2020年）》明确提出"达到与广东经济社会发展相适应的文化发展水平"的建设目标，2015年、2021年分别出台《广东省精神文明建设提升计划（2015—2017）》《广东省文明行为促进条例》，彰显了广东在促进物质文明与精神文明协调发展方面的前瞻远瞩和周密部署。新时代以来，广东深入学习贯彻习近平总书记关于精神文明建设的重要论述，深入开展精神文明创建九大行动，推动社会主义精神文明建设纵深发展，积极培育和践行社会主义核心价值观，奋力在物质文明建设和精神文明建设上都交出优异答卷。目前，广东正在加快构建高质量发展的现代产业体系，全面建设贸易强省，并在建设更高水平的文化强省方面稳步推进。经济文化一体化的趋势得到进一步加强，2021年广东文化及相关产业增加值6910.06亿元，占地区生产总值比重5.5%。[①]在南粤大地上，物质文明和精神文明均衡发展、相互促进，为各省市树立了物质文明与精神文明协调发展的旗帜典范。

（二）满足人民日益增长的美好生活需要

习近平总书记指出："满足人民日益增长的美好生活需要，文化是重要因素。"[②]人民的美好生活需要可以分为物质需要与精神需要两个维度。随着物质建设的蓬勃发展，人民的物质需求得到较快提升与较好满足，精神文化需要越来越成为满足人民美好生活需要的关键，高品质的精神文化生活越来越成为衡量人民幸福感的重要尺度，这对文化事业和文化产业质量提出了新要求。在广东提出"建设文化强省"之初，中山大学文化研究所所长李宗桂便指出："文化强省建设是广东现代化的必然要求。广东建设发展在今天这么高的平台，一定要引入文化因素，提升文化精神，在文化方面满足人民群众广泛的高质量的需求。建设文化强省是幸福生活的根本保障。"[③]《广东省建设文化强省规划纲要（2011—2020年）》明确提出："始终把满足人民群众日益增长的精神文化需求作为文化建设的立足点和出发点。"广东省扎实推进文化强省建设大会也明确提出："从满足人民日益增长的美好生活需要中把握文化强省建设的新要求，切实解决文化发展不平衡不充分的问题，让人民群众文化获得感成色更足更可持续。"广东文化强省建设以满足人民日益增长的美好生活需要为根本目的，坚持文化发展为了人民、文化发展依靠人民、文化发展成果由人民共享。从培育公民思想道德素养和科学文化素养、繁荣发展文学艺

---

① 《2022年广东省国民经济和社会发展统计公报》，广东统计信息网2023年3月31日。
② 《习近平谈治国理政》第4卷，外文出版社2022年版，第310页。
③ 李宗桂：《广东文化的多维思考》，花城出版社2012年版，第74页。

术、深化文化旅游融合发展、弘扬民族精神与广东人文精神等方面着手，为人民群众提供高质量精神文化产品，努力做到满足人民文化需求和增强人民精神力量相统一，更好地满足人民群众精神文化生活新期待，让人民群众在享受日益丰富的物质供给的同时，也能够享受缤纷多彩的精神文化供给。

（三）巩固全省人民团结奋斗的共同思想基础

习近平总书记指出："战胜前进道路上各种风险挑战，文化是重要力量源泉。"①社会主义先进文化以马克思列宁主义、毛泽东思想、邓小平理论、"三个代表"重要思想、科学发展观和习近平新时代中国特色社会主义思想为指导，是面向现代化、面向世界、面向未来的，民族的科学的大众的文化，能够帮助人们正确认识和把握事物的本质和发展规律，为人们的社会生产实践活动提供科学引导，为实现中华民族伟大复兴的中国梦提供精神动力和智力支持。广东省委指出："要深入学习贯彻习近平总书记关于文化建设的新思想新观点新论断，把文化强省建设摆在突出重要位置来抓，为广东在推进中国式现代化建设中走在前列提供坚强思想保证和强大精神力量。要全省用力、全域推进文化强省建设，强化思想引领，坚持不懈用习近平新时代中国特色社会主义思想凝心铸魂，健全完善面向基层、面向群众的理论普及工作体系，持续深入用党的创新理论教育人民、武装人民，不断巩固团结奋斗的共同思想基础。"②广东切实做好学习贯彻习近平新时代中国特色社会主义思想的深化、内化、转化工作，深入开展社会主义核心价值观宣传教育，深化爱国主义、集体主义、社会主义教育，在全社会广泛宣传干部群众团结奋斗的精神风貌，推进党史学习教育常态化长效化，弘扬

---

① 《习近平谈治国理政》第4卷，外文出版社2022年版，第310页。
② 《认真传达学习习近平总书记重要讲话精神　研究做好经济工作、主题教育、文化强省建设、台风防御等事项》，《南方日报》2023年7月27日。

以伟大建党精神为源头的中国共产党人精神谱系，传递向上向善、精诚合作的价值力量，促进社会意识形态的整合和人民内部的团结，培育自尊自信、发奋自强、亲善友爱的社会心态，使全省人民在理想信念、价值理念、道德观念上紧紧团结在一起，同全国各族人民在党的旗帜和二十大所提出的奋斗目标下紧紧团结在一起，坚定历史自信、增强历史主动，更好凝聚团结奋斗的精神力量，形成新时代竞相奋斗、团结奋斗的生动局面。

（四）提升国家文化软实力和中华文化影响力的重要阵地

当前国际形势发生深刻复杂变化，世界范围内各种文化交流交融交锋，宣传思想文化工作面临新形势新任务。加强国际传播能力建设，加快提升国家文化软实力和中华文化影响力是全面建设社会主义现代化国家、全面推进中华民族伟大复兴的必要条件，是建设社会主义文化强国的内在要求。在此背景下，地方省份的国际传播责任与价值日益凸显。习近平总书记指出："广东既是向世界展示我国改革开放成就的重要窗口，也是国际社会观察我国改革开放的重要窗口。"[1]广东作为我国对外开放的先行者，始终在服务国家对外大局中展现广东担当、广东作为。全省各级党委（党组）把加强国际传播能力建设纳入党委（党组）意识形态工作责任制，结合省情特点全面加强和改进国际传播工作，加快对外文化交流门户建设，深入开展各种形式的人文交流活动，充分利用中国进出口商品交易会（广交会）、21世纪海上丝绸之路国际博览会、"读懂中国"国际会议（广州）等重要国际会议论坛的平台和渠道，讲好中国故事、大湾区故事、广东故事，展示生动、真实、立体的中国形象。积极推动核心文化产品和服务"走出去"，向世界推介展示更多具有广东特色、体现中国精神的优秀文化。

---

① 《新闻办就广东改革开放和创新发展情况举行发布会》，中国政府网2019年6月3日。

第四章

文化强省建设丰富高品质文化供给

CHAPTER4

文化生活是人民美好生活的重要组成部分。习近平总书记在全国宣传思想工作会议上着重强调，以高质量文化供给增强人们的文化获得感、幸福感。广东实施高品质文化供给工程，建设覆盖城乡的现代公共文化服务体系，打造高水平的文艺精品创作生产体系，挖掘富有岭南特色和时代精神的优质文化资源，不断增加优质文化产品和服务供给，更好地满足人民群众的精神文化生活新期待。

 一　公共文化服务与高品质文化供给

公共文化服务是保障人民群众基本文化权益的主要途径，是建设文化强国和文化强省的基础工程，广东把实施公共文化服务体系建设工程列为文化强省建设的十项工程之一。近年来，广东大力推进公共文化服务高质量发展，东莞市、深圳市福田区、佛山市入选国家公共文化服务体系示范区，形成了公共文化服务体系建设的"广东经验"。

（一）做好公共文化服务体系的规划与评估

2009年12月，广东省政府出台《广东省基本公共服务均等化规划纲要（2009—2020年）》，提出以实现城乡、区域和群体间基本公共服务均等化为目标，以公共教育、公共卫生、公共文化体育、公共交通、生活保障、住房保障、就业保障、医疗保障等工作为重点，完善推进基本公共服务均等化的体制保障和配套措施，对基本公共服务均等化的建设目标及实现措施进行了分阶段的规划部署。2010年，省委十届七次全会出台的《广东省建设文化强省规划纲要（2011—2020年）》提出"建立和完善结构合理、发展均衡、网络健全、运行有效、惠及全民的公共文化服务体系"的目标，把"构建普惠型公共文化服务体系，保障人民基本文化权益"作为建设文化强省的核心内容之一。2011年9月，广东省第十一届人民代表大会常务委员会第二十八次会议通过《广东省公共文化服务促进条例》，确定了公共文化服务事业要坚持政府主导、社会参与、协调发展、方便群众的基本原则，规定县级以上政府应制定公共文化服务发展规划，并将公共文化服务经费纳入财政预算，确保足额投入并随着财政收入的增长而增加。这是全国第一部关于公共文化服务体系建设的综合性地方法规，统筹规划了广东推进公共文化服务体系建设的整体布局。

2015年6月，广东举办首届公共文化研讨会，打造了全国公共文化对话交流平台与理论研究高地。此次研讨会以"加强文化与科技融合，推进公共文化服务数字化"以及"适应新型城镇化战略，促进公共文化服务均等化"为两大主题，系统总结了广东现代公共文化服务体系建设的有益经验，共同聚焦如何推动广东公共文化服务事业在下一阶段上更好地实现数字化、均等化的任务目标。同时，广东深入开展公共文化服务体系制度设计与理论研究，在公共文化服务体系标准化、数字文化馆、图书馆服务、社会力量参与等领域形成了较为丰硕的研究成果。在实践探索与理论研讨的助推下，广东出台了《关于加快构建现代公共文化服务体系的实施意见》，提出"到2020年，基本建立与我省经济社会发展水平、人口状况、人民群众需求相匹配的现代公共文化服务体系"[1]的任务目标，并制定了《广东省基本公共文化服务实施标准（2015—2020年）》。这标志着广东省以构建现代公共文化服务体系为目标，以推动公共文化服务标准化、均

---

① 《广东省出台〈关于加快构建现代公共文化服务体系的实施意见〉》，广东省文化和旅游厅网站2015年7月9日。

等化、社会化、数字化为主要内容的重大惠民工程正式起航，对广东发展文化事业、建设文化强省具有重要意义。在推动公共文化服务建设全覆盖目标实现的过程中，全省21个地级市先后制定出台了推动当地公共文化服务体系建设的政策文件，以及贯彻落实《广东省基本公共文化服务实施标准（2015—2020年）》的地方实施标准。如深圳市出台了《深圳市基层公共文体设施规划和建设标准指导意见》，东莞市制定了《东莞市基本公共文化服务保障标准》，清远市出台了《清远市推动基本公共文化体育服务均等化实施细则》，将公共文化服务建设作为文化强市的重点工作。

近年来，省文化和旅游厅牵头发布了《广东省基本公共服务标准（2021年版）》《广东省公共文化服务实施标准（2021—2025年）》及系列专项标准，制定了维度完善的《广东省公共文化服务评价指标体系》。自2018年以来，广东省文化和旅游厅委托第三方机构对全省21个地级市、122个县级行政区开展公共文化服务全要素评价工作。评估内容包括公共文化投入、设施、队伍、产品和服务、数字文化服务、社会参与、标准化和均等化、改革创新、群众参与度和满意度等方面，覆盖市、县、镇、村四级，指标维度完整，设置科学并成体系化。省文化和旅游厅将评价结果作为了解、监测公共文化服务体系建设情况的重要参考以及政策制定、项目安排、资金分配的重要依据。在委托第三方完成评价工作并形成评价结果的基础上，形成《广东省公共文化服务评价结果报告》以及《广东省公共文化服务评价指数报告》，以此督促各地政府有效落实公共文化服务主体责任，加快健全现代公共文化服务体系。2023年广东公共文化研讨会在江门举办，进一步夯实了广东公共文化服务的理论基础，强化了公共文化服务的使命和责任，对推动全省乃至全国的公共文化服务高质量发展具有一定的前瞻性、方向性和引领性作用。

（二）完善公共文化服务设施建设

文化馆、公共图书馆、博物馆作为政府设立的公益性文化事业单位，承担着为社会提供公共文化服务的重要职能，是保障和实现人民群众基本文化权益的主要载体。由表4-1可知，2012年至2022年，广东省文化馆、公共图书馆、博物馆总数累计增长55.43%。

表4-1 2012—2022年广东省文化艺术单位数

单位：个

年份	文化馆	公共图书馆	博物馆	总计
2012	137	137	168	442
2013	147	137	191	475
2014	147	138	192	477
2015	146	140	193	479
2016	146	142	192	480
2017	146	143	197	486
2018	145	143	199	487
2019	145	146	259	550
2020	144	148	324	616
2021	144	150	385	679
2022	144	150	393	687

注：数据来源于《广东统计年鉴》。

2016年，广东市级两馆（图书馆、文化馆），县级两馆，乡镇（街道）综合文化站，村（社区）文化室的覆盖率分别达到100%、97.5%、99.94%、99.99%，基本实现了全省基层公共文化服务设施全覆盖，形成了省、市、县、镇、村五级公共文化服务设施网络。截至2022年底，全省共建成县级文化馆总馆120个、分馆1606个、服务点6142个，建成县级图书馆总馆120个、分馆1783个、服务点5979个，乡镇（街道）合计覆盖率为91.84%。^①目前，广州市文化馆新馆、广州艺术博物院（广州美术馆）新馆，白鹅潭大湾区艺术中心（广东美术馆、广东非物质文化遗产展示中心、广东文学馆）已经落成开放，广东省水下文化遗产保护中心、广东粤剧文化中心、广东人民艺术中心等建设项目顺利推进；中山市建成综合性公共图书馆——中山纪念图书馆，开馆一年来进馆人数超过141万人次，馆藏外借册次超过32万，一年来开展活动530场，参与人数超过34万人次；南雄市建成粤东西北地区最大县级图书馆——南雄市图书馆，更好地满足当地人民的文化阅读需求；深圳市着力打造"图书馆之城"，各级公共图书馆近八百家，24小时开放的自助图书馆三百余家，位列全国第一。深圳歌剧院、深圳创意设计馆、深圳美术馆新馆、深圳自然博物馆等"新十大文化设施"建设，将为市民提供一批具有深圳特色、岭南风范和国际水平的公共文化设施。

打造"粤书吧""粤文坊"等公共文化"微空间"。2018年10月，习近平总书记在深圳市龙华区民治街道北站社区考察时强调："要把更多资源、服务、管理放到社区，为居民提供精准化、精细化服务，切实把群众大大小小的事办好。"^②广东在建设大型公共文化服务场馆的同时，也不断推动公共文化服务设施向基层社区延伸，打造了粤书吧、粤文坊等便民惠民、贴近群众需求的新型阅读空间。2020年4月，广东省文化和旅游厅印发《广东省"粤书吧"建设指引》，在全省旅游景区、酒店、民宿等旅游场所启动"粤书吧"试点建设工作。"粤书吧"是由公共图书馆指导，通过嵌入方式，以公共阅读服务为主要功能，兼具活动、展示、休闲

---

① 《省文化和旅游厅关于省政协十三届一次会议第20230420号提案答复的函》，广东省文化和旅游厅网站2023年8月1日。

② 《高举新时代改革开放旗帜　把改革开放不断推向深入》，《人民日报》2018年10月26日。

等多元功能的新型阅读空间。截至2023年6月，全省已建成380多家"粤书吧"①，分布在旅游景区、商业街区、交通站场、机关学校等地。2022年6月，广东省文化和旅游厅印发《广东省"粤文坊"建设指引》，探索打造以全民艺术普及为主要功能的"粤文坊"。这是广东为创新拓展新型公共文化空间、扩大公共文化服务覆盖面而作出的新尝试。"粤文坊"全年免费向公众开放，常态化开展免费的视听讲座、展览展示、活动培训等全民艺术普及项目和公益性文化活动，推进文化惠民及群众艺术普及。2020年至2023年，省级财政补助各地"粤书吧""粤文坊"新型公共文化空间建设资金约3500万元。②在新型公共文化空间建设过程中，广东各地改变以政府为主体的投入建设方式，积极引导社会力量参与建设。目前，"粤书吧"建设撬动了将近500家社会力量企业参与，投入超过3500万元，③实现了图书阅读、艺术展览、文化沙龙、轻食餐饮等多业态融合，有效拓展公共文化空间功能、提升公共文化服务质量。

各地市立足于本地独特的人文风貌和自然景观，创新打造了一批融合图书阅读、艺术展览、文化沙龙、文化传承、数字传媒、轻食餐饮等服务的城乡新型文化空间，例如佛山读书驿站、韶关风度书房、中山香山书房等。这些新型文化空间普遍具有综合性、灵活性与开放性，具有鲜明地方特色和人文内涵，极具艺术感与设计感，能够较好地满足人群密集区域的市民游客的文化需求。其中，东莞市文化馆、新兴县文化馆、广州市从化区文化馆艾米稻香小镇分馆、广州非遗街区（北京路）、米谷书店入选2022年全国"最受欢迎公共文化空间"TOP50；广州市御溪书斋、深圳市

---

① 《省文化和旅游厅关于省政协十三届一次会议第20230420号提案答复的函》，广东省文化和旅游厅网站2023年8月1日。
② 《省文化和旅游厅关于省政协十三届一次会议第20230420号提案答复的函》，广东省文化和旅游厅网站2023年8月1日。
③ 《文旅"粤"动赋彩美好生活》，《南方日报》2023年11月12日。

悠·图书馆、惠州市一滴水图书馆、东莞市茂春里·望汐坊等20个空间入选2022年广东省最美新型公共文化空间案例。东莞市锚定文化强市建设，明确提出"建设一批融合多业态、复合型、精而美的高品质新型公共文化空间"①，研究出台《东莞市新型公共文化空间建设工作方案》，对全市未来四年新型公共文化空间建设工作进行制度性整体安排。2023年8月，东莞市首批30个以"·莞"命名的新型公共文化空间正式启用，"九万里艺术空间·莞""云溪桃花源·莞""乐在其中艺术空间·莞""莲花山下·莞""稻香文化空间·莞"等文化空间各具主题特色，彰显岭南风韵，集休闲、文艺、知识于一体，成为承载市民精神生活和社交活动的重要文化场所。

（三）推进公共文化服务数字化建设

2015年7月，中共广东省委办公厅、广东省人民政府办公厅联合印发《关于加快构建现代公共文化服务体系的实施意见》，要求推进公共文化服务与科技融合发展，利用数字化资源、智能化技术、网络化传播，拓展公共文化服务能力和传播范围，重点打造广东公共文化云，推广一站式服务，建设全域共享、互联互通的公共数字文化服务网络。2021年6月，文化和旅游部发布的《"十四五"公共文化服务体系建设规划》明确提出，要以全国智慧图书馆体系建设项目和公共文化云项目为引领，推动公共文化数字化网络化智能化发展取得新突破。2021年8月，省文化和旅游厅印发《广东省公共数字文化建设三年计划（2021—2023）》，以"平台+内容+终端+服务"为整体思路，提升广东省公共数字文化服务水平及服务效能，进一步完善服务保障机制。广东以数字化提升公共文化服务覆盖面和

---

① 《东莞市公共文化服务高质量发展实施方案》，东莞阳光网2023年1月6日。

精准度，建成"粤省事"文旅专区、"文化在线"等省级平台，发展智慧图书馆、智慧博物馆、数字文化馆等数字平台，建成广东特色公共数字文化资源库。

近年来，广东智慧图书馆体系建设卓有成效。2021年省立中山图书馆牵头推出的"粤读通"数字证卡是推动省内图书馆服务一体化的创新尝试，入选广东省文化和旅游厅、广东省工业和信息化厅印发的"2022年文化和旅游领域数字化应用十大典型案例"。"粤读通"数字证卡依托广东数字政府的"粤省事"平台及广东省身份统一认证系统，汇聚全省22家公共图书馆包括电子图书、电子期刊、音频视频资源等在内的数字资源，实现全省范围内各级公共图书馆用户信息的互联、互通、互认，创新公共文化服务形式，促进公共文化资源的共享利用。截至2023年6月，已有50.1万人开通和申领"粤读通"数字证卡，全省各级公共图书馆累计新增注册读者1580万人次。[①]同年，省立中山图书馆上线了图书采分编智能作业系统——"采编图灵"，结合物联网、人工智能、工业机器人等技术，重组采分编工作流程，实现传统人工作业向自动化智能化操作的转型升级，成为首个由国内图书馆引领的全球图书馆行业科技创新。东莞市探索推进文化馆总分馆制建设，充分发挥市总馆的龙头引领作用，打造集"统筹、策划、生产、组织、配送、指导"功能于一体的高品质文化服务"中央厨房"，创新数字化服务方式，为市民提供高品质文化服务。佛山市图书馆首创基于全流程自动化智能立体书库的网借服务模式，打造集馆藏储存、调配、周转、流通、数据管理、线上线下融合服务等功能于一体的文献资源保障基地，为佛山市民提供便捷化、精准化、智慧化的网借服务，入选"2023年文化和旅游数字化创新示范优秀案例"。

①　《省文化和旅游厅关于省政协十三届一次会议第20230420号提案答复的函》，广东省文化和旅游厅网站2023年8月1日。

"十三五"以来，广东省文化馆稳步推进以"文化在线——广东公共数字文化联盟平台"为核心的省级公共数字文化服务平台建设工作，同步开展国家公共文化云对接暨广东省数字文化馆平台试点应用对接工作。2022年7月，广东省144个文化馆完成全省文化馆数字服务对接任务。[①]"文化在线——广东公共数字文化联盟平台"与"国家公共文化云""粤省事""广东文化旅游活动指南"小程序及省内各级各类公共数字文化服务平台实现互联互通，广东省公共数字文化服务网络初步形成。佛山市着力搭建"佛山文化e网通"平台，集成文化活动预约报名、文化场馆预订使用、"点单式"服务供给、"众筹式"活动孵化4个创新功能，为文化中枢插上"互联网+"的翅膀。深圳市福田区出台《深圳市福田区国家公共文化服务体系示范区创新发展专项规划》，首推"都市型公共文化服务体系"，加快建设都市公共文化设施网络体系。深圳市福田区国家公共文化服务体系示范区坚持科技赋能，实施智慧文旅工程，促进公共文化服务信息共享化、资源数字化、数据可视化、服务智能化，积极推动数字文化场馆建设，探索建立沉浸式体验数字文物博物馆，加快场馆数字化和信息化技术应用，实现智慧运营、创新智慧服务、推行智慧管理。全面部署"福田文化云"新基建，建设福田特色数字文化资源库，加强公共文化机构的数字化管理应用，推广点单式、直播式、互动式、一站式文化供给模式，探索利用5G新技术对文化场馆进行数字化管理，丰富公共文化智能化应用场景。

（四）推动公共文化服务社会化发展

广东较早开始探索公共文化服务社会化发展道路。早在2007年，深

---

① 《广东省公共数字文化服务"一张网"初步形成》，中华人民共和国文化和旅游部网站2022年7月26日。

圳市南山区出台了《南山区公益文化活动实行社会招标试行办法》，以政府采购的方式吸引社会资源参与社会公益文化服务。2012年，广东率先出台《政府向社会组织购买服务暂行办法》《2012年省级政府向社会组织购买服务目录（第一批）》等文件，为社会组织承接政府公共服务打开了政策通道。同年，佛山市制定了《佛山市政府向社会组织购买服务实施办法》，将文化等适宜由社会组织承担的部分基本公共服务事项纳入采购范围；汕头市出台《关于加强对社会力量兴办公共文化设施规范化管理的通知》。2015年6月，广东省财政厅印发《政府向社会力量购买服务指导目录》，涵括了公共文化规划和政策研究、宣传服务等12种公共文化服务项目。2015年7月，中共广东省委办公厅、广东省人民政府办公厅联合印发《关于加快构建现代公共文化服务体系的实施意见》（附《广东省基本公共文化服务实施标准（2015—2020年）》），将"促进公共文化服务社会化发展"作为重点内容之一，提出建立以文化志愿者总队为龙头，各级文化志愿者组织为骨干的志愿服务组织架构，扶持文化类行业协会、基金会、民办非企业单位等文化类社会组织，采取政府招标、委托管理、项目补贴、定向资助等方式，引进社会力量参与公共文化服务和管理。随后，各地结合地方实际，先后出台鼓励引导社会力量参与公共文化服务体系建设的相关文件。如《深圳市重大公益性文化活动实行社会化运作试行办法》《中山市政府向社会力量购买服务暂行办法》《惠州市社会力量参与公共文化建设的工作实施方案》《阳江市关于吸引社会资金进入公共服务体系建设的意见》《云浮市促进公众参与公共文化服务机构运营办法》等等。

目前，广东省政府向社会力量购买公共文化服务的范围不断扩大，主要包括：公共文化规划和政策研究、宣传服务，公共文化资讯收集与统计分析，优秀传统文化与非物质文化遗产保护传承传播，公共文化基础设施管理与维护，政府举办的公益性文艺演出，政府组织的公益性艺术品创作，政府组织的文化交流合作与推广，文物保护的辅导性工作，政府组织的群众性文化活动的组织与实施，文化产业规划和政策研究项目，群众科学技术文化普及与推广，文化展览，文化类培训、讲座服务等。除了一般的供求购买，广东社会参与公共文化服务的形式也屡有创新，如：广东省文化和旅游厅在考核评估的基础上，对社会效益良好的民办博物馆给予资金补助；深圳市鼓励知名企业主动承担社会责任，通过活动冠名等形式为文化艺术活动提供资助，形成了"政府保障+社会资本+文化企业"的文艺作品创作机制和推广机制；佛山市以专项补贴的形式，采取政府采购与竞争性分配的方式，对文化服务的提供者进行补贴，使公共文化服务供给来源更加多元，形成"社工+义工"、市民馆长、邻里图书馆等创新模式；惠州市以"文化惠民卡制度"建设为抓手，采取财政补贴投入、发动社会力量参与的方式，探索创立政府提供基本公共文化服务的最低公益模式等；东莞市争取中国诗刊社、中国摄影家协会、广东流行音乐家协会、广东卫视等单位机构参与社会公共文化服务，有效地扩展了公共文化服务的深度和广度；梅州市支持高校资源、华侨华人、乡贤英才等第三方参与公共文化设施建设运营、活动项目打造、服务资源配送等，支持社会力量建设运营图书馆、博物馆、公共阅读空间等公共文化服务空间；韶关市探索发展民营公益艺术场馆，通过政府供地和个人出资建设的方式，先后建成了翁山诗书画院、涂志伟美术馆、文安摄影艺术馆三大非营利性民营艺术场馆。在各地政府的有效指导和管理调度下，社会力量的支持与参与，有效激发了文化建设活力，极大地充实了人民群众的精神文化生活。

▼二 文化艺术建设与高品质文化供给

习近平总书记多次强调："文艺事业是党和人民的重要事业，文艺战线是党和人民的重要战线。"①新时代为我国文艺的繁荣发展提供了前所未有的广阔舞台，文艺也担负着记录时代变迁、展现时代风貌、回应时代关切、引领时代风气的重要使命。广东省贯彻落实习近平总书记关于文艺工作的重要指示，坚持以人民为中心的创作导向，推出了一系列反映人民美好生活、增强人民精神力量的优秀文艺作品，让文艺的百花园永远为人民群众绽放。

（一）创作体现广东特色的文艺精品

创作优秀文艺作品是实现高品质文化供给的关键所在。新时代以来，广东支持各项文艺项目创新性发展，推出了一系列取材于当代中国和当代广东社会建设和人民生活，具有浓厚的岭南文化韵味和鲜明的改革创新精神，具有中国气派、时代特征、广东特点的扛鼎之作，展现了广东打造新时代岭南文艺新高地，推动文学艺术事业全面繁荣的努力，彰显了广东文艺界记录新时代、书写新时代、讴歌新时代的风采。

广东成立广东省文艺精品创作领导小组，出台《广东省文艺创作生产重点选题规划》，实施"百部文艺精品计划"，助推广东文艺界多次斩获国家级艺术奖项，攀登文艺高峰。在第十一届中国舞蹈"荷花奖"评选当中，以广东醒狮为主题的舞剧《醒·狮》获得舞剧奖，舞蹈《与妻书》获得当代舞奖。在第十二届中国舞蹈"荷花奖"评选当中，《烈火中永生》

---

① 《十八大以来重要文献选编》（中），中央文献出版社2016年版，第118页。

获得当代舞奖，《肖像》《等》获得现代舞奖。在第十三届中国舞蹈"荷花奖"评选当中，舞蹈《静听松风》《湾》获得当代舞奖，舞蹈《停留片刻》获得现代舞奖，以广州起义为创作蓝本的芭蕾舞剧《旗帜》获得舞剧奖。在第33届中国电影金鸡奖评选中，电影《掬水月在手》《点点星光》分别获得"最佳纪录片""最佳儿童片"，粤剧电影《刑场的婚礼》获"最佳戏曲片"提名奖，《沉默的极少数》获民族题材电影"优秀剧本奖"。粤剧电影《白蛇传·情》获第十九届华表奖"优秀故事片奖"，粤剧电影《谯国夫人》获得第36届中国电影金鸡奖"最佳戏曲片"，《海上来客》获2020中国（广州）国际纪录片"金红棉"优秀系列纪录片。散文集《遥远的向日葵地》获第七届鲁迅文学奖，《乌江引》获得2022年度人民文学奖长篇小说奖、第四届吴承恩长篇小说奖，诗集《无数灯火选中的夜》获第十二届全国少数民族文学创作骏马奖。在全国第十四届精神文明建设"五个一工程"评选中，舞剧《沙湾往事》、广播剧《罗湖桥》、歌曲《爱国之恋》《向往》获得优秀作品奖。在全国第十五届精神文明建设"五个一工程"评选中，图书《中国桥——港珠澳大桥圆梦之路》获得特别奖，纪录电影《港珠澳大桥》、歌曲《再一次出发》《信仰》、广播剧《大爱人间》获得优秀作品奖。

近年来，广东多部文艺作品入选全国展演名单，为全国人民奉献了一大批优秀艺术展演作品。音乐戏剧方面，《我的祖国》入选全国优秀交响乐展演参演作品；群口快板《节目早知道》、粤曲《萝岗香雪》、对口板书《遗产》、木偶戏《孙悟空三打白骨精》、皮影戏《狼来了》入选全国曲艺、木偶剧、皮影戏优秀剧（节）目展演作品；音乐剧《广交天下》《戴爱莲》入选第二届全国优秀音乐剧展演参演剧目；木偶剧《一天零一夜》、京剧《哪吒闹海新传》入选第九届全国优秀儿童戏剧展演参演作品；粤剧《逼上梁山》、潮剧《相梁》入选全国地方戏精粹展演参演作品；粤剧《焚香记》入选第三届全国戏曲（南方片）会演参演作品；《先行者》《侨批》《星海星海》入选第五届中国歌剧节参演剧目。舞蹈展演方面，《顶硬上》《烈火中永生》《彩云追月》《蓝盔行动》《岭南秋雨》《醒·狮》共六项入选第十三届全国舞蹈展演参演作品。广州歌舞剧院的舞剧《龙·舟》和群舞《平湖秋月》、广东歌舞剧院的群舞《湾》、南方歌舞团的群舞《洛神》、广东现代舞团的双人舞《不协调》、星海音乐学院的群舞《一介勇夫》《胡六幺》共七项入选第十四届全国舞蹈展演参演作品；芭蕾舞剧《白蛇传》入选第十八届中国戏剧节展演节目，是全国唯一一部入选的舞剧。

广东各地市纷纷加强本土文艺创作，形成了百花齐放的文艺创作新局面。江门市贯彻习近平总书记关于传承好、发扬好"侨批"记忆的重要指示，推出舞剧《侨批·家国》、诵读剧《侨批·中国》、歌剧《唐家湾侨批》，以多种艺术表演形式传播华侨文化与华侨精神；深圳首部原创歌剧《先行者》着力描绘在全球化互联网时代，具有鲜明时代特征的新一代先行者之群像；韶关市采用当地传统戏剧——采茶戏的艺术形式，创作推出扶贫主题采茶戏《枫树湾近事》、瑶族原创音乐剧《过山"谣"》、工矿题材采茶戏《51号信箱》等艺术作品；梅州市文艺工作者充分挖掘客家文化元素，推出客家山歌剧《彩虹》《客魂·家风》《白鹭村》《林风眠》等一系列具有岭南气派、客家风格、梅州特色的文艺精品；肇庆市推出《烟雨丹青》《青天之端》《梅花六祖》《西江龙母》《白马将军》《阅江铁军》《羊续悬鱼外传》《粤城村事》《花砚缘》等一批具有时代精神和肇庆特色的文艺作品；汕尾市利用本地丰富的戏曲文化资源，创造了西秦戏《留取丹心照汗青》《马援伏波》，正字戏《刘文龙》《妈祖》，白字戏《龙宫奇缘》《彭湃之母》，皮影戏《碧海丹心》《新东郭先生》等新派戏剧；惠州市融合客家山歌、广东音乐、惠东渔歌等音乐元素而创作的情景国乐音画《大音·惠风》,展现惠州文艺新气象;河源市推出现代花朝戏《母与子》《烈火丹心》、大型采茶戏《花灯因你而亮》、客家山歌剧《娘·酒》、客家采茶小戏《送礼》、大型歌舞史诗《东江骄子·阮啸仙》《嘚姐婆》《墩头蓝》等艺术作品,反映河源独特的历史人文魅力。

(二)举办形式多样的群众性文艺活动

习近平总书记指出:"新时代加强精神文明建设,要坚持文艺为人民服务、为社会主义服务的方向,积极支持和推广直接为基层老百姓服务的文艺活动。"[①]广东文化艺术建设以丰富人民群众的精神文化生活、保障人民群众的基本文化权益为出发点和落脚点,将文艺活动送到群众中去,让艺术之花在人民群众的日常生活中绽放。

广东着力推动群众性文艺创作工作高质量发展,广泛开展面向人民群众的文艺活动。各地文化部门和文化机构针对不同年龄群体、不同社会阶层的需求,举办不同形式的文化活动,精心打造了广东省群众艺术花会、广东省群众文艺作品评选、广东粤曲私伙局大赛、"百歌颂中华"歌咏活动、"南粤木棉红"优秀群文作品巡演、"百年风华群心向党"群众艺术广场舞推广培训活动、广东省广场舞大会等群众性文化活动。其中,"同饮一江水"广东劳动者歌唱大赛创办于2006年,从最初东莞市塘厦镇专门服务农民工的文化品牌活动,发展成为如今覆盖整个广东省的大型歌唱比赛,先后荣获"全国特色广场文化活动品牌""全省群众性文化活动优秀品牌"以及广东省"特色文化品牌"等称号。2006年至2020年间,举办过

---

① 中共中央党史和文献研究院:《习近平关于社会主义精神文明建设论述摘编》,中央文献出版社2022年版,第260页。

1200多场次活动，受惠群众超过1000万人次，①为广大劳动者提供了高效优质的公共文化产品和服务，激发了人民群众参与文化、享受文化、创造文化的热情，最大限度提升广大群众的文化获得感和幸福感。在全省群众文艺工作者和群众文艺爱好者的共同努力下，小品《烟》、广东南音新唱《同心结》、深圳福田星辉合唱团摘得中国群众文艺领域政府最高奖，荣获第十九届群星奖。

广东举办主题鲜明、内容丰富的文化艺术展览，展览质量与水平走在全国前列。广州艺术博物院"万壑争流——广州艺术博物院藏中国古代画派艺术展"、广州美术学院美术馆"季风有信——蔡里安与20世纪上半叶东南亚华侨的现实主义叙述"、深圳美术馆"深圳美术馆新馆开馆展系列：深圳美术馆馆藏精品及文献特展"、广东美术馆"一个人与一个时代——潘鹤与新中国雕塑研究展"、深圳市关山月美术馆"画道革新——馆藏关山月1940年代西南写生专题展"、深圳市龙华区中国·观澜版画艺术博物馆"风景的意义——中国版画博物馆馆藏风景版画展"共六项入选2023年全国美术馆馆藏精品展出季活动；广州美术学院美术馆"现实话语与象征秩序——沙飞摄影展"、广东美术馆"艺术疗愈，病房花开：儿童肿瘤病房公共教育项目""GDMoA年度艺术家学术提名展（2021）"、广州艺术博物院"艺海藏珍——广州艺术博物院历代绘画精品展"、岭南美术馆"红星照南粤——东江纵队历史画卷与美术研究专题展"、深圳市坪山区美术馆"全域美术馆巴士漫游计划"共7项入选2022年度全国美术馆优秀项目；广东省博物馆和甘肃省博物馆"丝路光华：粤陇文物精品联展"、广州海事博物馆"七海扬帆——唐宋时期的广州与海上丝绸之路"、广东革命历史博物馆"红色湾区——中国共产党在粤港澳展览"、

---

① 《塘厦多举措提升文化服务供给》，《南方日报》2022年8月23日。

农民运动讲习所旧址纪念馆"农民运动的摇篮——毛泽东同志主办农民运动讲习所历史陈列"四项入选2022年度"弘扬中华优秀传统文化、培育社会主义核心价值观"主题展览推介项目。

广东各地依托民间文艺资源，举办了形式多样、内容丰富的群众性文艺活动，涵盖歌舞、戏曲、摄影、绘画等艺术形式，多角度展现经济社会的蓬勃发展和人民群众安居乐业的向上风貌。广州市启动"艺术名家走进生活"系列活动，秉持"传承、发展、惠民、共享"的原则，为市民免费奉献百场名家演出；中山市打造了"书香中山""中山合唱季""中山·公园音乐周""南朗稻田音乐节""西区醉龙音乐节""东区金龙文化节""坦洲咸水歌文旅季"等文艺活动；河源市建设"大美河源"百姓舞台、"春风送暖"文化下基层、客家山歌大赛、"繁花"音乐季等一大批群众性文化活动品牌；茂名市打造"好心茂名"系列文化活动、"红荔飘香"精品文艺活动、"唱响茂名"百姓大舞台、"高凉曲韵"戏曲进校园进农村等特色文化活动品牌；东莞市接连举办生态露营节、咖啡文化节、市民摄影周、森林诗歌节、草坪新年音乐会等新型文化艺术活动，营造开放、雅致的城市人文氛围；汕头市积极推进"潮剧潮艺三走进""周五有戏"等文艺活动常态化，通过举办全市群众音乐舞蹈花会、戏剧曲艺花会、少儿艺术花会、潮剧演艺比赛、民间潮乐大赛等活动丰富群众文化生活；江门市重点打造国家级群众舞蹈赛事"戴爱莲杯"人人跳全国群众舞蹈展演活动，举办了"戴爱莲杯"舞蹈大赛、万人百姓健康舞活动、广东省第二届中老年舞蹈大赛、第五届岭南舞蹈大赛等，着力推动群众性舞蹈赛事繁荣发展。

（三）完善群众性文艺工作的机制团队

2017年5月，文化部颁布《"十三五"时期繁荣群众文艺发展规划》，这是我国在群众文艺工作方面出台的首个五年规划，从推出优秀群众文艺作品、广泛开展群众文艺活动、完善群众文艺工作机制、培育和壮大群众文艺力量、加强群众文艺阵地建设管理五个方面为"十三五"时期群众文艺工作指明了方向和目标。随后，广东省印发《关于贯彻落实〈"十三五"时期繁荣群众文艺发展规划〉的具体措施》，提出建机制建队伍为群众文艺工作提供支撑。一方面，建立和完善"广东省业余编剧家""广东省业余作曲家""广东省业余编舞家"聘任制度，培育一批省级中青年群众文艺特聘创作员，鼓励各地组建群众文艺创作重点人才队伍，扶持基层宣传文化能人，建立群众文艺专家库、群众文艺人才信息库，逐步形成一支门类较为齐全的群众文艺创作队伍；另一方面，发挥公共文化机构的引领作用，依托文化馆、文化站、基层综合性文化服务中心等阵地开展群众文艺工作。在建设群众文艺创作排演基地的同时，建立群众文艺创作指导机制、群众文艺创作人员采风制度、群众文艺作品提升制度以及群众文艺工作评价考核和激励机制。

自2016年以来，广东省文化和旅游厅每三年组织一次广东省群众文艺作品创作排演基地申报和评选，从全省县级以上文化馆，挑选成绩突出的文化馆，按照音乐、舞蹈、戏剧、曲艺四个艺术门类评选"广东省群众文艺作品创作排演基地"。同时，开展广东省群文剧作家、作曲家、编舞家申报和评选，从全省群文系统中挑选文艺创作骨干，聘任为"群文剧作家""群文作曲家""群文编舞家"。广东省群众文艺创作排演基地与群文作者承担着依托当地文化资源，鼓励社会力量参与联合创排，组织开展群众文艺创作工作，打造群众文艺优秀作品的重要任务。广东省文化和旅游厅定期组织群文作者开展群众文艺创作采风活动以及广东省群众文艺作品创排基地优秀作品展演季活动。目前，广东省文化与旅游厅已成功举办2020年度、2021年度"群星耀南粤"广东省群众文艺作品创排基地优秀作品展演季活动，有效发挥了广东省群众文艺作品创排基地和省聘群文剧作家、作曲家、编舞家的带头示范作用，充分展示了广东群众性文艺活动的最新创作成果。2023年7月，广东省文化和旅游厅设立广州市文化馆等18个单位为2023—2025年度"广东省群众文艺作品创作排演基地"，聘任45位文艺工作者为2023—2025年度"广东省聘群文作者"，为"十四五"时期群众性文艺工作的蓬勃发展奠定了坚实的体制机制基础与人才队伍基础。

东莞市是在群众性文艺工作体制机制建设上取得良好成绩的地市之一。2004年成立东莞（塘厦）打工歌曲创作基地，启动东莞（塘厦）打工歌曲创作大赛，每年定期举办"同饮一江水"广东劳动者歌唱大赛等群众性文艺赛事。为了夯实群众文艺阵地基础，东莞市持续推进东莞（塘厦）音乐剧创作基地、东莞（常平）小戏小品创作基地、东莞（茶山）乡谣音乐创作研究基地等文艺创作基地建设，陆续出台《东莞（塘厦）打工歌曲创作基地管理办法》《东莞（塘厦）打工歌曲创作基地发展规划》《塘厦镇打工歌曲优秀艺术人才扶持办法》《塘厦镇文化艺术创作奖励办法》《东莞市重点文艺创作基地扶持办法》等文件规章。《东莞市文化发展"十四五"规划》进一步提出，推进市、镇两级作家协会建设，加强中国（东莞）劳动者文学创作基地建设，持续打造"东莞打工歌曲创作基地"，探索建立"粤港澳大湾区网络文学作家村"，推动以网络文学、动漫文学创作为特色的网络文学IP孵化平台建设。与此同时，《广州市文化和旅游发展"十四五"规划》也明确指出，将健全支持开展群众性文化活动机制，深入开展全民艺术普及工作，搭建艺术普及推广平台，建立全民艺术普及联盟，扶持一批群众文艺创作排演及市民艺术素养提升基地；《梅州市文化广电旅游发展"十四五"规划》提出，加强基层文化志愿者队伍和乡土文化人才建设，大力培育民间文艺团体；《河源市文化广电旅游体育发展"十四五"规划》提出，注重把非公领域文化人才纳入人才培养范围，重点培养一批扎根基层的乡土文旅能人、民族民间文化传承人和文化活动骨干带头人、文旅产业创业者。

▼ 三 文化资源开发与高品质文化供给

文化资源开发是实现高品质文化供给的内生动力。通过挖掘利用各类物质文化资源和精神文化资源，能够为广东文化强省建设注入源源不绝的生机活力，为广大人民提供更高质量的文化产品和服务，有助于实现好维护好发展好人民群众的文化权益。

（一）城市文化底蕴的深度挖掘与文化归属感培植

广东是岭南文化的中心地、海上丝绸之路的发祥地、近现代革命的策源地、改革开放的前沿地、华侨华人的重要祖籍地。广州市、潮州市、肇庆市、佛山市、梅州市、雷州市、中山市、惠州市入选国家级历史文化名城，展现了广东深厚的历史文化底蕴和鲜明的文化特色。通过挖掘本地特有文化资源，擦亮城市文化品牌，能够为人民群众提供更具吸引力和感召力的文化产品供给，有效提升市民的文化归属感与城市认同感。

广州市气候温热，四季树木常青，繁花似锦，有"花城"之誉。清代沈复在《浮生六记》中写道："对江名花地，花木甚繁，广州卖花处也。余自以为无花不识，至此仅识十之六七。"一年一度的广州岁暮花市，大约形成于19世纪60年代，正所谓"羊城世界本花花，更买鲜花度年华。除夕案头齐供奉，香风吹暖到人家"，"花城"广州更以"百年花市"而闻名全国。朱德同志曾与董必武、林伯渠、郭沫若等领导人同游广州花市，创作了题为《和郭沫若同志〈春节游广州花市〉》的七绝诗："百花齐放遍城乡，灿烂花光红满堂。更有心花开得好，一年转变万年香"，展现了春节期间广州花市异卉奇花争相开放的美好景象。2007年，"广州迎春花市"入选为广东省省级非物质文化遗产，2021年，"行花街"民俗被列入国家级非物质文化遗产代表性项目名录。近年来，广州市着力擦亮"花城"历史文化品牌，努力将"广州过年、花城看花"打造成为享誉全国、走向世界的城市名片。在办好传统迎春花市的同时，创新推出"云上花市""元宇宙花市"，精心策划"行运到花街"新春系列活动、特色西关"水上花市"等活动，打造多条"花市公交专线"。《人民日报》、中国新闻网等央媒推出《"行花街"，品广府"年味"》《中国"百年花市"重开游人如织商家喜笑颜开》等系列宣传报道，生动呈现广州欢乐祥和、昂扬向上的节日景象。在迎春花市举办期间，非遗文化表演、公益慈善义卖、精神文明教育等活动也以花为媒，共同营造广州旧传统、新特色的迎春民俗。

佛山市历史文化悠久，素有"南国陶都""粤剧之乡""武术之乡""狮艺之乡"等称誉，是"南国红豆"粤剧和中国南派武术的主要发源地，较好地保留了岭南建筑的整体风貌，位于佛山的清代粤中四大名园之梁园、清晖园，是清代岭南文人园林的典型代表之一。近年来，佛山市推动传统历史文化与现代都市文化相融合，持续推进"世界功夫之城""世界美食之都""龙狮之乡"建设，把文化遗产和文化符号转变为城市文化特色，塑造了"佛山制造、中国功夫""岭南味、佛山品""狮舞岭南、传奇佛山"等城市文化标识，推出了琼花粤剧艺术节、狮王争霸赛、秋色巡游等特色文化活动，打造了"西樵叠翠""祖庙圣域""清晖毓秀""古灶薪传""花海奇观""云水荷香""皂幕凌云""南国桃园"的佛山新八景，聚力打造了清晖园博物馆等体现南粤特色、具有国际水平的地标性文化设施，让人民群众在欣赏文化之美的同时，还能够体验建筑之美、园林之美。在新的发展阶段上，《佛山市文化广电旅游体育发展"十四五"规划》明确指出：以陶瓷文化、功夫文化、龙狮文化、美食文化、工匠文化为核心，厘清各级政府在文化建设中的方向，引导各级政府在文广旅体发展中采取相应的政策举措与项目建设，让市民在唤起"集体记忆"中共享美好精神财富，增强身份认知，坚定文化自信。

广东各地市纷纷结合自身历史文化特性，根据当地文化建设实际与人民群众需求实际，不断擦亮"文化明灯"。潮州市贯彻落实习近平总书记在潮州考察重要讲话精神，规划开展"文化潮州"建设项目，努力打造全球潮人"落地生根"和"落叶归根"的大本营，构筑"听得见的潮州乡音、看得见的潮州记忆、吃得到的潮州美食、住得下的潮州民宅"等具有鲜明潮州文化特质的港湾家园；《东莞市城市形象传播工作实施方案（2022—2026）》提出"全方位提升东莞的全国、全球传播力、影响力与美誉度，使得在东莞的人引以为豪、来东莞的人为之倾心、没来过的人充满向往"的工作目标，重点打造"近代史开篇地""国际制造名城""潮流东莞""篮球城市"四张城市名片，使在莞居民切实感受和享受到城市建设带来的实惠和荣誉；梅州市以全球客家迁徙史影响力为核心，建设具有世界知名度、在全球客家人中具有感召力的"世界客家文化名城"，努力提升梅州"世界客都"感召力；云浮市持续擦亮禅文化、石文化、南江文化"三大文化"品牌，重点推动南江古民居建筑群申报世界文化遗产和磨刀山国家考古遗址公园建设，成功举办第十三届石文化节；阳江市依托风筝文化、诗词文化、楹联文化、漆艺文化、龙舟文化、根雕文化、奇石文化等一系列地方特色文化资源，挖掘历史文化底蕴，擦亮"中国诗词之市""中国楹联文化城市""中国风筝之乡"品牌。

（二）乡村文化景观的创新营造与乡愁情感的维系

2018年10月，习近平总书记在广东考察调研时着重强调："要加快推动乡村振兴，建立健全促进城乡融合发展的体制机制和政策体系，带动乡村产业、人才、文化、生态和组织振兴。"[①]中西融汇、独具特色的岭南乡村文化景观是广东推进乡村文化振兴的宝贵财富，也是广东人民留住文化记忆、筑牢精神家园的重要基础。

以文化建设为重要引领，建设有乡愁记忆的和美乡村。《广东省国民经济和社会发展第十四个五年规划和2035年远景目标纲要》指出：全域实施涵括"美丽家园""美丽田园""美丽河湖""美丽园区""美丽廊道"专项行动，到2025年，基本实现粤东粤西粤北地区80%以上、珠三角地区100%行政村达到美丽宜居村标准。2022年12月，广东正式实施"百县千镇万村高质量发展工程"，以县域经济为抓手、以乡镇做强为节点、以和美乡村为基础，加速描绘城乡区域协调发展的中国式现代化广东图景，有效推进广东农业农村现代化进程。《中共广东省委关于实施"百县千镇万村高质量发展工程"促进城乡区域协调发展的决定》强调：塑造广府、客家、潮汕及少数民族等别具风格的特色乡村风貌，加强古树名木、特色民居和传统村落保护利用，守住乡村文化根脉，持续开展珠三角地区"五美"专项行动，建设与粤港澳大湾区相匹配的精美乡村。宜居宜业的和美乡村以文化传承、乡风文明为重要内容，在推进物质、制度建设的同时，也通过深层次的文化建设保留地域风情、乡土风味，延续乡村文化传统与人文精神。在此背景下，佛山市出台《佛山市"百里芳华"乡村振兴示范带建设策划方案》，重点突出文化特色，按照"城、产、人、文"融合

[①] 《高举新时代改革开放旗帜 把改革开放不断推向深入》，《人民日报》2018年10月26日。

发展思路，讲好佛山岭南水乡文化故事。佛山市逢简村、松塘村分别获得"中国最美村镇榜样奖""中国最美村镇传承奖"，紫南村和逢简村入选"美丽宜居村庄示范"名单。当前，佛山市正在将"百里芳华"乡村振兴示范带建设经验推广至黔东南。在黔东南超3万平方公里的土地上，正逐步尝试复制推广佛山乡村振兴示范带的有效实践。

注重传承乡村民间工艺与传统文化。广东乡村具有丰厚的传统工艺资源，具有很高的历史价值、文化价值、美学价值。广州市荔湾区（粤曲）、广州市番禺区沙湾镇（广东音乐）、佛山市禅城区石湾镇街道（陶艺）、佛山市南海区西樵镇（醒狮）、江门市开平市水口镇（泮村灯会）、肇庆市端州区黄岗街道（端砚）、梅州市梅县区（客家山歌）、清远市连南瑶族自治县三排镇（瑶族耍歌堂）、中山市坦洲镇（咸水歌）、潮州市枫溪区（瓷塑）、揭阳市普宁市流沙西街道（英歌）入选2018—2020年度"中国民间文化艺术之乡"；广州市荔湾区（粤曲）、揭阳市普宁市流沙西街道（英歌舞）、珠海市斗门区莲洲镇（水上婚嫁习俗）、广州市番禺区沙湾街道（广东音乐）、汕头市澄海区凤翔街道（灯谜）、佛山市南海区西樵镇（醒狮）、佛山市禅城区石湾镇街道（陶艺）、韶关市乳源瑶族自治县（瑶族刺绣）、梅州市梅县区（客家山歌）、阳江市江城区（风筝）、潮州市湘桥区（木雕）入选2021—2023年度"中国民间文化艺术之乡"。《广东省文化和旅游发展"十四五"规划》着重强调："加强民间文化艺术之乡建设管理，推动民间文化艺术传承发展。"[1]广东将民间文化艺术之乡建设作为基层公共文化服务创新发展和乡村优秀文化保护传承的重要抓手，举办了"中国民间文化艺术之乡"示范性交流展示暨岭南文化艺术周等活动，使人民群众在品尝粤式风味美食的同时，也能欣

---

[1] 《广东省文化和旅游发展"十四五"规划》，广东省文化和旅游厅网站2021年11月22日。

赏粤曲与各地特色曲艺，赏玩精美的传统手工艺作品，参与各类民俗风情展演活动。

以文旅融合促进乡村文化景观可持续建构。广东在旅游资源开发的过程中注重加强人文资源保护和开发利用，做大做强"粤美乡村"旅游品牌，将农耕文化、传统工艺、民俗礼仪、风土人情等文化因素融入乡村旅游之中，高标准培育一批广东省文化和旅游特色村，打造一批全国乡村旅游重点村镇、国际乡村旅游目的地，培育一批乡村旅游集聚区，让广大村民更好地感受乡村振兴所带来的获得感和幸福感，带动村民成为乡村文化振兴工作的支持者和参与者。目前，广东乡村建设呈现出"政府主导、企业运作、文化注入"新型模式特点，在做好美丽乡村的历史文化保护、传承与活化等乡村景观工作的前提下进行适度开发，成为全国乡村振兴建设的独特典范。"乡村四时好风光"全国乡村旅游精品线路是文化和旅游部推出的重要乡村旅游品牌，按照四季节令特点、主题特色，根据市场需求和推广条件，适时分批有序推出乡村旅游精品线路和产品。如表4-2所示，广东多地凭借优美自然景观和独特人文景观的深度融合而多次入选。

表4-2　广东入选"乡村四时好风光"全国乡村旅游精品线路情况

旅行路线	入选项目
"稻花香里说丰年"全国乡村旅游精品线路	"闲云野鹤无拘束，惬意悠然在莲洲"、"骑迹水乡，品味丰收"之旅、孙中山故里乡村旅游精品线路、古邑丰收喜悦之旅、壮风瑶韵百里画廊之旅
"乡村是座博物馆"全国乡村旅游精品线路	粤乡寻韵之旅、"红动古道，绿动乡村——中央红色交通线亲子研学游"、东方红城农运摇篮、开平碉楼侨乡文化之旅、海陵岛海丝文化休闲游、"红色热土、凤凰美食"之旅、"寻觅山林奇境，探索人文之美"研学之旅
"春生夏长万物并秀"全国乡村旅游精品线路	河源"相约源城"美丽乡村之旅、佛山南海"水乡花园"乡村旅游精品线路、"三月廉江春满园"赏花之旅、"大唐荔乡"赏花叹蜜品荔之旅、云浮"醉美天露，多彩里洞"之旅
"乡土中国诗画中国"全国乡村旅游精品线路	岭南粤韵生态研学之旅、"牧海耕田，诗意阳西"之旅、亲子研学田园之旅、"红茶飘香，大美英德"茶文化游、"踏寻乡土风情，品味多彩揭西"之旅

（续表）

旅行路线	入选项目
"大美春光在路上" 全国乡村旅游精品线路	寻觅唐家湾人文风情之旅、南澳环岛公路海岛风情之旅、岐澳古道乡村踏春之旅、高州"甜美果海"游、"探古道　赏春花　品茶韵——梅县区赏花踏春古镇游"
"橙黄橘绿乡村胜景" 全国乡村旅游精品线路	惠州秋日乡韵品味丰收之旅、云浮缤纷五彩绘秋田之旅、醉美清溪之旅、绿美乡道怡情山水精品线路、贺江碧道画廊休闲之旅

（三）文化旅游资源的深度开发与民众幸福感提升

文化是旅游的灵魂，文化和旅游融合发展不仅能够带动旅游产业转型升级，催生新兴产业，激发企业发展活力，更能够从实质上满足人们在同他人和世界的交往中丰富自我、表达自我、发展自我的内在需求。广东是文化资源大省，广府文化、客家文化、潮汕文化、红色文化、华侨文化、海洋文化、瑶族文化等多种文化交融交织，使广东具有极为深厚的历史文化底蕴和极其丰富的历史文化资源。截至2023年10月，广东共有韶关市丹霞山景区等15个国家5A级旅游风景区，广州市黄花岗七十二烈士墓等18个红色旅游经典景区，佛山市顺德区杏坛镇逢简村等45个全国乡村旅游重点村，广东省韶关市南雄市珠玑镇6个全国乡村旅游重点镇，永庆坊等4个国家级旅游休闲街区，广州市白云山风景区等618个省级A级旅游景区。[①]广东坚持以文促旅、以旅彰文，推进文化与旅游在更广范围、更深层次、更高水平上实现融合发展，更好地满足人民美好生活新期待。

重点推进红色旅游资源开发，将富有民族性的精神养分融入人心。广东实施广东红色革命遗址保护利用"九大行动"、100个红色革命遗址保护规划建设提质工程，打造红色教育基地，开展红色文化主题宣传"五个一批"建设，重点保护利用中共三大会址纪念馆、广州农民运动讲习所、

---

① 数据来源于中华人民共和国文化和旅游部网站、广东省文化和旅游厅网站。

广州杨匏安旧居（杨家祠）、广州"团一大"纪念广场、深圳东江纵队司令部旧址、红军长征粤北纪念馆、"左翼文化运动潮州英杰"系列纪念馆等红色文化资源，引导广大党员干部深入学习党史、新中国史、改革开放史和社会主义发展史。经过持续开发建设，广州从化慢享康养休闲游、大鹏古城滨海休闲游、汕头市丝路寻踪文化游、佛山市特色文化体验乡村游线路、梅州市叶帅故里，美丽梅县乡村旅游线路、惠州市博罗县西部环罗浮山乡村度假游线路、南朗镇"孙中山故里"乡村旅游线路、江门市开平世遗文化经典游、清远市英西峰林乡村休闲旅游线路、"新兴生态文化之旅"线路入选文化和旅游部联合国家发展改革委推出的"体验脱贫成就·助力乡村振兴"乡村旅游学习体验线路。

开发夜间旅游、工业旅游、科技旅游等新业态旅游资源，满足人民群众的个性化旅游需求。一是推出"粤夜粤美"夜间旅游系列活动，广州市北京路、广州市正佳广场、佛山市佛山创意产业园、中山市中山假日广场、潮州市潮州古城、广州市长隆旅游度假区、广州市广州塔旅游区、深圳市蛇口滨海文化创意街区、佛山市华侨城欢乐海岸PLUS、佛山市千灯湖片区、惠州市水东街入选国家级夜间文化和旅游消费集聚区。二是利用广东富有再利用价值和历史文化价值的工业遗产，大力推动工业旅游规范发展和提质升级。省文化和旅游厅积极培育和扶持引导工业旅游，发布工业旅游精品路线，满足游客探索工业文明、拓展旅游空间的个性化需求。珠海市汤臣倍健透明工厂、中山市咀香园工业旅游景区、清远市英德市红旗茶厂成功入选国家工业旅游示范基地。三是以"数字科技+文化艺术"赋能文旅体验升级。广州市"Z-BOX智慧旅游沉浸式体验新空间"项目以沉浸式数字技术，融合"文化+科技"手段，构建沉浸式体验消费新场景，以模式创新、多业态跨界融合智造创新型沉浸式体验空间，入选全国首批智慧旅游沉浸式体验新空间培育试点名单。

　　推进综合性文化服务中心与旅游服务中心融合发展，使人民共享文旅融合高质量发展成果。2020年3月，在省文化和旅游厅主导下，全省各地根据"宜融则融、能融尽融，整合资源、共建共享"的原则，依托现有庞大的基层公共文化服务网络，进行基层综合性文化服务中心与旅游服务中心融合发展试点工作，推动现有乡镇、街道综合文化站和村级综合性文化服务中心及旅游服务中心改造完善，在功能服务、场地设施、管理运营等方面进行融合提升，实现文化服务与旅游服务的有机结合。基层综合性文化服务中心与旅游服务中心的融合发展，能够更加便捷有效地向人民群众提供旅游服务、就业社保、养老助残、人口管理、技能推广、宣传教育、文化娱乐等公共服务和社会管理工作，成为广东实现文化振兴和乡村振兴的重要着力点和突破口。随着文旅公共服务机构功能服务与网络布局的日益健全，在有效提升游客旅游体验的同时，也为当地居民提供了丰厚的文化资源支持，极大地提升了居民日常生活品质，推动主客共享公共文化服务建设成果。

第五章

文化强省建设赋能广东高质量发展

CHAPTER5

习近平总书记指出，实现高质量发展是"十四五"乃至更长时期我国经济社会发展的主题，关系我国社会主义现代化建设全局。中国将全面贯彻新发展理念，加快构建新发展格局，着力推动高质量发展。2023年4月，习近平总书记在广东考察时强调："广东是改革开放的排头兵、先行地、实验区，在中国式现代化建设的大局中地位重要、作用突出。"①要锚定强国建设、民族复兴目标，围绕高质量发展这个首要任务和构建新发展格局这个战略任务，在全面深化改革、扩大高水平对外开放、提升科技自立自强能力、建设现代化产业体系、促进城乡区域协调发展等方面继续走在全国前列，在推进中国式现代化建设中走在前列。在新时代背景下，广东文化强省建设不仅引领广东人民的精神世界，提升社会文明程度，维护社会和谐稳定，同时推动文化与现代产业和实体经济深度融合，为广东高质量发展提供强大动力。

 ## 一 文化强省建设是高质量发展的精神指引

文化强省建设是对广东文化传承、创新和发展的全面探索，为广东精神建设、社会建设和经济建设注入了源源动力。岭南优秀传统文化、革命文化以及社会主义先进文化共同构成广东文化的核心内容，为广东人民树立了一面鲜明的精神旗帜，引领他们朝着更加文明、开放、包容的方向前行。

---

① 《"在推进中国式现代化建设中走在前列"——习近平总书记考察广东纪实》，《人民日报》2023年4月15日。

（一）巩固广东人民的自信心与自豪感

广东人民通过了解和体验岭南优秀传统文化、革命文化和社会主义先进文化，能够更加深刻地认识和确证自己的文化身份，激发出对地域文化和民族文化的自信心和自豪感。这种自信心和自豪感，进一步转化为对广东高质量发展的坚定支持和积极参与。

广东文化强省建设深入挖掘和广泛传播岭南优秀传统文化，使人民群众更加深入地了解自己的文化根源，增强对本土文化的认同感归属感，为广东高质量发展提供了强大的精神支撑。以岭南文化为主体的广东传统文化独具特色，传递着广东人民丰富的历史记忆和思想情感，承载着广东人民独特的精神追求和精神标识。深入挖掘这些文化元素的过程，就是对文化身份认知的过程。各地政府和社会各界通过举办舞龙舞狮、粤剧表演、传统手工艺展示等活动，将岭南传统文化元素融入现代民众日常生活，让人民群众有机会亲身体验传统文化的魅力，更加自觉地认同自己的文化身份，也更加自信地展示自己的文化特色。在广东推动高质量发展的过程中，传统文化是非常重要的精神支撑和动力源泉。一方面，岭南传统文化中的勤劳勇敢、灵活融通、求真务实等精神特质与推动实现高质量发展的精神要求高度契合，为人民敢于改革、勇于创新提供了强大的精神动力；另一方面，岭南优秀传统文化为高质量发展提供了取之不尽、用之不竭的文化资源。通过对优秀传统文化的创造性转化和创新性发展，可以开发出独具岭南文化魅力的文化产品和服务，满足人民对于现代化高品质生活的需求，为高质量发展提供新的增长点。

广东文化强省建设传承和弘扬革命文化，赓续共产党人的红色血脉。广东是有着光荣革命传统的红色热土，无数激昂壮阔的革命史诗在此拉开序幕，无数为国为民的革命志士在此捐躯报国。从早期农民运动的领袖彭湃，到抗日战争时期的东江纵队，再到解放战争时期的南路人民解放军，这些革命先烈为中国的独立与统一作出了卓越的贡献，其英勇事迹和伟大精神构成了中国革命文化的重要组成部分，深深融入广大人民的精神世界当中。在各级政府和社会组织的推动下，革命历史遗址、革命纪念馆、烈士陵园等纪念场所得到了较为妥善的修缮和保护，为人们缅怀革命先烈、传承革命精神提供了重要载体。同时，主题展览、讲座、红色旅游线路等形式的革命传统教育活动在广东各地广泛开展，让更多的民众接触革命文化，感受革命精神的洗礼。在新的历史条件下，红色革命文化与改革创新精神相互激荡，红色革命文化中的英勇奋斗、不屈不挠、奉献牺牲等精神特质为党和人民开启新的奋斗征程提供了强大的精神动力，为广东新时代人文精神注入了深刻内涵。

广东文化强省弘扬社会主义先进文化，引导广大人民树立中国特色社会主义共同理想和共产主义远大理想。习近平新时代中国特色社会主义思想是我国先进文化的代表，各地政府和社会各界坚持以习近平新时代中国特色社会主义思想启智润心，通过举办主题学习教育、主题展览展映等活动，让广大人民更直观深入地认识到中国特色社会主义道路是实现社会主义现代化、创造人民美好生活的必由之路，中国特色社会主义理论体系是指导党和人民实现中华民族伟大复兴的正确理论，中国特色社会主义制度是具有明显制度优势、强大自我完善能力的先进制度，中国特色社会主义文化是代表最广大人民根本利益的先进文化，从而帮助人民群众不断增进对中国共产党领导和中国特色社会主义的政治认同、思想认同、理论认同、情感认同，树立坚定的道路自信、理论自信、制度自信、文化自信，整体提升广东人民的思想素质和精神风貌，为广东的高质量发展提供明确的方向指引和有力的思想保证。

（二）激发广东人民的创造力与责任感

广东文化强省建设推动文化产业和文化事业繁荣发展，以文化的力量推动社会进步，激发人民群众参与社会建设发展的创造力，培育人民群众对社会公共事务的责任感。

文化产业的蓬勃发展激发了人民群众的创新创造精神。文化产业以创新创意为灵魂，具有高附加值、高创新性、高融合性等特点，对个体的创新精神、创业能力提出很高的要求。目前，文化产业已经成为广东重要的支柱产业之一，涵盖了影视制作、出版发行、动漫游戏、创意设计、演艺娱乐等多个领域。一方面，繁荣的文化产业能够带来巨大经济效益，极大地激发了人民群众的创新精神和创造活力；另一方面，文化产业的崛起也能够带动形成鼓励创新、支持创新的良好社会风气，为人民提供一个展示创新创意成果的广阔舞台。在广东的一些文化创意产业园区中，如深圳华侨城文化创意园、广州TIT创意园等，聚集了大量的文化创意企业和文化创意人才，他们在这里共同探索新的文化表达形式和传播方式，创造出了许多具有独特魅力的文化作品和产品。这些文化创意产业园区和高端文化创新人才成为引领社会创新争先的价值风向的重要标识。

全民参与的文化建设培育了人民群众的社会责任意识。在广东各级政府的支持引导下，群众性文化活动广泛开展，人民群众不仅是文化建设的受益者，更是文化建设的参与者。一方面，广东各地积极举办各类文化展览和讲座，如美术展、书法展、摄影展以及专家学者主讲的文化讲座等。这些活动为人们提供了一个了解和学习当地文化的平台，拓宽了他们的知识视野，培养了他们的文化素养和审美情趣。人们通过这些展览和讲座，能够深入了解广东的历史文化、自然景观、人文风情，增强文化认同感，愿意为广东的发展贡献自己的力量，也更加珍视社区和乡村的文化传统，社区凝聚力显著增强，为广东经济社会高质量发展奠定坚实的基层组织基础。另一方面，社会公益性和社区服务性文化活动广泛开展，这些活动注重公共利益和社会福祉，鼓励人们参与社会公益事业和志愿服务，从中涌现了一大批乐于奉献、真诚助人、扶贫助弱的先进集体与个人。通过这些形式多样的文化活动，人们不仅能够展示自己的才能和技艺，还能够加深彼此之间的了解和交流，谱写新时代人们和睦相亲、平等互助的美好诗篇，社会逐渐形成积极参与社会事务、共同推动社会发展的良好氛围。

（三）提升广东人民的文化素养和文明程度

持续优化的文化环境为广东人民提供了更多学习和提升的机会。广东不断加大对公共文化设施的投入，建设了图书馆、博物馆、美术馆等公共文化场所，为人民群众提供了更多的学习机会，有助于提高整体教育水平，提升广东人民的文化素养和文明程度。同时，各地政府和社会各界将文化与教育紧密结合，推动文化教育资源的共享和优化配置。例如，政府同学校、企业、社会团体合作开展文化教育项目，将传统文化、地方文化等融入学校教育体系，让学生在学习过程中更加深入地了解广东的文化传统和历史文化，为广东的高质量发展培养更多具备人文底蕴和人文素养的人才。政府同文化创意企业、文化创意研究人员合作开展文化产业人才培养和职业培训等项目，如广东省文化和旅游厅与广东省动漫行业协会联合主办的数字文化创意产业培训班，暨南大学文化遗产创意产业研究院主办的粤港澳大湾区青年创意设计人才培训计划。这些培训活动能够让人们学习和掌握前沿的文化创意产业知识和技能，培养人们的团队合作精神、创新能力、沟通能力等，让人们更加具备适应社会发展和参与高质量发展的能力。

丰富多彩的文化活动有助于广东人民提高自身审美能力和文化素养。

在广东文化强省建设中，丰富多彩的文化活动起到了至关重要的作用。这些活动不仅为广东人民带来了精神享受和精神滋养，还潜移默化地提高了人民群众的审美能力和文化素养。通过各类艺术展览、音乐会、戏剧表演活动，人们有机会接触到国内外一流的艺术作品和表演，不仅体会到艺术的魅力，还能够深入了解不同文化背景下的艺术形式和创作理念。当前，非物质文化遗产传承、保护与创新工作正在如火如荼地开展，让广东人民有机会近距离学习和体验竹编、木雕、粤绣等传统手工艺和民间艺术，认识到传统工艺的现代价值，从而提高自己的传统文化素养和艺术审美能力。再者，广东还注重推动文化与科技、旅游、体育等产业融合发展，为人们提供更加多元化的文化体验。在一些文化创意产业园区和基地，人们可以参观最新的文化创意产品和技术应用，了解文化与科技结合带来的创新成果，让人们感受到文化强大的内在力量。

中外文化交流活动增强人们对于多元文化的包容性。广东作为我国对外开放的"南大门"，多种文化思潮在此交汇交融。广东文化强省建设高度重视对外文化交流与合作，各级政府、各类组织积极开展了多种形式、多种主题、多种对象的国际文化交流活动。例如，广东美术馆、广东省博物馆、广州大剧院经常举办国际艺术展览和艺术演出，让人们能够欣赏来自世界各地的艺术作品和文物珍品。这些活动让人们有机会接触到不同国家、不同地域、不同民族的文化，了解它们的历史发展、价值观念、艺术形式、民俗习惯等等。这种多元文化的交流与碰撞，让人们能够认识到每种文化都有其独特之处和存在价值，发现、了解并接受中外文化差异，促使人们能够从不同的文化视角看待问题，拓宽自己的思维和认知范围。这种对多元文化的了解和尊重让广东人民更加具备国际视野和跨文化交流能力，从而形成广东建设更高水平的文化强省的独特优势。

二　文化强省建设是高质量发展的动力基础

党的十九届六中全会通过的《中共中央关于党的百年奋斗重大成就和历史经验的决议》提出："必须实现创新成为第一动力、协调成为内生特点、绿色成为普遍形态、开放成为必由之路、共享成为根本目的的高质量发展，推动经济发展质量变革、效率变革、动力变革。"[1]高质量发展的目标是通过实现充分均衡发展，满足人民日益增长的美好生活需要,高质量发展意味着物质文明、政治文明、精神文明、社会文明、生态文明等得到全面提升。广东文化强省建设深刻体现新发展理念，以创新、协调、开放、共享为重要准则，为广东高质量发展提供重要动力基础。

（一）文化强省建设带动就业增加收入

习近平总书记指出："全党要按照党的二十大部署，进一步贯彻以人民为中心的发展思想，要把促进全体人民共同富裕摆在更加突出的位置，坚持尽力而为、量力而行，循序渐进、久久为功，在推进高质量发展中推动共同富裕取得更为明显的实质性进展。"[2]目前，已经到了扎实推进共同富裕的历史阶段。习近平总书记指出："只有促进共同富裕，提高城乡居民收入，提升人力资本，才能提高全要素生产率，夯实高质量发展的动力基础。"[3]广东文化强省建设强化就业优先导向，文化产业的繁荣发展、公共文化服务体系的日益完善带来了强大的就业驱动力，为人们提供

---

① 《中共中央关于党的百年奋斗重大成就和历史经验的决议》，人民出版社2021年版，第34页。

② 习近平：《为实现党的二十大确定的目标任务而团结奋斗》，《求是》2023年第1期。

③ 《习近平谈治国理政》第4卷，外文出版社2022年版，第141页。

了更多的就业机会和收入来源。

随着《广东省文化产业振兴规划（2011—2015年）》《广东省关于加快文化产业发展的若干政策意见》等重要文件陆续出台，广东文化产业逐步进入高质量发展时期，越来越多的文化企业和文化项目不断涌现，带动文化旅游、教育培训、文化娱乐等一系列相关产业进入新的发展机遇期。目前，广东数字出版产值、动漫产值、电影票房收入等多项指标居全国第一，文化及相关产业增加值占全省GDP比重达到5.59%，占全国总量的13.8%，连续18年居全国首位。①文化产业的蓬勃发展为人们提供了大量的就业机会，文化产业的产业链较长，涉及创作、生产、销售等多个环节，无论是大型的文化企业还是小微型的文化创意团队，都需要各类人才来支撑业务的发展，提供数量可观的就业岗位。同时，文化产业具有创新性强、灵活性高等特点，这使得文化产业在就业方面具有独特的优势，从业者可以根据市场需求和自身条件灵活选择就业方式，为城乡居民提供了更多的就业机会和就业选择。文化产业的发展往往具有集群效应，即在一定区域内形成较为完整的产业链和产业集群，吸引相关产业和从业者聚集，带动旅游、餐饮、娱乐等相关产业的发展。广东文化强省建设着力推动文化产业集聚发展，支持争创国家级文化产业示范园区，推进省级文化产业示范园区创建，鼓励创建市、县级文化产业示范园区，并逐步加强文化产业人才政策保障，将文化产业人才纳入广东省人才分类评价评估体系，逐步健全广东省文化产业人才评价认定相关办法。相关数据显示，2022年广东省文化及相关产业从业者达2852559人，资产总计36776亿元，营业收入

---

① 《广东经济社会发展成就系列新闻发布会——推进文化强省建设专场》，广东省文化和旅游厅网站2022年6月27日。

为25907亿元。[①]

广东省文化强省建设将完善基层现代公共文化服务体系作为重要内容，在支持公共图书馆、文化馆、博物馆、综合文化站、文化室等基础公共文化服务设施建设的过程中，为基层特别是乡镇地区创造了一批优质就业岗位。《广东省建设文化强省规划纲要（2011—2020年）》要求：壮大公共文化服务队伍，健全公共文化机构设置，落实公共文化事业单位尤其农村基层综合文化站的人员编制，保证人员工资、事业经费和重大文化活动专项经费，保障各级公共文化设施有效运转。中共广东省委办公厅、广东省人民政府办公厅《关于加快构建现代公共文化服务体系的实施意见》要求：着力培养一批具有现代意识、创新意识的公共文化管理者和基层公共文化服务人才队伍，设立城乡基层公共文化服务岗位，配置由公共财政补贴的工作人员。《广东省关于进一步提升革命老区和原中央苏区公共文化服务水平三年行动计划（2020—2022年）》要求：探索设立乡镇基层公共文化服务岗位，配置由公共财政补贴的工作人员。基层文化人才队伍建设既是广东文化强省建设的优势基础，也是增进人民福祉的民生工程。以广东地区博物馆服务队伍为例，博物馆从业人员数量由2012年的3277人，跃升至2022年的6702人。相关数据显示，2022年广东省群众文化机构数量达到1761个，从业者达15352人，资产总计91.84亿元。

（二）文化强省建设激发消费新动能

当前我国经济运行好转主要是恢复性的，内生动力还不强，需求仍然不足，经济转型升级面临新的阻力，推动高质量发展仍需要克服不少困难挑战。广东文化强省建设坚持实施扩大内需战略，通过多种方式挖掘内

[①] 国家统计局社会科技和文化产业统计司、中宣部文化体制改革和发展办公室：《中国文化及相关产业统计年鉴（2023）》，中国统计出版社2023年版，第34、87、88页。

需潜力，增强国内大循环内生动力和可靠性，加快构建以国内大循环为主体、国内国际双循环相互促进的新发展格局。

随着文化强省建设的深入推进，数字影视、动漫游戏、文化旅游等文化及相关产业蓬勃发展。广东数字出版、动漫、游戏产值分别占全国1/5、1/3、4/5，电竞业市场规模占全国90%以上，①为人们提供了丰富的娱乐休闲选择，极大地拉动了文化消费增长与消费升级。举例来看，2022年广东地区全年制作广播节目时间达598147小时，广播电视实际创收达到1329.24亿元；艺术表演团体演出场次为2.9万场，收入合计17.84亿元；动漫企业推出1263部原创漫画作品，325部原创动画作品，利润总额达到28.35亿元。②文化创意产业也是广东文化产业的重要组成部分。文化创意产业特别注重对人们潜在消费需求的挖掘与体察，注重通过"体验链"的构建，扩大消费范围，完善消费层次，提高附加值。广东不断完善文创IP运营、原创设计转化、制造生产等文创产业链，推进国家和省文化文物单位文化创意产品开发试点工作，着力打造文化创意新高地，为人们提供更多的文化消费选择，引领消费潮流，推动消费升级。

近年来，广东着力推动文化旅游消费升级。《关于促进城市消费的若干政策措施》提出加强文旅平台建设、加大文旅消费促销、促进商旅文体融合三大举措。各地政府设立文化和旅游消费专项资金，鼓励各地围绕传统节日、法定假日、寒暑期等旅游旺季，联动文化和旅游企业、金融机构、电商平台、新媒体平台等举办内容丰富、形式多样、线上线下有机融合的系列文化和旅游消费促进活动，在"吃住行游购娱"等方面推出一系

---

① 数据来源于《我省文化产业增加值连续多年位居全国前列 激活文化产业高质量发展"创新动能"》，广东省人民政府门户网站2022年9月30日。

② 参见国家统计局社会科技和文化产业统计司、中宣部文化体制改革和发展办公室：《中国文化及相关产业统计年鉴（2023）》，中国统计出版社2023年版，第115、126、158、159、192、193页。

列高性价比产品，为广大游客提供具有广东地方特色的文化旅游产品和服务，吸引大批省内外游客旅游观光，也为当地居民提供了更多的消费选择。例如，广州花都塱头古村利用当地保存完好的岭南风格古建筑群与古塘荷花景观，举办了2023年"塱夏荷集"潮流集市，活动首日游客量即突破3000人次，三天时间游客总量突破1万人次，创下了塱头古村近年游客量最高峰。

（三）文化强省建设推进城乡协调发展

2018年10月，习近平总书记在清远市考察调研时指出：城乡区域发展不平衡是广东高质量发展的最大短板。要下功夫解决城乡二元结构问题，力度更大一些，措施更精准一些，久久为功。要坚持辩证思维，转变观念，努力把短板变成"潜力板"，充分发挥粤东西北地区生态优势，不断拓展发展空间、增强发展后劲。[①]在广东文化强省建设的战略框架下，利用文化手段推动城乡区域协调发展，是缩小城乡发展差距、实现城乡全面发展的重要途径。广东各地坚持以人为本、协调发展，通过推动农村文化产业发展、加强城乡文化交流等措施，推动城乡居民公平共享发展成果，努力实现城乡居民在物质生活和精神生活上的共同富裕。

广东注重对文化产业的宏观布局和科学规划，努力建设形成区域协作、优势互补、城乡一体化发展的文化产业发展新格局。《广东省建设文化强省规划纲要（2011—2020年）》作出"优化文化产业布局"的战略安排，指出东西两翼和粤北山区要依托广府文化、客家文化、潮汕文化、雷州文化等地方特色资源优势，承接珠三角地区文化产品制造等产业转移，积极创建若干文化创意产业园，发展区域特色文化产业群。各地政府要

---

① 《时政新闻眼 | 广东考察第二天，习近平重点聚焦这个村》，央视新闻网2023年4月12日。

加大对农村地区文化产业的扶持力度，鼓励农村居民利用当地特色文化资源加快发展文化产业，如手工艺品制作、乡村旅游、农产品展销、文化培训等，促进农村劳动力的流动和就业，发展壮大县域经济，推动农村地区产业结构的优化调整。省文化和旅游厅在全省范围内发展和认定一批文化产业强市以及特色文化产业县（市、区）、镇，评选文化产业赋能乡村振兴优秀案例，启动文化产业赋能乡村振兴省级试点评选工作，遴选具有引领示范作用的基层试点，充分发挥以点带面、示范引领的作用。2023年10月，文化和旅游部办公厅、教育部办公厅、自然资源部办公厅、农业农村部办公厅联合印发《关于公布首批文化产业赋能乡村振兴试点名单的通知》，佛山市南海区、广州市从化区入选首批全国文化产业赋能乡村振兴试点名单，反映了广东文化强省建设在协调城乡发展、推进乡村振兴方面的积极成效。南海区以"三带三区"文化发展格局、"水上南海"高质量发展战略为引领，成功举办南海大地艺术节，盘活乡村资源，激发乡村活力，推动非遗资源"双创"转化，大力推进文化赋能乡村振兴。从化区向内挖掘本土文化，打造了穗北红色文化产业带，着力打造罗洞工匠小镇非遗文化产业园，走出了一条文化产业助力乡村振兴的发展新路。

▼三 文化强省建设推动现代文化产业体系升级

党的十九大报告指出："我国经济已由高速增长阶段转向高质量发展阶段，正处在转变发展方式、优化经济结构、转换增长动力的攻关期，建设现代化经济体系是跨越关口的迫切要求和我国发展的战略目标。"[1]文

---

[1] 《习近平谈治国理政》第3卷，外文出版社2020年版，第23页。

化产业结构升级是我国经济高质量发展的内在动力，更是满足人民美好生活需要的必然要求和重要保障。近年来，广东高度重视文化产业发展，健全现代文化产业体系，培育新型文化业态，推动现代文化产业结构体系升级革新。

（一）建设科技驱动型现代文化产业体系

习近平总书记指出："以科技创新开辟发展新领域新赛道、塑造发展新动能新优势，是大势所趋，也是高质量发展的迫切要求，必须依靠创新特别是科技创新实现动力变革和动能转换。"①文化与科技深度融合是文化产业创新发展的重要趋势。广东以文化产业的高科技化和高科技产业的文化化为导向，积极推动文化产业与科技创新的深度融合，推动以数字文化产业为代表的新兴产业崛起和传统文化产业的数字化赋能，助力广东成为全国乃至全球的科技创新高地与文化创新基地。

2019年12月，省委宣传部、省文化和旅游厅联合出台《关于加快文化产业发展的若干政策意见》，将"促进文化科技融合发展"作为重点规划，加强文化领域核心技术研发运用，推动重大文化科技成果产业化，加强文化科技融合示范基地建设。2021年3月，省科学技术厅等六部门联合印发《广东省促进文化和科技深度融合实施方案（2021—2025年）》，推动文化和科技全面深度融合，充分发挥科技创新对文化事业和文化产业重点领域发展的支撑引领作用。在文化与科技融合政策的指导下，各地政府注重推动文化产业与科技产业的融合发展，鼓励企业利用先进科技手段改造和提升传统文化产业，培育新型文化业态，提升文化产业的创新力和竞争力。目前，广东已经在以下几个方面取得了显著的成效：一是数字化技

---

① 《推动新时代治蜀兴川再上新台阶　奋力谱写中国式现代化四川新篇章》，《人民日报》2023年7月30日。

术的应用。广东的文化产业充分利用大数据、云计算、人工智能等新一代信息技术，实现了文化资源的数字化、网络化和智能化。这不仅提升了文化产品的创作和生产效率，也使文化产品的传播和消费方式发生了深刻变化。二是文化装备的研发和生产。广东鼓励和支持企业研发和生产具有自主知识产权和核心竞争力的文化装备，如虚拟现实设备、智能音响、智能显示设备等。这些高科技文化装备的研发和生产，不仅推动了文化产业的技术创新，也为其他产业的发展提供了强有力的支撑。三是培育文化与科技融合新业态。广东积极引导和支持文化产业与科技创新的跨界融合，培育出了数字创意、网络视听、互动娱乐等新业态，同时强化科技在演艺、娱乐、工艺美术、文化会展等传统文化行业的应用。

目前，广东省已经初步构建起了以文化与科技深度融合为特征的创新型现代文化产业体系，为推动广东成为全国乃至全球的科技创新策源地奠定了坚实的基础。具体来说，以下几个方面的工作尤为突出：一是创新环境的营造。广东省政府出台了一系列支持文化产业和科技创新发展的政策措施，如财政扶持、税收优惠、金融支持等，营造了良好的创新环境。在深圳文化科技产业中，政府与企业合作建设了多个文化科技产业园和孵化器，支持文化企业与科技企业合作开发文化科技产品，聚集了一批专注于数字创意、虚拟现实、人工智能等领域的文化科技企业。二是创新人才的聚集。广东省重视文化产业和科技创新人才的培养和引进，通过实施高层次人才引进计划、建立人才激励机制等措施，吸引和留住了一批优秀的创新人才。这些人才为广东省的文化产业和科技创新发展提供了强有力的人才保障。三是创新成果的转化和应用。广东积极推动文化产业和科技创新成果的转化和应用，通过建设文化产业园区、科技创新基地等载体，促进创新成果的产业化和商业化。这不仅推动了文化产业和科技创新的深度融合，也为广东省的现代产业体系建设提供了强有力的支撑。

（二）建设"文化+"型现代文化产业体系

在高质量发展的道路上，跨界融合与联动创新成为推动产业升级和经济结构优化的重要动力。在广东文化强省建设的战略框架下，鼓励文化产业与其他产业跨界融合，将文化创新创意成果深度融合于经济社会各领域，打破不同领域之间的壁垒，推动各类资源的优化配置和高效利用，形成以文化为内生驱动力的产业发展新模式与新形态。"文化+"跨业态融合成为文化产业新的增长点的重要途径。

文化产业与制造业的融合发展。促进文化产业与实体经济深度融合，是培育国民经济新的增长点、提升国家文化软实力和产业竞争力的重大举措，是促进经济结构调整和发展方式转变，加快实现由"中国制造"向"中国创造"转变的内在要求。广东作为中国的制造业大省，拥有丰富的制造业资源和产业链优势。为了推动文化产业与制造业的融合发展，广东采取了多项措施。一是加强文化创意设计与制造业的对接。政府支持建立文化创意设计园区和创意设计中心，吸引设计师和创意团队入驻，为制造业提供定制化的设计服务。二是推动文化元素与制造业品牌的结合。政府支持制造企业与文化创意企业合作，共同打造具有文化内涵和品牌特色的产品。例如，广州的汽车制造企业与文化创意团队合作，推出了融合岭南文化元素的汽车内饰设计，深受市场欢迎。三是鼓励文化产业与制造业的创意合作。政府支持文化企业与制造企业合作，共同开发文化创意产品，推动文化创意产业的发展。在东莞地区，文化企业与制造企业合作，开发出了一系列具有岭南文化特色的文创产品。这些产品包括岭南风格的家居用品、工艺品、玩具等，深受市场欢迎。其中，东莞玩具制造业优势明显，全市拥有超过4000家玩具生产企业，1500家上下游配套企业。目前，东莞市已经形成从原创IP设计生产到销售推广的全产业模式，Laura、

Angelboy、Come4arts、机甲吕布等一批有影响力的原创潮玩IP在东莞冉冉升起。2023年7月，第十三届中国国际影视动漫版权保护和贸易博览会正式授予东莞市全国唯一的"中国潮玩之都"称号。

文化产业与旅游业的融合发展。广东拥有丰富的自然和人文景观资源，旅游业发展势头强劲。近年来，广东各地高度重视"文化+旅游"建设，以文化提升旅游的内涵质量，以旅游扩大文化的传播消费。一是推出"文化+旅游"演艺综合性产品。挖掘当地特色历史文化元素、符号及故事等素材作为旅游演艺的核心要素。在惠州市罗浮山风景区，根据罗浮山的自然景观和水流特点，运用激光、灯光、水幕、喷泉等跨媒体艺术语言，推出的梦幻水秀文旅项目"音画白莲湖"，将罗浮山的文化遗产与人文内涵展现在游人眼前；在佛山市陈家祠堂，陈家祠光影秀以光影技术为载体，通过数字化手段，将陈家祠的精美装饰、深厚历史和独特文化以沉浸式体验的方式呈现出来，吸引了大批游客前来观赏。二是培育"文旅+""+文旅"新业态。目前，广东部分地区依托清新秀丽的乡村景观，将"农业+文化+旅游""生态+文化+旅游"作为"十四五"时期的重点建设项目，推动农业向观光、休闲、创意农业升级。在特色农业基础上，积极挖掘乡村自然生态、文化遗产、聚落景观资源，加以活化展示。通过引入文化创意和设计元素，能够有效提升农产品的附加值和市场竞争力，实现农业与文化创意、旅游、教育等产业的融合发展，推动"农业特色村"逐步升级为"文化和旅游特色村"。在湛江雷州半岛，政府与社会资本合作，建设了多个创意农业园区和手工艺村，吸引设计师和艺术家入驻，共同开发创意农产品和文创产品。这不仅直接增加了农民的收入来源，也推动了当地经济的多元化发展。同时，江门市、汕尾市等地依托丰富的海岸、海洋、海岛、山林资源，着力发展"文化+旅游+体育""文化+旅游+康养"新模式，开发森林探险、户外拓展、马拉松赛事等特色旅游项目，打造体育文化旅游融合发展新名片，培育区域经济社会发展新动能和特色优势支柱产业。

（三）建设集聚发展的现代文化产业体系

产业空间集聚是一种重要的产业组织形式。大量联系密切的企业以及相关支撑机构在空间上集聚，可以形成强劲、持续竞争优势。广东引导文化资源向新兴产业聚集，形成文化产业集群，提高产业竞争力。引导文化资源向新兴产业聚集，形成文化产业集群，已经被视为提高产业竞争力的重要手段。为了加快文化产业集群的形成和发展，广东省在实践中已经采取了多项措施并取得了显著成效。

一是制定文化产业集群发展规划。2020年1月，省委宣传部、省文化和旅游厅联合印发的《广东省关于加快文化产业发展的若干政策意见》将"推动文化产业集聚发展"作为重点推进项目；2020年10月，省工业和信息化厅出台《广东省培育数字创意产业集群行动计划（2021—2025年）》，明确广东数字创意产业集群的发展目标、重点领域、空间布局和保障措施；《广东省国民经济和社会发展第十四个五年规划和2035年远景目标纲要》将"数字创意产业集群"列为"十大战略性新兴产业集群"；《广东省文化和旅游发展"十四五"规划》指出，探索建立粤港澳大湾区文化产业数字化集群，建立具有国际竞争力的数字文化产业中心。在省级规划的指导下，深圳市政府制定《深圳市培育数字创意产业集群行动计划（2022—2025年）》，确立"一核一廊多中心"的产业布局，将文化创意产业作为战略性新兴产业进行重点发展。通过优化产业布局、建设文化产业园区、加强政策扶持等措施，深圳市的文化创意产业得到了快速发展，涌现出了一批具有影响力的企业和品牌。

二是培育文化产业龙头企业和品牌。广东省在建设用地、投资融资、人才落户、公共服务配套等方面予以支持保障，并依据税收、就业、行业带动等方面的贡献程度予以奖励补贴，以此推动文化企业整合各类优质文化资源，跨地区、跨行业、跨所有制兼并重组，在新闻信息服务、内容创作生产、创意设计服务、文化传播流通、文化新型业态等领域打造一批具有全国竞争力的龙头文化企业。《佛山市文化广电旅游体育发展"十四五"规划》提出"力争到2025 年培育 10 家以上文广旅体产业领域的瞪羚企业"的发展目标。同时，政府鼓励特色优势中小文化企业做精做细，与龙头文化和旅游企业形成产业集群关系，推进文化产业链上下游、产供销整体配套，提升产业链整体发展水平。

三是积极推动文化产业园区基地建设，为文化企业提供集聚发展的平台。政府投入巨资对旧工业区进行改造升级，吸引了众多创意设计、动漫游戏、影视制作等文化企业入驻，推动文化新业态和文化企业集聚及相关产业链汇聚。省文化和旅游厅印发《广东省省级文化产业示范园区管理办法》，鼓励并支持各地政府及相关行政职能部门对园区建设及入园的文化企业提供多种形式的政策扶持和行政指导服务。2023年10月，广州市天河区发布了《天河区加快推动文化产业高质量发展的若干政策措施》，重点支持文化产业聚集发展，对获评为国家级、省级、市级文化产业示范园区、文化和旅游产业融合发展示范区等的产业园区（聚集区），分别给予一次性100万元、20万元、10万元奖励。这一政策能够有效促进产业园区建设和文化产业集聚，推动形成"上下楼就是上下游、产业园就是产业链"的新型产业生态圈。

（四）建设区域协同的现代文化产业体系

区域协调发展是贯彻新发展理念、建设现代化经济体系的内在要求。广东作为中国的经济大省和文化强省，在文化强省建设的过程中，注重加强不同地区之间的文化产业协作，推动区域经济的均衡发展。这种区域协同发展的实践，为广东的高质量发展注入了新的活力，同时也对全国的高质量发展具有重要的示范意义。

加强全省文化产业的科学布局，形成优势互补、错位发展的新格局。《广东省建设文化强省规划纲要（2011—2020年）》明确提出，优化文化产业布局，重点建设"珠江两岸文化创意产业圈"，形成以珠三角为龙头，东西两翼、北部山区优势互补、错位发展的产业发展新格局。目前，广东已经在不少文化产业领域建立起较为显著的领先优势。为了更好地协调引导各地文化产业向特色化、差异化、精细化发展，广东陆续出台相关政策文件，支持广州打造"动漫游戏之都"、全球创意城市和文化装备制造中心，支持深圳大力发展时尚产业，打造"设计之都"、国际文化创新创意先锋城市，发挥"双核"引擎作用，辐射带动全省数字创意产业高质量发展；支持珠海重点发展演艺娱乐、数字会展，打造珠海全国知名演艺城市；支持东莞发展出口导向型文化制造业；支持佛山重点发展影视制作、工业设计、数字创意融合服务，建设"南方影视中心""粤港澳大湾区电影产业试验区"；支持汕头重点发展玩具、服装等衍生品制造，向"动漫+玩具+游戏+影视"高端化发展；支持中山重点加快游戏游艺装备业数字化转型；支持江门、肇庆和惠州大力发展特色文化旅游。

挖掘地域文化资源，推动城乡文化产业融合发展。各地政府深入实施"百县千镇万村高质量发展工程"，加大对乡村文化资源的保护和利用力度，支持乡村地区建设文化产业园区和创意农业示范区，开发具有地域特色的文化产品和服务。例如，在潮汕地区，政府支持建设了多个文化创意园区和手工艺村，吸引民间艺人和设计师入驻，开发具有潮汕特色的手工艺品和文创产品。在梅州客家地区，当地政府与专家团队合作，对围龙屋这一传统建筑进行保护性修缮和活化利用，将其作为文化体验、艺术创作、民宿等多元化功能的载体，吸引了大量的游客和艺术家前来参观和创作。这不仅带动了当地经济的发展，也提升了围龙屋的文化价值和社会影响力。为了加强城乡文化产业的协调合作，广东举办了各类文化交流活动和展览，推动城乡文化资源的共享。政府支持城市与乡村地区共同举办文化节庆、民间艺术表演等活动，促进彼此之间的文化交流与互动。例如，在广州市举办的"广府文化节"上，来自不同地区的乡村文化团队展示了各具特色的民间艺术表演和手工艺品制作技艺，与城市居民共同分享乡村文化产品的魅力。

加强区域文化交流与合作，促进文化资源共享。广东文化强省建设将粤港澳大湾区文化产业发展高地作为重要任务。省委、省政府印发的《关于贯彻落实〈粤港澳大湾区发展规划纲要〉的实施意见》指出，与港澳在动漫游戏、网络文化、数字文化装备、数字艺术展示等数字创意产业开展全面合作，深化粤港澳文化创意产业合作，有序推进市场开放。港澳文化产业特色鲜明，能与大湾区内地九市形成优势互补。随着粤港澳大湾区文化产业投资大会等项目的有力推进，粤港澳三地将在"文化+科技""文化+金融""文化+旅游"方面达成更全面、更深入的合作。在推进粤港澳大湾区文化产业对接的同时，广东还注重加强与其他地区的文化产业合作，实现优势互补、协同发展。例如，广西、广东、海南三省区的11个地级市签署《北部湾成员城市旅游框架合作协议》，发挥北部湾城市群文化旅游资源的互补优势，联合打造环北部湾国际度假旅游目的地。同时，广东与长江经济带、京津冀等地区的产业协作不断深化，在数字技术应用、动漫游戏产业等领域开展了一系列合作联动项目。这种跨地区的经济合作不仅推动了广东与其他地区的文化交流和经济发展，也为中国经济高质量发展提供了新的动力支持。

（五）建设灵活开放的现代文化产业体系

对外开放是全面的开放，是经济、文化、教育、科技、生态、医疗等多重领域的对外开放。建设灵活开放的现代文化产业体系既是迎接全球产业结构调整的历史机遇，建设与中国经济社会发展水平和国际地位相适应的文化话语权的必然诉求，也能够为广东文化强省建设开拓更为广阔的发展空间和更为丰富的发展资源。

推动具有广东特色的文化产品和服务出口。2015年2月，省政府出台《广东省加快发展对外文化贸易的实施方案》，对"十三五"时期广东省对外文化贸易作出了规划部署，将广东优秀文化资源和特色文化产品推向国际市场。随后，广东省委、省政府制定出台的《关于推动文化产业高质量发展的意见》《关于新时代广东高质量发展的若干意见》以及省政府制定出台的《关于印发广东省推动服务贸易高质量发展行动计划（2021—2025年）的通知》均将"发展对外文化贸易"列为重点工作予以长期推进，积极培育一批国家文化出口重点企业和重点项目，扩大文化艺术、广播影视、网络视听、动漫游戏、创意设计等具有广东特色及优势的文化产品和服务出口。以广东游戏产业为例，《广州市人民政府办公厅关于加快动漫游戏产业发展的意见》提出将广东打造成为"动漫之都"，保持在全国的领先地位，跻身国际动漫游戏产业强市行列的发展目标。目前，广州市集聚了3000余家游戏企业，其中上市游戏企业14家，拥有网易、三七互娱、四三九九、多益网络等一批国际知名的龙头企业，《梦幻西游》《神武》《阴阳师》《永恒纪元》等多个知名游戏品牌在海外发行。广东自主研发的游戏产品出海规模逐年攀升，海外影响力、海外市场份额、全球用户规模持续扩大。2022年，广东省游戏产业国内营收规模达2115.7亿元，其中，游戏出海营收规模占广东省游戏营收总额的17.5%。①2023年8月，商务部、中央宣传部、文化和旅游部、广电总局共同认定了2023—2024年度国家文化出口重点企业，广东51家文化企业入选，入选数量仅次于北京。其中，光娱信息、游莱信息等8家游戏企业入选，反映广东游戏产业的不俗业绩。

推进对外文化贸易基地建设。广东持续加大对外文化贸易基地建设力度，既有文化创意产业园区、影视创作基地、数字出版基地、网游动漫产业基地等，又培育了一批具有一定出口规模、出口配套条件较好的对外文化贸易集聚区，鼓励和引导具有一定国际影响、行业带动力强的外向型文化企业和机构入驻，支持引导省内企业用好基地平台拓展对外文化贸易。广州市天河区、广州市番禺区分别入选首批、第二批国家文化出口基地。2023年10月，文化和旅游部、商务部联合公布新一批12个国家对外文化贸易基地名单，国家对外文化贸易基地（广州）、国家对外文化贸易基地（深圳）双双入选，入选数量位列全国第一。这是广东深耕对外文化贸易领域，推动优质文化产品"走出去"的积极成果。围绕"一带一路"，利用广东自由贸易试验区平台，推动广州市天河区、番禺区国家文化出口基地，以及国家对外文化贸易基地（深圳）等提质扩容，广东以新业态为重点的对外文化贸易新模式正在逐步形成，推动形成全面开放新格局。

打造对外文化贸易平台。政府通过举办国际文化贸易展览、支持企业参与国际文化产业展览、引进国际先进文化产业项目等措施，展现广东现代文化产业的优势成果，拓宽广东文化产业的发展空间和市场渠道。以深圳市为例，作为中国最国际化的城市之一，深圳市拥有丰富的文化产业资源和先进的科技创新能力。政府通过举办深圳文博会、深圳创意设计周

---

① 《从"出圈"到"出海" 岭南文化焕新彩》，《南方日报》2023年6月6日。

等国际性文化贸易活动，邀请国际企业和机构来粤交流合作。借助国际文化贸易平台，广东的文化创意产业、数字创意产业、动漫游戏产业前沿成果等得到了充分展示，让世界深度了解广东文化产业的最新成果，推动广东文化产业的国际化发展。《广东省文化和旅游发展"十四五"规划》将"支持中国（深圳）国际文化产业博览交易会做优做强"作为重要规划内容，未来将进一步发挥中国（深圳）国际文化产业博览交易会、中国国际影视动漫版权保护和贸易博览会等重要展会平台的对外推广作用，拓展境内外文化市场信息与交易的渠道。

重视文化产业人才培养和引进。在广东文化强省建设的战略框架下，吸引国际高端人才和资源是助推广东现代文化产业体系建设的重要举措。为了吸引国际高端人才和资源，广东已经采取了一系列具体的措施，并取得了显著的成效。一是优化人才政策，提升吸引力。政府出台了一系列优惠政策，为高端人才提供优厚的生活和工作条件。此外，建立了灵活多样的引才机制，如柔性引才、项目引才等，为高端人才提供更加灵活和个性化的服务。二是建设高水平科研平台，吸引国际创新资源。政府加大了对科研机构的投入和支持力度，推动建立了一批高水平的科研机构和创新中心。例如，广东与多所世界著名大学和研究机构合作，共同建立了多个国际合作研究中心和实验室，吸引了大量的国际高端人才和创新团队来粤开展合作研究。三是加强国际学术交流与合作，促进人才成长。政府支持举办高水平的国际学术会议和论坛，为国内外学者和专家提供交流和合作的平台。广州和深圳承办"世界创新大会"，努力将其打造成为具有全球影响力的科技与经济创新发展标杆平台，成为链接全球政界、工商界、科学界领袖的桥梁和纽带，不断提升广东在文化科学界的话语权和影响力。

第六章

文化强省建设丰富人民精神文化生活

正如恩格斯所说：思维着的精神是地球上最美的花朵，精神不仅是人类从事社会生产与社会生活的重要支撑，而且是人与动物区分开来的重要标志。广东文化强省建设坚持以人民为中心，以更高的标准推进社会主义精神文明建设，以更坚实的举措丰富广大人民的精神文化体验，以更大的力度促进人民精神生活共同富裕。

一　文化强省建设与社会精神文明建设

2018年10月，习近平总书记在考察广东时强调，要推动物质文明和精神文明协调发展，不断提升人民文明素养和社会文明程度。2020年10月，习近平总书记在深圳经济特区建立40周年庆祝大会上的讲话中再次强调，中国特色社会主义是物质文明和精神文明全面发展的社会主义。广东坚持"两手抓、两手都要硬"，在物质文明建设和精神文明建设上都要交出优异答卷。

（一）中国式现代化是物质文明与精神文明相协调的现代化

马克思、恩格斯在批判西方现代化弊病的过程中，逐渐廓清了社会主义现代化道路。马克思、恩格斯认为，资产阶级把人与人之间的关系变成了"赤裸裸的利害关系"，把人的情感"淹没在利己主义打算的冰水之中"。[1]社会主义则以实现人的全面自由发展为最高价值目标。人的发展

---

[1]　参见《马克思恩格斯选集》第1卷，人民出版社1995年版，第275页。

不是单向度的片面发展，而是整体协调的全面发展，是物质层面和精神层面的同步发展。正如马克思所说："富有的人同时就是需要有总体的人的生命表现的人，在这样的人的身上，他自己的实现作为内在的必然性、作为需要而存在。"①在马克思的语境中，富有不是无节制地占有物质财富，而是个体能够在自由自觉的活动中占有自己的全面本质、创造自身的内在丰富性，在物质享受的同时也拥有"精神花丛"。中国共产党是以马克思主义为根本指导的无产阶级政党，始终关心人民群众的物质需求与精神发展。改革开放之初，邓小平便明确提出物质文明与精神文明协调发展的总体要求，在第四次文代会上强调："我们要在建设高度物质文明的同时，提高全民族的科学文化水平，发展高尚的丰富多彩的文化生活，建设高度的社会主义精神文明。"②习近平总书记同样指出："只有物质文明建设和精神文明建设都搞好，国家物质力量和精神力量都增强，全国各族人民物质生活和精神生活都改善，中国特色社会主义事业才能顺利向前推进。"③

中国转向现代化的历史进程是在马克思主义科学理论的指导下，同时也是在西方资本主义文明的各种问题日益暴露的背景中逐步展开的。中国共产党以辩证的、全面的、平衡的观点正确处理物质文明和精神文明的关系，使其领导的中国式现代化实现了对资本主义现代化积弊的理性规避，这是中国式现代化的"后发优势"。从社会主义革命和建设时期的"四个现代化"，到改革开放和社会主义现代化建设新时期的"小康社会"，再到中国特色社会主义新时代的"实现全体人民共同富裕"，中国共产党不断解放和发展社会主义生产力，不断满足人民群众日益增长的物质生活

①　《马克思恩格斯全集》第3卷，人民出版社2002年版，第308页。

②　《邓小平文选》第2卷，人民出版社1994年版，第208页。

③　《习近平谈治国理政》第1卷，外文出版社2018年版，第153页。

需要。国家统计局数据显示，2022年，中国国内生产总值达到1210207亿元，人均国内生产总值跃升至85698元。中国经济总量和人均水平持续提高，发展基础更加坚实，综合国力进一步增强，充分证明了社会主义在推进生产力发展上的显著优越性。中国共产党在看重物质文明建设的同时，也高度重视精神文明建设，坚持"两手都要抓，两手都要硬"的治国方针。中华民族实现站起来、富起来、强起来伟大飞跃的过程，也是中国人民在精神上实现自尊、自信、自立的过程。新时代以来，全国各地广泛开展群众性精神文明创建活动，为广大人民自由自觉地从事精神生产、享受精神生活创设了良好条件，有效避免了西方统治阶级中的少数人垄断精神财富的局面，全国各族人民文化自信明显增强、精神面貌更加奋发昂扬。习近平总书记在党的二十大报告中强调：中国式现代化是物质文明和精神文明相协调的现代化，丰富人民精神世界是中国式现代化的本质要求。此后，习近平总书记在《中国式现代化是强国建设、民族复兴的康庄大道》重要文章中进一步指出："中国式现代化既要物质财富极大丰富，也要精神财富极大丰富、在思想文化上自信自强。"①物质文明与精神文明协调发展是中国共产党推进社会主义现代化的不懈追求，也是中国共产党在新的历史起点上全面开启社会主义现代化国家新征程的必然遵循。

在新征程中走在全国前列、创造新的辉煌，是习近平总书记对广东响鼓重锤、快马加鞭的殷殷嘱托，要求广东一以贯之地肩负起走在前列、支撑带动、窗口示范的使命任务。广东作为我国改革开放的先行地区和前沿阵地，不仅在物质文明建设上走在前列，成为我国改革开放事业和社会主义经济建设中的地方范本，也在精神文明建设中走在全国前列，是思想文化活跃的现代文化重地。早在1994年，《人民日报》专题报道指出："较

---

① 习近平：《中国式现代化是强国建设、民族复兴的康庄大道》，《求是》2023年第16期。

早醒悟'贫穷不是社会主义'而在全国率先致富的广东人，也已认识到'富裕不等于文明'。他们要让经济发达、世风日上的双子星座，灿烂地升向南粤的上空。"①广东率先开展精神文明建设方面的探索，创立了精神文明学，成立了全国首家精神文明学会，形成了许多精神文明建设的宝贵经验，为全国各省市所学习借鉴。2020年7月，广东省精神文明建设工作推进会指出：一要提高政治站位，深刻认识抓好精神文明建设是广东做到"两个维护"的必然要求，以扎实努力的工作交出物质文明和精神文明两份好的答卷。二要着眼大局大势，深刻认识抓好精神文明建设是应对"两个大局"深刻变化的重要支撑，始终保持战略定力，扎实办好自己的事。三要把握工作主题，深刻认识抓好精神文明建设是决胜全面建成小康社会、决战脱贫攻坚的重大任务，坚定践行以人民为中心的发展思想，把人民对美好生活的向往作为奋斗目标，努力为人民群众创造更丰富的精神生活。四要服务中心工作，深刻认识抓好精神文明建设是凝心聚力夺取疫情防控和经济社会发展"双胜利"的有力保障，把精神文明建设贯穿"双统筹"全过程各方面，进一步凝聚起同舟共济促发展、风雨无阻向前进的强大动力。五要强化使命担当，深刻认识抓好精神文明建设是广东实现"四个走在全国前列"、当好"两个重要窗口"必须肩负起的重大责任，自觉对标最高最好最优，努力在新时代新征程上干在实处、走在前列。在全面开启社会主义现代化国家的新征程上，广东作为全国重要的经济中心和文化中心，充分利用自身坚实的物质经济条件和优良的思想文化基础，在探索物质文明与精神文明协调发展的社会主义现代化道路上起到先行示范作用，在地方的特殊性实践中总结能够推广借鉴的普遍性规律，为推动中国式现代化的整体发展进程作出贡献。

---

① 《托起璀璨的"双子星"——广东社会主义精神文明建设巡礼》，《人民日报》1994年7月31日。

（二）满足人民日益增长的精神生活需要是现阶段的重要任务

习近平总书记在党的十九大报告中指出：中国特色社会主义进入新时代，我国社会主要矛盾已经转化为人民日益增长的美好生活需要和不平衡不充分的发展之间的矛盾。……人民美好生活需要日益广泛，不仅对物质文化生活提出了更高要求，而且在民主、法治、公平、正义、安全、环境等方面的要求日益增长。……我们要在继续推动发展的基础上，着力解决好发展不平衡不充分问题，大力提升发展质量和效益，更好满足人民在经济、政治、文化、社会、生态等方面日益增长的需要，更好推动人的全面发展、社会全面进步。①我国社会的主要矛盾是人民日益增长的美好生活需要和不平衡不充分的发展之间的矛盾，这一矛盾影响和规约着社会发展的方方面面。因此，满足人民日益增长的美好生活需要是新时代的主题任务。正是在此意义上，《中共广东省委关于制定广东省国民经济和社会发展第十四个五年规划和二〇三五年远景目标的建议》明确指出："十四五"时期我省经济社会发展以推动高质量发展为主题，以深化供给侧结构性改革为主线，以改革创新为根本动力，以满足人民日益增长的美好生活需要为根本目的，以在全面建设社会主义现代化国家新征程中走在全国前列、创造新的辉煌为总定位总目标。到2025年，经济发展更加高质量，改革开放更加全面深入，社会更加文明进步，生态环境更加美丽，人民生活更加幸福，治理效能更加显著。

人们的美好生活需要是多方面的。其中，精神文化需要在人的需求层次中居于较高层次，是人们美好生活需要的重要组成部分。在马克思看

---

① 《习近平谈治国理政》第3卷，外文出版社2020年版，第9页。

来，参与精神享受——为自身利益进行宣传鼓动，订阅报纸，听讲演，教育子女，发展爱好等等——是使工人和奴隶区分开来的重要标志。[①]人们的精神文化需要并非恒久不变的，而是随着社会生产力的不断发展，发生着由"量"到"质"的转变，单一的精神文化需要逐渐演变为多元化的精神文化需要，低层次的精神文化需要逐渐演变为高层次的精神文化需要，以自我享受为主的精神文化需要逐渐演变为以自我实现为主的精神文化需要。总体来看，人们的精神文化需要是伴随着物质生产水平的提升而日益增长的，发达的物质生产能够创造更多、更优质的精神文化产品，为满足人们的精神文化需要提供可能，而人们精神世界的丰富和精神境界的提高是促进经济发展、政治民主、文化繁荣、社会公平、生态和谐的关键。因此，满足人民的精神文化需要不仅是实现人民美好生活需要的基本内容，也是推动社会整体发展的重要手段。

满足人民日益增长的精神生活需要是现阶段社会经济建设的重要任务。正如恩格斯在《社会主义从空想到科学的发展》一文中所说的，"通过社会化生产，不仅可能保证一切社会成员有富足的和一天比一天充裕的物质生活，而且还可能保证他们的体力和智力获得充分的自由的发展和运用"[②]。充裕的物质生活是丰富人民精神生活的前提保证。《2022年广东省政府工作报告》显示，预计2022年广东省地区生产总值达12.8万亿元，五年跨过3个万亿元级台阶、年均增长5%，连续34年居全国首位。居民人均可支配收入超过4.5万元、增速与经济增长基本同步，为满足人民的物质需要提供了坚实保障。同时，广东省政府坚持以人民为中心的发展思想，在发展中保障和改善民生，大力实施"民生十大工程""我为群众办实事"等实践活动，着力解决好人民群众急难愁盼问题，着力在人民生活的

---

① 《马克思恩格斯全集》第46卷上册，人民出版社1979年版，第246页

② 《马克思恩格斯全集》第26卷，人民出版社2014年版，第300页。

各个方面补齐短板。因此，在社会物质生产日益充裕的境况下，如何促进人民精神文化生活的充实与丰盈，满足人民日益增长的精神生活需要，实现物质文明与精神文明协调发展，则成为社会建设发展的重要任务之一。广东省委提出，新阶段要"以有力措施更好满足人民群众精神文化生活新期待"，并将这一精神深入贯彻到各级各类政策文件当中。《2022年广东省政府工作报告》将"高水平推进文化强省建设，充分激发文化创新创造活力，更好满足人民群众精神文化需求"作为重点工作任务。广州市、深圳市、珠海市、佛山市等地市的政府工作报告同样将"更好满足人民精神文化需求""提升全体市民的获得感幸福感"摆在了更重要的位置，予以重点支持。

（三）凝聚奋进新征程的强大精神力量

伟大事业孕育伟大精神，伟大精神同样能够引领伟大事业。马克思指出："哲学把无产阶级当作自己的物质武器，同样，无产阶级也把哲学当作自己的精神武器；思想的闪电一旦彻底击中这块素朴的人民园地，德国人就会解放成为人。"[①]思想不是天上掉下来，而是生活本身所产生的，可是它一旦产生出来，就会获得巨大的意义，它把人们联合起来，组织起来，并且在产生它的社会生活上打下自己的烙印。在科学理论指导下形成的精神力量，能够正确指导人们的社会实践活动，对于推动历史的发展进步具有重要作用。李大钊在《艰难的国运与雄健的国民》一文中指出："历史的道路，不全是坦平的，有时走到艰难险阻的境界。这是全靠雄健的精神才能够冲过去的。"[②]自鸦片战争以来，随着八国联军侵华、甲午战败割让台湾等一系列侵华事变愈演愈烈，中国人民的精神面貌曾一度萎

---

① 　《马克思恩格斯全集》第3卷，人民出版社2002年版，第214页。
② 　《李大钊全集》第4卷，人民出版社2006年版，第375页。

靡不振，陷入自哀自贬之中。自从中国人学会了马克思列宁主义以后，中国人民谋求民族独立与国家富强的斗争就有了主心骨，中国人民就从精神上由被动转为主动，焕发出前所未有的历史主动精神和历史创造精神。一代又一代中国共产党人团结带领人民攻克了一个又一个看似不可攻克的难关，创造了一个又一个彪炳史册的人间奇迹。

2019年7月，习近平总书记在庆祝中国共产党成立100周年大会上的讲话中指出："中国共产党的先驱们创建了中国共产党，形成了坚持真理、坚守理想，践行初心、担当使命，不怕牺牲、英勇斗争，对党忠诚、不负人民的伟大建党精神，这是中国共产党的精神之源。"①中国共产党弘扬伟大建党精神，在长期奋斗中构建起中国共产党人的精神谱系，锤炼出鲜明的政治品格。2022年10月，党的二十大将"弘扬伟大建党精神"作为大会主题之一。习近平总书记在党的二十大报告中指出："中国人民的前进动力更加强大、奋斗精神更加昂扬、必胜信念更加坚定，焕发出更为强烈的历史自觉和主动精神。"②新征程上，要弘扬以伟大建党精神为源头的中国共产党人精神谱系，在全社会弘扬劳动精神、奋斗精神、奉献精神、创造精神、勤俭节约精神，增强实现中华民族伟大复兴的精神力量。人无精神则不立，国无精神则不强。当前，我国正处于全面建成社会主义现代化强国、实现第二个百年奋斗目标，以中国式现代化全面推进中华民族伟大复兴的关键时期。国家强盛、民族复兴需要物质文明的积累，更需要精神文明的升华。习近平总书记关于精神文化建设的重要论述对于中国特色社会主义现代化事业具有重要指导作用，要求各地必须高度重视精神文明建设，在全国范围内弘扬向善向上、积极进取的精神力量。

---

① 《习近平著作选读》第2卷，人民出版社2023年版，第480页。
② 习近平：《高举中国特色社会主义伟大旗帜 为全面建设社会主义现代化国家而团结奋斗——在中国共产党第二十次全国代表大会上的报告》，人民出版社2022年，第15页。

新时代以来，广东深入实施开展习近平新时代中国特色社会主义思想传播工程，把学习宣传习近平新时代中国特色社会主义思想作为文化强省建设的首要任务来抓，打牢忠诚拥护"两个确立"、坚决做到"两个维护"的思想根基；围绕中国共产党成立100周年、新中国成立70周年、改革开放40周年、经济特区建立40周年、决胜全面建成小康社会、决战脱贫攻坚等开展重大主题宣传，推动党史学习教育常态化长效化，更好用党的创新理论武装头脑、指导实践、推动工作；坚持以社会主义核心价值观为引领，扎实推进公民道德建设，接续实施文明创建九大行动，推动人民群众形成适应时代要求的思想观念、精神面貌、文明风尚、行为习惯；坚定走好新时代党的群众路线，扎实办好民生实事，广泛选树宣传中国好人、广东好人、最美人物、新时代好少年等先进典型，弘扬敢闯敢试、敢为人先的改革精神，塑造向上向善、刚健质朴的文明新风。这些精神文明建设行动有力激发了全省党员干部和人民群众的积极性、主动性、创造性，在建设国际一流湾区和世界级城市群的道路上扎实前行。新征程上，广东党委和政府更为重视精神文化的力量，对广东精神文明建设作出了一系列重大部署。2022年12月，中国共产党广东省第十三届委员会第二次全体会议指出，在新的历史起点上，要充分认识广东奋进新征程所具备的良好态势、独特优势和强大精神力量，在守正创新、开拓进取中推进现代化建设。2023年6月，中国共产党广东省第十三届委员会第三次全体会议再次强调，要锚定"走在前列"总目标，坚决摒弃守的心态、振奋创的精神，以"再造一个新广东"的闯劲干劲拼劲向着新的目标再出发，切实担负起推进中国式现代化建设的广东使命。

二　文化强省建设与人民精神生活体验

人民精神生活体验是指日常生活中人们在精神层面的感受和体验。在中华传统文化的理想情景中，文化生活与日常生活应当是和谐交融的，人们在日常生活中享受着精神文化的丰盈。"质胜文则野，文胜质则史。文质彬彬，然后君子。"孔子的文质之辨就隐含着精神追求与自然生活和谐相融的意味。广东文化强省建设能够为人民群众提供更为优质丰富的文化资源，提高人们的生活质量和幸福感。

（一）文化艺术体验

习近平总书记指出："文艺事业是党和人民的重要事业，文艺战线是党和人民的重要战线。"①随着人民收入水平和文化素养的不断提高，文化艺术作为一种价值符号层面的精神体验和文化参与活动，直接影响和塑造着人们的精神世界。广东文化强省建设始终高度重视文艺工作，力图带给人民群众更好的文化艺术体验。

《广东省建设文化强省规划纲要（2011—2020年）》明确提出：实施国民艺术教育普及工程，培养全民热爱文学艺术、参与文化活动的高雅志趣和文化氛围。广东文化强省建设持续推动文化艺术活动常态化，让艺术的光彩渗透人民群众的日常生活。以广州市为例，2023年广州艺术节为市民献上广东音乐曲艺团演奏的《步步高》《娱乐升平》、广州粤剧院表演的粤剧折子戏《白龙关》、广州市杂技艺术剧院表演的大型当代杂技剧《化·蝶》片段、广东省木偶艺术剧院带来的木偶剧《神笔马良》、美国

---

① 习近平：《在文艺工作座谈会上的讲话》，人民出版社2015年版，第1页。

玛莎·葛兰姆舞团的《阿巴拉契亚之春》《即时的悲剧》《无辜的喜剧演员的颂歌》以及俄罗斯圣彼得堡国家冰上芭蕾舞剧团带来的《天鹅湖》等经典之作；2023年"羊城之夏"广州市民文化季分为百姓舞台、精彩大赛、岭南文化、时尚经典、书画展览五大板块，以公益演出、群文创作大赛、专家文化讲座、艺术展览等多样的形式，为广大市民游客送上上千场丰富而精彩的文化艺术盛宴；广州市二沙岛户外音乐季继续秉承往届活动"免费入场"的形式，向广大市民献上包括交响乐、民族乐、流行乐、爵士乐、歌剧、合唱、民谣等形式的文化艺术享受。

作为"世界十大剧院"之一的广州大剧院，2023年1月至9月销售演出项目131个，举办演出247场，观众人数近21万人次，推出瓦格纳三幕歌剧《漂泊的荷兰人》、大型音舞诗画《掀起你的盖头来——新疆是个好地方》、芭蕾舞剧《斯巴达克》、舞剧《嫦娥》等精品。[①]2023年度，广东美术馆"'一个人与一个时代'——潘鹤与新中国雕塑研究展"、广东民间工艺博物馆和广州市文化馆"'一带一路'背景下的广作华章——从外贸商品到非遗保护"、广东民间工艺博物馆"惊鸿一瞥：广善堂藏外销漆扇展"、广州博物馆"'守正创新'——文物里的广州智慧"等高水平展览广受赞誉。同时，广东各地博物馆引进了"挖出来的'汉东大国'——曾国青铜器精品展""大唐宝藏——法门寺地宫文物精粹特展"等有影响力的地方特展，带给参观者更为多元的文化体验。

为了进一步促进文化艺术渗入民众的日常生活，白云机场等重要交通枢纽定期开设不同领域的主题展览，例如"时代气象——许钦松精品山水画跨年展"、春"艺"浓迎春雕塑作品展、"潮起珠江——画家笔下的广州印记"、"青春礼赞笔生逸趣——许晓彬花鸟画作品巡展"、"丹青同

---

① 《广州演出市场复苏强劲　大剧院引进国外演出剧目37个》，广东新闻网2023年10月9日。

行——当代岭南中国画优俪四人展"、"不惑"篆刻艺术文化展、"红日照征途——经典名画中的党史暨岭南美术精神艺术展",为市民游客带来了形式多样的文化艺术体验。

（二）文化交往体验

文化交往体验是指人们通过与不同文化背景的人们进行交往,从而开阔自身的文化视野,获取丰富多彩的文化体验。广东是我国历史悠久的通商口岸,拥有广州、深圳两个超大城市,东莞、佛山两个特大城市,中山、惠州、汕头、珠海、江门、湛江六个大城市,吸引了众多国外人士,举办了多种中外交流活动,提供了文化交往的丰厚沃土。

在艺术展演方面,广东省博物馆从美国印第安纳波利斯艺术博物馆引进"从伦勃朗到莫奈——欧洲绘画500年"展览,引进秘鲁11家博物馆收藏的历年重要考古出土文物而举办"黄金国之谜——秘鲁安第斯文明"展览,从英国利物浦国家博物馆引进"绽放:维多利亚时代的艺术"展览,引进叙利亚9家博物馆馆藏文物而举办"'叙'写两河文明——叙利亚古代文物精品展"。疫情阴霾散去以来,广州大剧院重启国际演出项目策划,2023年全年已上演和拟引进的国外线下演出剧目有37个,共计71场,占全年演出总场次的22%左右。2024年元旦期间,广东各地接连上映BBC音乐会、管弦乐团新年音乐会、维也纳皇家爱乐新年音乐会、维也纳美泉宫交响乐团新年音乐会、俄罗斯西伯利亚交响乐团新年音乐会、舒尔茨·约翰·施特劳斯圆舞曲乐团新年音乐会、法国巴黎爱乐乐团新年音乐会、俄罗斯国家模范交响乐团新年音乐会、德国柏林市交响乐团新年音乐会、摩尔多瓦国家交响乐团新年音乐会、比利时皇家爱乐乐团新年音乐会等演出。2023年11月,广州市人民政府办公厅出台的《广州市加快培育建设国际演艺中心实施方案》明确提出:广州将加快培育建设国际演艺中心，促进演出市场繁荣发展，打造国际文艺精品智创中心、国际演出中心、国际演艺消费中心和国际演艺会展中心。未来，广州将立足广东、立足大湾区，吸引更多全球有影响力的知名艺术家，为广州人民、广东人民、大湾区人民带来更多了解和体验国外文化艺术的机会。

在活动交流方面，"读懂中国"国际会议（广州）、中国国际马戏节、中国（广州）国际纪录片节、中国国际漫画节、广州国际艺术博览会、广州国际灯光节、广东国际旅游产业博览会等国际性会议活动将各个国家、各类语言、各种文化背景的国内外人士汇聚于南粤大地。其中，中国进出口商品交易会（广交会）是我国历史最长、层次最高、规模最大、商品种类最全、到会采购商最多且分布国别地区最广、成交效果最好的综合性国际贸易盛会，被誉为"中国第一展"。2023年举办的第134届广交会吸引了来自229个国家和地区的境外采购商共197869人参加，在促进经济贸易的同时，也为各国参展商提供了展示国家形象、传播民族文化的平台，使得广交会成为国际文化交流的盛会。每年广交会期间，政府和各类组织团体定期举办艺术表演、文化论坛、文化展览等各种文化活动，为不同国家和地区的文化机构、艺术团体提供了交流合作的机会，也为参会者和市民游客带来了丰富的文化体验。

（三）文化娱乐体验

文化娱乐体验是指人们通过参与各种文化娱乐活动，获得的愉悦、放松和享受的感受。在物质需要得到基本满足的情况下，文化娱乐活动逐渐成为生活质量的重要衡量标准之一，人民群众渴望获得文化娱乐活动方面的满足。随着广东文化强省建设的不断深入，文化事业和文化产业的繁荣发展为人民群众带来了多样的文化娱乐选择。

广东发达的文化产业、完备的基础设施、自由的思想氛围以及强大的政策支持，使得各类园区、会展、集市落地于此，省会广州更是名副其实的"中国会展第一城市"。历年来，中国国际漫画节动漫游戏展、萤火虫动漫展、YACA动漫展、中国广州·国际电玩暨游艺设备展、深圳国际电玩节、中国（广州）国际主题公园与文旅产业展览会、广东国际旅游产业博览会、世界文旅产业博览会、中国国际影视动漫版权保护和贸易博览会、广州国际美食节、中食展（广州）暨广州国际食品食材展、全球高端食品及优质农产品（深圳）博览会等文化娱乐类展会品牌，为动漫爱好者、电玩爱好者、旅行爱好者、美食爱好者、电影爱好者带来了高质量的娱乐享受。此外，广东也是我国主题娱乐公园的重要集聚地，2023年中国主题公园发展论坛发布的《2023中国主题公园竞争力评价报告》显示：珠海长隆海洋王国、广州长隆欢乐世界、深圳欢乐谷、深圳世界之窗、广州融创乐园入选中国主题公园竞争力综合评价前20名。其中，珠海长隆海洋王国多次获得世界主题娱乐行业的"奥斯卡"奖——世界主题娱乐协会颁发的"Thea杰出成就奖"，跻身世界著名主题娱乐品牌行列。

为了满足年轻群体的夜间消费偏好，广东推出"粤夜粤美"夜间文化和旅游消费主题活动，鼓励有条件的旅游景区开展夜间游览服务，鼓励博物馆、美术馆延时开放或优化开放时间，丰富夜间演出市场，优化文化和旅游场所的夜间餐饮、购物、演艺服务，完善夜间交通等配套服务。近年来，"'Young城Yeah市'广州夜间消费节""正佳夏夜嘉年华""博物馆奇妙夜"等夜间特色主题活动，极大丰富了市民游客的盛夏夜生活。广州市北京路、广州市正佳广场、佛山市佛山创意产业园、中山市中山假日广场、潮州市潮州古城入选首批国家级夜间文化和旅游消费集聚区；广州市长隆旅游度假区、广州市广州塔旅游区、深圳市蛇口滨海文化创意街区、佛山市华侨城欢乐海岸PLUS、佛山市千灯湖片区和惠州市水东街入选第二批国家级夜间文化和旅游消费集聚区。2023年12月发布的《广东省文化和旅游厅落实〈关于释放旅游消费潜力推动旅游业高质量发展的若干措施〉工作方案》进一步指出：持续擦亮"粤夜粤美"夜间文旅品牌，引导全省各地推出常态化、品质化、特色化夜间文旅消费体验产品。

各地政府通过多项举措，为人民群众的日常文化娱乐生活提供保障。一是出台相关政策，引导文化娱乐行业转型升级。例如，汕头市出台《汕头市文广新局推动文化娱乐行业转型升级实施方案》，提升文化娱乐行业管理水平，丰富人民群众文化娱乐生活。二是通过举办全省文化娱乐行业转型升级现场推进会、文化娱乐经营场所培训班等会议培训，发布《关于印发剧本娱乐专项整治工作实施方案的通知》等规范性文件，加大巡查和监管力度，引导文化娱乐行业健康发展。三是探索发展"文化娱乐行业+公共文化服务"式惠民活动。政府鼓励部分文化娱乐场所"白天公益化，晚上市场化"，打造专为老年人提供免费或低价的文化娱乐消费的夕阳红活动，举办面向公众的歌舞培训活动等，鼓励部分文化娱乐企业组织承接公益性文艺活动，既扩大了文化娱乐消费，又提升了行业整体形象。

（四）文化节庆体验

人们往往能够通过参与和体验文化活动，与艺术作品、传统习俗、历史遗产等产生情感共鸣。节日活动作为重要的文化活动，能够营造强烈的情绪体验，铸牢中华民族共同体意识，形成稳定而持久的情感能量。广东各地每年都会在元旦、春节、元宵节、清明节、端午节等重大节庆日，举办丰富多彩的文化活动，丰富人们的情感世界，增强人们的文化归属感、认同感与自豪感。其中，春节是中华民族最盛大、最热烈的传统节日，蕴含着中华文化的核心价值，寄托着广大人民的美好祝愿。为迎接2023年春节，广东省立中山图书馆策划推出"春来粤有福——2023年道德春联联墨展"以及"《中华传统文化百部经典》成果展"等系列活动；广东省文化馆举办"粤韵花城"春节视听音乐会、节庆"叹"非遗春节及元宵系列活动；广东省博物馆举办"粤兔迎春"系列活动，赏彩灯、拓年画，寻玉兔、赢福蛋，并推出"年画里的中国"系列展览，并与广州非遗街区（北京路）联合开展"行花街·睇年画"展演活动。

广州市策划推出600余项文化和旅游活动，涵盖羊城体验、文博展览、精品演出、惠民措施等四类，让市民读者在安定祥和、欢庆热烈的节日氛围中喜迎新春；深圳市图书馆策划"品中国传统文化，迎癸卯兔年新春"第八届中国传统文化年系列活动，举办挥毫泼墨送春联、猜谜语闹元宵、经典民乐赏析音乐会、深图布克家族闹新春、民俗文化主题图书展等文化活动；中山市举办"粤新年·兔添福"2023年《春之歌——和谐春色满庭芳》群众美术、书法优秀作品展览，丰富活跃春节期间群众文化生活，寄予新年美好愿景；潮州市举办"千年神韵·大美潮州——潮州古城花灯灯展"系列活动。灯展充分提取潮州传统花灯和时代元素，打造游览和参与相结合的沉浸式体验灯展，让新春的潮州古城成为潮州人民欢度佳节的文化胜地；肇庆市开展百余项内容丰富、形式多样的群众文化旅游活动，包括文艺演出、醒狮贺岁、主题展览、挥春送福、亲子灯谜、打卡寻宝、美食品尝等；佛山市以"最岭南之佛山过大年"为主题，组织策划近260项新春文旅惠民活动，精心编制4条新春文旅精品线路，将春节特色活动、历史文化游径、自然生态、乡村田园和都市风情等特色资源串联起来，引导广大市民感受新春氛围；惠州市推出"新年·新声·新朗读"、龙腾虎"阅"迎新春、"欢乐新春"文化惠民、"非遗迎新春·虎年送祝福"等系列活动，极大地丰富了群众的精神文化生活；湛江市推出春节"文化进万家"写春联送祝福文化惠民活动，开展送文艺进军营慰问演出、"中国梦·家乡情"——地方民俗摄影征集大赛、"醉美国粹点亮新年"知识竞答活动、"百节之首—春节"知识科普线上课堂等知识性强的各类活动，为群众提供优质文旅产品。

（五）文化景观体验

文化景观体验是指人们通过观赏、探索和体验各种具有文化意义和历史价值的景观，感受和了解不同地区的文化特色与魅力。新时代以来，广东省不断打造更高水平的绿色文化景观，坚持生态美、产业强、文化兴、百姓富相促进，因地制宜推进绿美生态建设。在确保江河安澜、水清岸绿的同时加强景观设计，有机融入历史文化和民俗风情，打造绿美文化景观带，持续推进点绿成金、深化造绿为民、加强以绿养心，打造更多有示范意义的山地公园、郊野公园、森林公园，打造更多群众共享的绿色空间，为广大人民带来自然怡人的精神文化享受。《2023年广东省政府工作报告》将"绿美广东生态建设取得新成效，绿色转型成效显著，生态环境明显改善"纳为今后五年广东省经济社会发展的主要目标，未来广东将着力推进南岭国家公园、丹霞山国家公园创建，高标准建设华南国家植物园、深圳国际红树林中心。《广州市林业和园林发展"十四五"规划（修订）》明确提出：到2025年，全市规划城乡公园不少于1500个，实现市民"走出家即公园"的美好生活。

在推进自然景观建设的同时，广东省通过"微改造+有机更新""保护+开发"等形式，推动文化创意与建筑设计相结合，鼓励在建筑设计中运用和突出文化元素，打造更为生动的历史人文景观。人们能够在潮州古城、陈家祠等地感受岭南传统文化的魅力，在清远千年苗寨体验少数民族的风土人情，在清晖园、梁园、余荫山房、可园等园林建筑中欣赏清新秀丽、书香雅致的岭南园林风格，在广州沙面岛、石室圣心大教堂、江门开平碉楼等近代建筑群中看到中西文化的碰撞与交融，在韶关南华寺领略"南宗禅法"，也能够在黄埔军校、孙中山纪念堂、广州农民运动讲习所旧址等革命旧址中近距离地感受波澜壮阔的近代革命历史。未来，广东将着力推动旅游景区、休闲公园融入主题文化元素、丰富文化内涵、提升文化品位，精心打造体现岭南文化特色的文化节事活动、文化景观小品、文化体验场馆等，将人们日常生活和旅游休闲的过程变为感悟优秀传统文化、接受先进文化熏陶、增强文化自信的过程，更好满足人民群众精神文化生活需要。

▼三 文化强省建设与人民精神生活共同富裕

精神生活共同富裕是指在物质生活得到满足的基础上，人们能够普遍享受高水平的精神文化生活。这是中国特色社会主义事业发展的必然要求，也是习近平总书记所提出的"实现共同富裕"的重要内容。广东积极推动乡村贫困地区文化事业建设，保障人民群众的基本文化权益，努力让人们享受到平等、充实而满足的精神生活。

（一）推进乡村贫困地区的文化建设

2018年3月，习近平总书记在参加广东代表团审议时指出："城镇化进程中农村也不能衰落，要相得益彰、相辅相成。"①2018年10月，习近平总书记在清远市考察调研时指出："城乡区域发展不平衡是广东高质量发展的最大短板。要下功夫解决城乡二元结构问题，力度更大一些，

---

① 《奋斗在新时代的浩荡春风里　习近平总书记同出席二〇一八年全国两会人大代表　政协委员共商国是纪实》，《人民日报》2018年3月17日。

措施更精准一些，久久为功。"①广东深入学习领会习近平总书记关于提高发展平衡性和协调性的重要要求，统筹推进城乡、区域、物质文明和精神文明协调发展，深入实施"百县千镇万村高质量发展工程"，扎实推进文化强省建设，加快实现从发展窗口向文明窗口的跃升。

广东持续完善乡村贫困地区文化建设部署，健全乡村公共文化服务设施。《广东省文化事业发展"十二五"规划》指出，鼓励城市对农村进行文化帮扶，促进城市优质文化资源向基层和农村流动，省、市两级要设立农村文化建设专项资金，确保农村重点文化建设资金需求；《广东省文化事业发展"十三五"规划》要求，到2018年，全省村（社区）综合文化室在"五个有"基础上实现提档升级，完成村（社区）基层综合性文化服务中心全覆盖建设；《广东省文化和旅游发展"十四五"规划》要求，推动基层公共文化设施与"两中心一平台"建设、乡镇机构改革相衔接，夯实镇、村公共文化服务阵地。同时，广东先后制定出台了《广东省关于推进基层综合性文化服务中心建设的实施意见》《广东省关于文化精准扶贫精准脱贫三年攻坚的实施方案》《关于进一步加强乡风文明建设的实施意见》等政策文件，对乡村贫困地区的文化建设作出较为详尽的部署，努力推动老少边穷地区文化建设实现跨越式发展。在省委、省政府相关规划指导下，全省实现省市县镇村五级公共文化设施全覆盖。截至2023年7月，全省共建成乡镇（街道）综合文化站1600余个、行政村（社区）综合性文化服务中心2.6万个。在此基础上，省文旅厅和省体育局联合印发的《广东省行政村（社区）综合性文化服务中心提质增效工作方案》提出，2025年底珠三角地区行政村（社区）综合性文化服务中心提质增效达标率达到

---

① 《高举新时代改革开放旗帜 把改革开放不断推向深入》，《人民日报》2018年10月26日。

90%，粤东西北地区达到80%[①]。

广东各地在推进乡村贫困地区的文化建设方面取得了积极成效，为实现地区乡村文化振兴提供了有力支撑。广州市强化基层公共文化服务设施集约管理，建立以市级馆为中心馆，县（市、区）级馆为总馆，乡镇（街道）综合文化站为分馆，行政村（社区）综合文化室为服务点的图书馆、文化馆总分馆体系，探索"统一领导管理、统一服务标准、统一资源配置、统一人员培训、统一绩效考评"的服务模式。佛山市推出《佛山市文化广电旅游体育局基层公共文化服务体系建设扶持办法》，为经济相对欠发达行政村的公共文化建设项目提供扶持，用于村级综合文化服务中心建设、服务项目开展及公共文化活动组织等。梅州市以"三多三促"（多形式文化、多功能利用、多元化投资）模式建设农村文化俱乐部，促古民居保护，促文化旅游，促社会和谐，该项目入选第三批国家公共文化服务体系示范项目。《梅州市文化发展改革"十四五"规划》进一步提出：进一步优化"三多三促"农村文化俱乐部建设模式，加强乡镇综合文化站管理，与新时代文明实践中心建设相衔接，推动基层公共文化设施为未成年人、老年人、农民等群体提供有针对性的公共文化服务，开设童书馆等专题场馆，定期邀请优秀乡贤等举办"乡村沙龙"。《河源市文化广电旅游体育发展"十四五"规划》要求开展形式多样、内容丰富的各类文化活动，并向偏远地区、特殊困难群体倾斜，深化结对子、种文化活动，开展文化下乡、文化走亲、文化联动等形式多样的流动服务项目，把公共文化服务送到群众家门口。

---

① 《全省共建成26011个行政村（社区）综合性文化服务中的实现全省全覆盖》，广东省人民政府门户网站2022年6月6日。

（二）广泛深入开展文化惠民工程

在广东文化强省建设过程中，"文化惠民工程"作为一项长期重点工程持续推进。《广东省建设文化强省规划纲要（2011—2020年）》要求"实施重点文化惠民工程"；2015年印发的《关于加快构建现代公共文化服务体系的实施意见》要求拓展重大文化惠民项目服务"三农"内容；2016年印发的《关于我省文化精准扶贫精准脱贫三年攻坚的实施方案》要求大力开展文化惠民活动，开展送文艺下乡巡演、巡展，活跃和丰富文化生活。广东聚焦人民群众对于精神文化生活的美好期待，深入开展文化惠民工程，探索实施文化惠民新形式，为人们享受更为丰富、更高质量的文化生活提供可靠渠道。

开展文艺惠民演出活动。2017年起，广东省正式实施"三百工程"（向社会采购百场讲座、百场展览和百场群众精品演出），向粤东西北地区的县、镇、村三级以及企业、厂矿免费配送，以企业供单、群众点单、政府买单的运作模式提高文化产品供需对接度。2019年，"三百工程"在广东全面铺开，为全省特别是乡村地区人民群众献上高质量的精神文化食粮。2021年，"三百工程"项目被列为广东省十件民生实事任务之一，进一步推动优质文艺资源向基层延伸，特别是向民族地区、革命老区、贫困地区倾斜，满足这些地区人民群众的精神文化需要。揭阳市组织"党史学习教育进农村'唱潮剧、颂党恩'惠民演出系列活动"，揭阳市潮剧传承保护中心、揭阳市潮剧票友会等潮剧表演团体深入农村地区开展潮剧惠民演出，以红色经典潮剧剧目为主，以正能量的传统潮剧节目为辅；云浮市农村春晚遵循"政府搭台、群众唱戏"的原则，突出以群众为主体，演员包括基层群众、文化志愿者、民间艺人等，通过基层群众自编、自导、自演等方式，以歌曲、舞蹈、戏曲、小品、地方戏、山歌为内容，开展展现乡景、演绎乡风、记忆乡愁、凝聚乡情、凸显乡韵的百姓喜闻乐见的活动表演，被评为"全国文化信息资源共享工程——百姓大舞台"品牌项目；清远市连山壮族瑶族自治县举办"南粤情·文旅行"广东文化和旅游志愿服务系列活动——"文旅志愿乡村行"，根据当地民族特色、民风习俗和实际情况，指导当地广场舞作品的创作，以更好地满足新时代人民群众精神文化需求和社会主义审美要求；惠州市博罗县"村歌唱响新时代：'一村一歌'激活乡村文化活力"项目，统筹组织本地艺术人才，组成"一村一歌"精品工程建设文艺志愿服务队，挖掘风土人情和历史文化底蕴，努力实现歌与景融合、歌与情交汇，让村歌更贴近生活、贴近乡村。

推进文化消费惠民行动。2013年惠州市率先在全省试点发放文化惠民卡，对全市所有享受抚恤定补的优抚对象、低保家庭、五保供养户、城镇"三无人员"、在惠家庭经济困难学生以及一定比例的符合条件的在惠务工人员等特殊群体，以每人每卡200元的标准发放文化消费补贴。2016年，惠州文化惠民卡制度成功创建为第二批国家公共文化服务体系示范项目并转为常态化惠民文化项目。当前，文化惠民卡制度已成为惠州市基本公共文化服务均等化的常态化工作，在政府主导的同时，通过公开竞标的方式引入社会力量参加文旅体惠民消费券发放活动委托管理和宣传服务。随着惠州市文化惠民工程日益深入人心，产生了良好的社会效益和经济效益，广东开始在全省范围内发放文化惠民消费券，直接补贴民众进行消费服务。2022年8月，省人民政府办公厅印发《广东省加大力度持续促进消费若干措施》，引导各地市制定实施文旅消费惠民政策措施，鼓励发放文旅消费券或惠民卡。广东2023年发放消费券5.7亿元，适用于国内游线路、省内游线路、粤港澳大湾区文化遗产游径、历史文化游径、乡村旅游线路，以及省内景区、酒店、民宿、文化单位等销售的门票、住宿、演出、文创产品等，拉动消费83.9亿元。①

（三）保障特殊群体基本文化权益

2018年3月，习近平总书记在参加广东代表团审议时指出：我们制定政策要设身处地为进城务工人员着想，把当前最需要照顾的、扶持的方面搞好。人民群众在什么方面感觉到不幸福、不快乐、不满意，我们就要在那些方面下功夫。习近平总书记要求广东继续探索积累经验，为完善和创新社会治理，为发展和完善中国特色社会主义制度作出新的贡献。广东各地将保障优化特殊困难群体的基本文化权益作为文化发展规划的重要内容，积极开展面向未成年人、残疾人、异地务工人员的公益性文化活动。

促进留守儿童、流动儿童、特困家庭儿童的文化成长发展。广东省文化和旅游志愿者总队举办"志愿童行"文化艺术公益夏令营活动，主要面向到广州探亲的留守儿童、异地务工人员子女、特困家庭子女，带领他们了解岭南风土人情、接受文化艺术熏陶、追寻南粤历史足迹，提高在粤生活的获得感和幸福感；星海音乐厅、广东公益恤孤助学促进会等联合发起"音乐陪伴融合画展"，邀请孤独症孩子、智力障碍儿童、病患儿童、外来务工人员子女等参加音乐画展，享受艺术熏陶；广东省友谊剧院开展"点亮童梦行动"，邀请非遗传承培训师为外来务工人员子女带来了精彩的非遗知识分享和有趣的非遗拓印体验课程；广州市文化馆举办"小候鸟"传统文化夏令营，以丰富多元的艺术文化研学课程带给孩子们欢乐体验；江门市加大对新就业群体的关心关爱力度，组织外卖配送员、快递员、网约车司机等新就业群体家庭子女开展研学游；珠海市面向珠海市青少年、外来务工子女开展"满满当当夏令营"，使孩子们在剪纸、放

---

① 贺林平、姜晓丹：《广东经济总量首次突破13万亿元》，《人民日报》2024年1月24日。

纸鸢、排练戏剧等活动中享受珠海市优质的公共文化服务；深圳市福永街道自2014年启动"爱心课堂"项目，推出关爱留守儿童的"爱心驿站"活动，关爱特困劳务工子女的"爱心助苗"行动与"四点半爱心课堂"项目；河源市实施"新农村少儿舞蹈教室美育工程"以及"关爱边远山区留守儿童公益艺术培训工程"，组织志愿者前往村级小学对留守儿童开展文化艺术帮扶，让农村少儿在专业舞蹈教学中得到艺术文化的滋养。

丰富残障人士的精神文化世界。深圳图书馆的"阅读点亮世界，书香温暖人生"、佛山市图书馆的"阅读·温暖"视障读者关爱行动、广东省立中山图书馆的"面向视障人士的阅读推广与文化服务"等服务着力满足盲人群体的阅读需求；东莞文化馆打造"爱心文化馆"项目，组建"东莞星星联盟""心目影院"两支志愿服务队伍，为特殊群体提供公益服务和帮助（其中，"东莞星星联盟"主要为孤独症儿童及其家庭提供公益文化服务，"心目影院"通过志愿者对电影的语言描述，让视障人群在"听电影"中加深对声音、视觉和生活关系的认识）；佛山大剧院、佛山市青少年文化宫举办"多维对话·融合艺术节"项目，为特殊儿童提供无障碍空间，让特殊儿童有机会与社会各界群体发生良性互动，加深彼此的理解共融；广东省美术馆开展"艺术疗愈·病房花开"肿瘤病童艺术课堂项目，聚焦儿童肿瘤病房内的人群，尝试以文化志愿服务的形式，为病患人群带来爱的关怀与美的享受；汕头市文化馆打造"携手绣未来"项目，依托汕头市市级非遗项目潮绣、珠绣，组织文化志愿者到汕头市聋哑学校开展项目教学文化志愿服务活动。十年来开展教学活动近六百场，惠及聋哑学校学生4000余人次，在满足特殊群体的精神文化发展需求等方面发挥了积极作用。

关注工人群体特别是异地务工人员的精神文化需求。由于经济快速发展所带来的人口倒挂现象，东莞市较早开始探索农民工精神文化建设，基本形成了"政府主导、企业共建、社会参与""农民工演、演农民工、农民工看"的新莞人文化工作机制，重点打造专题服务劳动者的"同饮一江水"广东劳动者歌唱大赛品牌活动。深圳市开展异地务工人员文化服务工程公益性文化项目，市区财政、市宣传文化基金向该工程提供资金资助，建设固定的异地务工人员文化活动场所，配备专门的管理人员、设备和书籍报刊，免费向异地务工人员开放。佛山市针对产业工人群体文化消费能力不足的特点，通过常态化开展移动智能图书馆、公益电影放映、"行走佛山"公益展览进基层等系列公益活动，主动加强对产业工人配送服务。2018年5月，佛山市政府印发的《关于加强产业工人公共文化服务的指导意见》提出，2020年全面实现产业工人平等享受城镇基本公共文化服务，在产业工人聚集区建设有场所、有设施、有品牌、有队伍的综合性文化活动中心，通过馆企联姻工程、文化提升工程，实现公共文化基础设施和公共文化服务对产业工人全覆盖的目标。珠海市文化馆针对产业园区、重点企业产业工人和外来务工人员等群体开展精准文化供给活动，推动百姓舞台暨"我最OK"广东全民才艺大比拼、"滨海之声"音乐会等各类普惠性文化活动深入产业工人群体之中。

第七章

文化强省建设推进岭南文化的传承与发展

CHAPTER7

习近平总书记多次强调，中华优秀传统文化是中华民族的文化根脉，其蕴含的思想观念、人文精神、道德规范，不仅是我们中国人思想和精神的内核，对解决人类问题也有重要价值。①广东文化强省建设要把中华优秀传统文化的精神标识提炼出来、展示出来，把中华优秀传统文化中具有当代价值、世界意义的文化精髓提炼出来、展示出来，坚持推进岭南文化的创造性转化与创新性发展。

一　加强文物和文化遗产的保护利用

2020年10月，习近平总书记在欣赏潮州非遗文化作品时强调："以潮绣、潮瓷、潮雕、潮塑、潮剧和工夫茶、潮州菜等为代表的潮州非物质文化遗产，是中华文化的瑰宝。要加强非物质文化遗产保护和传承，积极培养传承人，让非物质文化遗产绽放出更加迷人的光彩。"②近年来，广东坚持以习近平新时代中国特色社会主义思想为引领，学习贯彻习近平总书记关于传承中华优秀传统文化的重要论述精神，加强文物和文化遗产的保护利用，擦亮岭南非遗的迷人光彩。

（一）夯实非遗文化的保护工作基础

开展非遗文化普查和名录建设工作。广州市、潮州市、清远市、揭阳

---

① 《习近平谈治国理政》第3卷，外文出版社2020年版，第314页。
② 《以更大魄力在更高起点上推进改革开放　在全面建设社会主义现代化国家新征程中走在全国前列创造新的辉煌》，《人民日报》2020年10月16日。

市、东莞市等地市较早开展非遗文化普查工作，全面搜集和掌握当地非遗文化的种类、分布、生存情况、保护现状等问题，运用文字、录音、数字多媒体等方式，对非物质文化遗产进行真实、系统和全面的记录。在全面普查的基础上，广东省建立起国家、省、市、区四级非遗代表名录体系，认定和抢救了一批具有历史、文化和科学价值，处于濒危状态的非物质文化遗产项目。截至2023年12月，广东省拥有世界文化遗产开平碉楼与村落1处，联合国教科文组织人类非物质文化遗产代表作名录项目5项、国务院公布的国家级非遗代表性项目165项，黄花岗七十二烈士墓等全国重点文物保护单位135处，潮州歌谣等省级以上非物质文化遗产代表性项目816项。①

推进非遗代表性项目保护。粤剧是岭南文化的重要瑰宝，有"南国红豆"之美誉，是广东的重要文化标志。自粤剧2009年被列入联合国教科文组织人类非物质文化遗产代表作名录以来，粤剧的保护与传承工作得到稳步推进。2015年，广东开始组织开展粤剧普查，收集保存上百个粤剧演出影音珍品、近500个经典剧本及一批做工精美的历届戏服、头饰珍品。建立粤剧多媒体数据库，数字化处理图片上万张、视频近300套、粤剧剧目剧本2000多个。2016年，广东省政府发布《关于促进地方戏曲传承发展的实施意见》，开展地方戏曲剧种普查经典传统剧目录制工作。2017年，以广东省省长令的形式颁布《广东省粤剧保护传承规定》。近年来，广东出版《广东戏剧文库·优秀剧作选（1949—2019年）》《粤艺春秋人物访谈录》等书籍，拍摄古腔例戏《玉皇登殿》《香花山大贺寿》等曲目，开展"粤剧往事——名人名家口述粤剧历史"等项目，接连推出"粤戏越精彩·广东省地方戏曲传统折子戏展演""粤戏越精彩·广东戏曲行

---

① 数据来源于国家文物局、中国非物质文化遗产网、广东省文化和旅游厅。

当展演""粤戏越精彩·粤剧经典折子戏赏鉴专场"等广东戏曲艺术品牌项目。目前，吕玉郎、林小群首本《牡丹亭》之"游园惊梦"，梁荫棠首本《赵子龙催归》之"甘露寺"，白驹荣、郎筠玉首本《宝莲灯》之"放子"等粤剧优秀传统剧目仍广受人民群众欢迎。

大力扶持非遗代表性传承人。2022年正式实施《广东省省级非物质文化遗产代表性传承人认定与管理办法》，详细规定了省级非物质文化遗产代表性传承人的权利与义务，实施省级以上非遗代表性传承人和项目保护单位年度履职评估，完善非遗代表性传承人和项目保护单位退出机制，夯实非遗项目保护单位和传承人履职责任。同时，广东深入开展"非遗进校园"活动，启动了非遗代表性传承人群"种子计划"与"广东首届最美非遗人物"评选活动，调动学校、非遗代表性传承人、社会团体等多方力量，为广东非遗保护发展工作注入新的活力。目前，广东各地正在探索建立非遗文化传承保护体制。2018年，广州市启动非遗工作站建设，力求将其建设成集传承、体验、旅游、教育、培训等功能于一体的综合性站点。2022年，广州市启动"非遗在社区"专项调研，探索非遗文化同潮流艺术跨界融合发展的广州模式。珠海市将非遗文化纳入职业教育体系，以"非遗+职业教育"开辟非遗保护传承新方向。梅州市蕉岭县建立了非物质文化遗产综合性传习基地，整合客家非遗文化创意资源，普及客家非物质文化遗产知识，传承客家非物质文化遗产技艺。深圳市邀请百位非遗代表性传承人在各社区常态化开展传承传习活动，尝试搭建"一十百千"梯队，即在街道配备一名非遗专干，重点培养十位社区非遗代表性传承人，全面培训百名社区非遗志愿者，广泛培养千名社区非遗爱好者。

（二）做好非遗文化的传承与传播

传承非遗文化与节日庆典结合起来，积极探索开发"非遗+演艺"新业态。广东各地抓住节日庆典这个弘扬中华优秀传统文化的重要时机，使看醒狮、观花灯、舞火龙、广府庙会、佛山行通济等特色民俗成为广东节日庆典中最受人们欢迎的亮点之一。春节期间，广州市、佛山市、江门市等地举办舞龙、醒狮贺年表演，爆竹震天，龙狮共舞；潮汕地区英歌舞表演豪迈澎湃、气势磅礴；河源市连平县忠信镇举办忠信花灯节，彩灯争艳，蔚为壮观；揭阳市蓝城区磐东街道阳美村举办以纪念东周列国时期忠臣介子推为起源的万人火把游行，火光灿烂，宛如长龙。2023年端午节期间，广州市举办了2023年广州国际龙舟邀请赛，开设广州非遗专题展，集中展示龙舟文化、传统美术等非遗项目。肇庆市金利镇举办了传统龙舟大赛暨广东省传统龙舟公开赛，弘扬"金利赛龙舟"的文化传统。汕头市、中山市、江门市、阳江市等地也纷纷举办龙舟展演、端午非遗文化节等活动，充分展示传统民俗文化的魅力。龙舞（醉龙）是中山市传统舞蹈，被列入国家级非物质文化遗产名录。《香山县志》（乾隆）记载："四月八日，僧家浴佛，里社祭神于庙，曰转龙头。是日里人奉祠，锣鼓旗帜，歌唱过城市，曰迎神，家以钱米施之，或装为神龙，歌舞数日而罢。"时至今日，在每年中山市西区街道醉龙文化节期间，仍能够看到千人醉龙大游行的盛景。

传承非遗文化与文艺展览结合起来，积极探索开发"非遗+展销"新形式。2018年首届非遗品牌大会与2023年非遗品牌大会在广州举办，搭建起全国非遗文化品牌展示传播交流平台，充分展现广东推动非遗文化创造性转化、创新性发展取得的显著成就。近年来，各类非遗文化展览活动在省内外精彩开展。广东省文化馆主办"多彩南粤、魅力非遗"广东省非物质文化遗产专题展览，惠州市举办"多彩非遗闹元宵"大巡游活动，清远市举办了涵盖陶缸、沙河鸟笼、壮族织锦、瑶族银饰等15项清远本地非遗项目的清远非遗季活动。广东非遗文化牢牢扎根南粤大地的同时，也在加强同其他省市甚至其他国家的非遗文化交流活动。新会蔡艺、白沙茅龙笔、光德陶瓷、茶坑石雕、墩头蓝布、新会陈皮、梅州客家山歌和梅县提线木偶戏共8个省级以上非遗代表性项目齐聚新疆"丝路粤风"非物质文化遗产展览。潮绣、端砚、广彩瓷、潮州木雕、枫溪手拉朱泥壶、潮州工夫茶艺等国家级非遗项目在山东省济南市中国非物质文化遗产博览会精彩亮相。

传承非遗文化与文化生活结合起来，积极探索开发"非遗+体验"新服务。广东积极履行保护传承非遗文化的责任使命，坚持多措并举，推动非遗文化融入生活、服务人民、回馈社会，让非遗文化在南粤大地焕发出持久新活力。2021年，为进一步丰富非遗文化传播模式，省文化和旅游厅在全省范围内开展省级非遗工作站申报工作，新认定了11家省级非遗工作站。在非遗项目现场举办了木偶戏、佛山陶艺、广东醒狮等展演，并设有广州剪纸灯笼制作、荔湾西关水菱角制作以及东莞莞香、佛山陶艺、韶关瑶族刺绣、江门陈皮、肇庆端砚、潮州古建筑模型赏购等丰富多彩的非遗集市活动。2023年，以岭南非遗文化元素为主基调，集广东非遗宣传推广与非遗产品销售于一体的多功能品牌门店——广东非遗生活空间正式启用，每月策划"小小非遗传承人""我与非遗周末有约"等非遗手工作坊活动，邀请不同类别的非遗代表性传承人现场分享并指导市民游客参与非遗项目体验，以品牌店为依托让广东非遗走进市民生活，让市民更好地了解非遗、体验非遗。

（三）发掘非遗文化新的时代价值

以非遗文化提升传统文化教育。在省文化和旅游厅、省教育厅等单位的指导下，广东省开展"非遗进校园"系列活动，深入挖掘整合各类优质非遗资源，将申报主体范围延伸到非遗代表性传承人、非遗项目保护单位、中小学校、工作站、少年宫等。在举行"非遗少年学"优秀案例征集活动和"非遗少年说"青少年展示展演活动的同时，引入广东省教育基金会和爱心企业，探索"政府主导+社会力量支持+各类主体参与+专业机构组织+媒体立体传播"的非遗传承新模式，力图实现从"非遗进校园"到"非遗在校园"的转变。东莞市自2014年起推出"莞脉传承之非物质文化遗产进校园"品牌活动，让东莞非遗代表性传承人开发非遗创新课程，在学生心中种下热爱传统文化的种子；汕头市以农村中小学为中心，布局"非遗进校园"项目，城区捷胜中心小学的泥塑项目、海丰附城镇南湖小学的钱鼓舞、陆丰市城东镇军潭小学的正字戏项目、陆丰市博美中学的特色舞蹈、陆河县河口中心学校的客家山歌、河田镇罗姜小学的擂茶、红海湾张静中学的渔歌舞蹈等，让学生们真切地感受到传统艺术之美；河源市康宁路小学编排"狮舞操"，以"客家猫头狮舞+传统武术"为主要内容，通过"说萌狮""写萌狮""画萌狮""做萌狮""演萌狮"的方式，开展"非遗小达人""萌狮艺术展"以及"萌狮"课间狮舞操等特色活动。

以非遗文化助力乡村振兴。习近平总书记高度重视乡村脱贫振兴工作，曾前往清远市连樟村等地进行实地考察，并指出"产业扶贫是最直接、最有效的办法，也是增强贫困地区造血功能、帮助群众就地就业的长远之计"[①]。2022年，广东出台《广东省非遗工坊认定与管理工作指引》，以传统文化项目为依托，将非遗文化与乡村振兴结合起来，走出了一条独特持续的脱贫发展之路。非遗工坊是指依托非遗代表性项目或传统手工艺，开展非遗保护传承，带动当地人群就近就业的各类经营主体和生产加工点。目前，广东各地市已设立非遗工坊近百家，取得了良好的产

---

① 《高举新时代改革开放旗帜 把改革开放不断推向深入》，《人民日报》2018年10月26日。

业带动效果。举例来说，河源市彩扎（楼镇彩扎）项目带动周边5镇13村61户村民参与流水作业，2021年产值达480万元；"忠信花灯"项目借助节庆习俗和景点合作方式，100多名传承人参与花灯制作，2021年约销售1400盏，产值达70多万元；依托"石坪茶制作技艺"项目，通过"万亩茶园基地+农户+旅游"的发展模式，辐射带动周边村民上千人参与种茶、采茶、制茶及研学，2021年总产值约5000万元。①为进一步支持对非遗工坊的宣传推广，激发非遗工坊建设的积极性，省文化和旅游厅从各市推荐的优秀非遗工坊案例中评选出"广东省2022年度十大优秀非遗工坊建设案例"，并推出广东非遗工坊系列视频，在广东新闻频道的《直播广东》、抖音号、视频号、快手号等同步推出，综合运用媒体平台对非遗工坊进行宣传。

表7-1　2022年度广东省十大优秀非遗工坊

所在市	案例名	工坊名称
广州市	打造特色文旅项目，非遗赋能乡村振兴	百匠园非遗工坊
韶关市	九龄风度颂千古，丝丝助力产业兴	宰相粉制作技艺非遗工坊
东莞市	让非遗在薪火相传、与时俱进、服务社会中焕发时代光彩	高埗矮仔肠制作技艺非遗工坊
梅州市	窑火不息，打造传统手工艺新业态，助力乡村振兴	光德陶瓷烧制技艺非遗工坊
江门市	古艺新作，传承创新，以非遗工坊促惠民增收	新会陈皮炮制技艺非遗工坊
肇庆市	在守正创新中传承广府人家舌尖上的"非遗"	肇庆裹蒸制作技艺非遗工坊
中山市	精雕细琢，刻出乡村美好生活	红古轩非遗工坊
阳江市	百年传承，延续阳江特色味道	阳江豆豉酿制技艺非遗工坊
茂名市	匠心独运，百年工艺酝酿橘红珍品	化橘红中药文化非遗工坊
潮州市	打好"科技+非遗"组合拳，催生新业态	潮州单丛茶制作技艺非遗工坊

---

① 《河源：坚持"以小见大"活化乡村非遗》，广东省文化和旅游厅网站2022年6月20日。

以非遗文化筑牢共同文化记忆。习近平总书记指出："要保护好具有历史文化价值的老城区，彰显城市特色，增强文化旅游内涵，让人们受到更多教育。"①2020年，文化和旅游部、粤港澳大湾区建设领导小组办公室、广东省人民政府联合印发的《粤港澳大湾区文化和旅游发展规划》提出发展目标：到2025年，人文湾区与休闲湾区建设初见成效，打造一批具有广泛影响力的示范项目、示范区；到2035年，宜居宜业宜游的国际一流湾区全面建成。文化遗产旅游是粤港澳大湾区建设的重要内容和载体。2020年以来，广东省对外公布了两批次共44条粤港澳大湾区文化遗产游径。粤港澳大湾区文化遗产游径以粤港澳共有的历史文化为纽带，带领游客深入各个城市的历史文化之中，拼合成一幅在古今时空中来回穿越的文化旅行线路图，串联起大湾区人民共同的历史文化记忆，丰富粤港澳大湾区的独特人文精神内涵。广东省粤港澳大湾区文化遗产游径涵括孙中山文化遗产游径、海上丝绸之路文化遗产游径、华侨华人文化遗产游径、古驿道文化遗产游径、海防史迹文化遗产游径、西学东渐文化遗产游径、近代商埠开放文化遗产游径、非物质（粤剧）文化遗产游径八大主题。这些游径主要分布于广州、深圳、佛山、珠海、东莞、惠州、中山、肇庆、江门等城市，将承载着粤港澳大湾区共同记忆和文化情感的历史文化资源连为一脉，共同展示文化交融性和岭南文化特质。

▼二 多种渠道手段弘扬红色革命文化

广东是一片具有光荣革命传统的红色热土，不仅是我国近代民主革命

---

① 《以更大魄力在更高起点上推进改革开放 在全面建设社会主义现代化国家新征程中走在全国前列创造新的辉煌》，《人民日报》2020年10月16日。

的策源地，也是国内最早传播马克思主义、最早成立共产党早期组织的省份之一。这里见证了中国共产党从新生到大革命、土地革命，再到抗日战争、解放战争等革命斗争，无数革命志士在此留下了光照千秋的革命历史和革命精神。

（一）整理挖掘红色文化资源

做好革命文物的统查与保护。2021年3月，习近平总书记在全国革命文物工作会议上指出：加强革命文物保护利用，弘扬革命文化，传承红色基因，是全党全社会的共同责任，要求各级党委和政府把革命文物保护利用工作列入重要议事日程，加大工作力度，切实把革命文物保护好、管理好、运用好。[①]广东省贯彻落实习近平总书记关于传承革命文化的重要指示精神，充分落实最新中央政策文件要求。2021年，广东省文化和旅游厅增设革命文物处。2022年3月，《广东省革命遗址保护条例》正式实施，革命遗址保护工作联席会议制度建立。2022年6月，广东省文物考古研究院增设革命文物研究所。2023年1月，广东省全面开展红色标语类革命文物专项调查，摸查出涵盖新民主主义革命时期、社会主义革命和建设时期、改革开放和社会主义现代化建设新时期、中国特色社会主义新时代的红色标语。2023年5月，省文化和旅游厅公布了广东省第二批革命文物名录，涉及不可移动革命文物69处，可移动革命文物408件（套）。至此，列入广东省革命文物名录的不可移动革命文物共1530处，可移动革命文物共4952件（套）。目前，广东在全国率先开展全省各级革命文物保存现状调查及安全风险评估工作，对革命文物做到逐一排查、重点研究，为后续开展革命文物保护修复工作提供可靠支持。在对全省革命文物进行全面整

---

① 《切实把革命文物保护好管理好运用好　激发广大干部群众的精神力量》，《人民日报》2021年3月31日。

理与评估的同时，广东省博物馆利用数字科学技术，打造广东省可移动革命文物数字化保护利用平台，树立粤港澳大湾区红色文化数字化保护传播的示范性标杆。

做好红色文化的阐释宣传工作。广东鼓励和支持高等学校、研究机构、档案文献机构开展红色文化研究与资料整理工作，挖掘展示广东红色文化的深刻内涵和历史价值。近年来，"革命遗址与红色文化传承"研讨会、"东江红军和东江革命根据地红色血脉"研讨会、纪念中共三大召开100周年研讨会、"中共南路组织建设暨革命斗争史"研讨会、"广东农民运动的兴起及其对中国革命的影响"论坛、红色档案史料文献暨"三谭"档案史料文献征集利用研讨会、"红色文化在广东实践中的传承与发展"论坛、"广州起义及其历史影响"研讨会等学术活动深化了学界对于广东红色文化内涵与价值的认识。同时，广东有关部门积极开展红色文化宣传出版工作。2020年，广州市成立中共三大研究中心，开展革命史料的抢救、征集、研究与阐释，编纂完成《中共三大研究第一辑》《中共三大历史资料汇编》《中共三大历史图录》等文献资料。2021年，省委宣传部主持编纂《红色广东丛书》，全面梳理广东红色文化资源；广东广播电视台制作推出系列融媒体节目《红色热土百年初心——广东红色故事汇》，全景式展现新民主主义革命时期中国共产党人在广东的革命斗争历程；省直机关工委等四部门联合编印《广东红色印迹图册》，收录各级文物保护单位、爱国主义教育基地、中共党史学习教育基地等在内的723个重要红色印迹点，全面直观地展示党在广东带领人民团结奋斗的红色印迹。

以多样艺术形式讲好红色故事。广东大力推动革命题材的文艺创作，力图以生动形象的艺术形式传承红色文化记忆。话剧《春园·1923》再现来自全国各地的党员代表们出席中共三大的历史场景，集中展示了共产党人为家国人民而上下求索的革命精神；粤剧电影《刑场上的婚礼》再现了共产党人周文雍与陈铁军以刑场为婚姻殿堂，双双献身革命的英烈事迹；木偶剧《游曦》讲述了广州起义女战士游曦一生追随革命，奋勇守卫天字码头而壮烈牺牲的故事；沉浸式话剧《1927永远的红色》歌颂了张太雷、梁桂华、陆更夫等先烈在广州起义中的英雄壮举；省委宣传部等联合出品的电视剧《珠江人家》展现了1927年至1950年广东风云变幻的革命历史与一代人的成长际遇，在CCTV-1黄金时段播出。广东各地市将民间艺术资源与现代艺术形式结合起来，开发了不少当地人民喜闻乐见的革命题材作品。茂名市推出的现代粤剧《红魂》讲述了烈士朱也赤的英雄传奇故事，音乐剧《我在黑暗中等待黎明》深情书写烈士李卡的不屈斗争与凄美爱情；江门市话剧《赤胆忠心龚昌荣》讲述了隐蔽战线杰出英雄龚昌荣为保卫党中央而与敌人斗智斗勇的故事；汕尾市组织创作歌曲《奔向海陆丰》、电视剧《彭湃》、西秦小戏《烧田契》等反映海丰农民运动的文艺作品；惠州市原创话剧《忠诚》将高潭甘溪党支部五名党员，在艰难险恶的环境中坚持六年隐蔽斗争的故事搬上舞台；佛山革命志士纪念雕塑创作工程选取陈铁军、陈铁儿、吴勤等革命志士为表现对象，运用革命浪漫主义和现代写实主义雕塑手法，表现革命志士可歌可泣的革命精神；韶关市举办红色家书专题音乐诗会，选取了赵一曼、夏明翰、杨开慧等烈士英勇就义前留下的书信，再现共产党人为理想和信仰艰苦斗争的伟大品格。

（二）传承赓续伟大革命精神

习近平总书记指出："我们党在长期艰苦卓绝的奋斗中，历经曲折而不畏艰险，屡受考验而不变初衷，由小到大，由弱变强，靠的还是坚定的理想信念和百折不挠的革命精神。"[①]伟大革命精神是党和国家的宝贵财

---

① 习近平：《干在实处 走在前列——推进浙江新发展的思考与实践》，中共中央党校出版社2006年版，第456页。

富，要求继承革命传统、传承红色基因，进一步发扬革命精神，为推进现代化建设提供更持久更深厚的精神力量。

促进红色遗址的公众开放与活化利用。广东是近代民主革命的策源地和先行地，是全国革命遗址延续年代最长、序列最完整、种类最齐全的省份之一。自2017年起，广东先后颁布《关于进一步加强红色军事文化遗产保护利用的意见》《广东省红色革命遗址保护利用行动实施方案》《关于加强文物保护利用改革的实施意见》《广东省实施革命文物保护利用工程行动方案》等系列文件，要求具备开放条件的国有革命遗址，应当按照国家有关规定，免费向社会公众开放。广州市陆续组织修缮了省港罢工委员会旧址、广东省立宣讲员养成所遗址、邓发故居、谭平山故居、杨家祠等革命文物，完成了中共三大会址纪念馆、农民运动讲习所旧址纪念馆、广州起义纪念馆、中华全国总工会旧址纪念馆的改扩建和环境整治工作。通过情景式、体验式、互动式的宣讲教育，将红色革命遗址打造成为习近平新时代中国特色社会主义思想的宣传阵地，面向社会公众特别是青少年群体积极开展爱国主义教育；潮州市多渠道筹措资金，采取"先易后难、分步推进"的方法，对英杰们的故居进行修缮，努力修复展现潮州进步青年投身革命文化运动壮阔历程的"左翼文化运动潮州英杰"展览馆；汕头市集多方力量修缮中央红色交通线旧址，重新唤醒了中共中央至中央苏区秘密交通线的红色记忆。中央红色交通线旧址成功入选第八批全国重点文物保护单位，旧址修缮工程被评为"2020年度广东省文物古迹活化利用典型案例"。

选取特定时间举办革命纪念活动。广东是中国共产党开展早期工人运动、农民运动和青年运动的主阵地，在此涌现了许多对中国近现代革命有重要影响的革命事件与革命英雄。辛亥革命100周年之际，"革命·再革命——从兴中会到广州政权"展览、辛亥革命100周年纪念活动回顾展、纪念辛亥革命100周年史料展等活动带领人们缅怀孙中山先生等革命先驱的历史功勋，学习为振兴中华而矢志不渝的崇高精神。2021年清明节期间，广州起义烈士陵园通过网站和微信公众号推出"云祭扫"活动；广州农讲所旧址纪念馆开展"缅怀先烈·农讲所故事"线上活动；辛亥革命纪念馆举办第五届"走读广州辛亥革命史"线上和线下扫墓活动；黄埔军校旧址纪念馆开展"诵先烈家书，奠黄埔英魂"清明祭扫活动。2022年五一劳动节期间，广州市举办第一次全国劳动大会召开100周年纪念活动，展现刘少奇、邓中夏、苏兆征、林伟民、李森等一批著名工运领袖的感人故事和精神风范；台山市举办纪念中国文化名人大营救胜利80周年活动，再现1942年秘密大营救惊心动魄的过程；汕头市举办"奏响隐秘战线凯歌"宣传纪念活动，带领人们回顾中央红色交通线上的风云变幻。在被称为"东方巴黎公社"的广州起义95周年之际，广州起义纪念馆举办"人格的力量——中国共产党人的家国情怀图片展"，展现广州起义革命者的革命情怀与家国大义。

充分利用红色文化资源开展党史学习教育。习近平总书记在党史学习教育动员大会上强调："要教育引导全党大力发扬红色传统、传承红色基因，赓续共产党人精神血脉，始终保持革命者的大无畏奋斗精神。"[①]广东依托丰富的红色资源，通过多种形式、多个平台弘扬红色传统，迅速掀起党史学习教育的热潮。2021年3月，"红色文化轻骑兵之追寻革命足迹"活动正式启动，由红色文化工作者组成的"红色文化轻骑兵"从广州出发，沿着红四师的转战路线，途经花都、龙门、紫金、海丰、普宁等五站，开展形式多样的党史学习教育。2021年4月，广东省委党史学习教育领导小组办公室印发《关于印发〈关于在党史学习教育中开展革命传统

---

① 《习近平谈治国理政》第4卷，外文出版社2022年版，第515页。

教育实施方案〉的通知》，从阅读红色经典、瞻仰革命遗址、参观主题展览、观看红色影视、唱响红色赞歌、讲好红色故事、致敬英雄模范等方面作出系统部署。省文化和旅游厅着力推动文博展览与党史学习教育深度融合，引导各地举办"红色热土不朽丰碑——中国共产党领导广东新民主主义革命历史专题展"等数百场党史主题展览，推出"看红色电影学百年党史""党史学习教育进基层"等系列活动，逐步推进红色故事进机关、进学校、进社区、进企业，广泛引导党员群众学史明理、学史增信、学史崇德、学史力行，传承红色基因，点亮信仰明灯。

（三）红色旅游延续红色记忆

红色旅游是延续革命文化记忆、培育爱国主义精神的重要途径。目前，广东共有广州市红色旅游系列景区、梅州市梅县叶剑英元帅纪念馆、惠州市惠阳区叶挺纪念馆等13处全国红色旅游经典景区，数量位居全国前列。各地依托丰富的红色旅游资源，推出形式多样的旅游精品，形成发展红色旅游的广东经验。

明确红色旅游的顶层规划部署。《中共中央关于制定国民经济和社会发展第十四个五年规划和二〇三五年远景目标的建议》明确指出：要不断发展红色旅游。《中共广东省委关于制定广东省国民经济和社会发展第十四个五年规划和二〇三五年远景目标的建议》同样指出：要大力发展红色旅游。2021年9月，省文化和旅游厅召开红色旅游线路和产品研发座谈会，策划红色旅游与生态旅游、民俗旅游、研学旅游、乡村旅游等深度融合、相得益彰的高质量产品和线路，以进一步丰富红色旅游产品供给，更好地发挥红色文化教育功能，做强做大红色旅游市场。广东各地市贯彻落实党的十九届五中全会与省委十二届十二次全会精神，结合地域特色，提出"十四五"时期发展红色旅游的战略部署。《广州市文化和旅游发展"十四五"规划》指出，要建设以"红色""东山"为主题特色的红色文化传承弘扬示范区；《珠海市"十四五"文旅融合发展规划（2020—2025）》将打造红色旅游精品、弘扬优良传统文化作为重要任务；《韶关市文化发展改革"十四五"规划》指出，要丰富提升红色旅游精品线路内涵，打响"红色韶关"品牌；《茂名市文化广电旅游体育"十四五"发展规划》指出，要积极创建红色旅游名镇，把茂名的红色资源建设成广大群众践行社会主义核心价值观的重要场所；《梅州市文化发展改革"十四五"规划》将营造红色名人文化品牌、建设红色文旅融合发展示范区作为主要任务；《汕尾市文化和旅游发展"十四五"规划》明确提出，打造红色文化旅游带。

力争实现文化资源上的开发共享。2014年12月，中央苏区红色旅游联盟第六次联席会议在梅州市召开，闽粤赣11市旅游局联合发布《红色旅游区域合作宣言》，在构建红色旅游信息平台、加强红色旅游宣传促销、打造红色旅游联盟品牌、规范红色旅游市场体系、建立红色旅游联络机制五个方面开展重点合作。2020年9月，广州地区红色文化战略联盟正式成立，中共三大会址纪念馆、毛泽东同志主办农民运动讲习所旧址纪念馆、黄埔军校旧址纪念馆、广州起义纪念馆等全市16家红色场馆成为首批成员单位，将在线上展馆、红色资源、联展联游方面实现共建共享。近年来，梅州市大力挖掘全域属原中央苏区珍贵历史资源和红色文化内涵，与邻省红色景区签署红色旅游合作宣言，打造梅州、赣州、龙岩红色旅游融合发展示范区，探索客源互送、线路互推、资源共享、市场共赢新路径，开创苏区红色旅游发展新局面；韶关市积极推动华南教育历史研学基地建设，与梅州市、清远市、云浮市共同签署"粤北四市华南研学联盟合作协议"，共同擦亮华南研学品牌；河源市促进和平县、龙川县、连平县与赣州市，紫金县与汕尾市、惠州市、汕头市、揭阳市的红色旅游资源进行连线开发、客源互通。

打造"红色旅游+"的新型发展模式。云浮市郁南县是抗日战争和解放战争的革命老区,留下了革命烈士故居等历史建筑,更兼有丰富的传统文化资源与优美的自然风光,古水道百里花海景观各种鲜花陆续盛开,连滩千亩油菜花基地的油菜花相继怒放。郁南县立足于当地独特的旅游资源,推出郁南北部红色生态之旅、探秘南江文化之旅等线路,树起"红色、古色、绿色"于一体的特色品牌。珠海市将红色旅游与海岛旅游、温泉康养、古驿道游等旅游项目有机结合起来,形成以红色为主题、形式多样的复合型旅游产品线路。潮州市、韶关市等地探索"红色旅游+体育产业"的发展模式,举办潮州骑行节、2020年南粤古驿道定向大赛(潮州潮安龙湖古寨站)、"醉美历史古镇·穿越红色石塘"趣味定向大赛等活动,引导市民游客在体育运动的过程中亲身感受红色精神。韶关市仁化县规划建设包括红军长征粤北纪念馆、红军街、谭甫仁将军旧居以及丹霞丰源温泉度假村、恩村古村等在内的红色特色小镇,打造"红色+温泉+古村"的乡村旅游产业链。揭阳市南山镇火炬村、金和镇山湖村、棉湖镇鲤鱼沟村等红色革命故地,自然风貌与人文景观相得益彰,更有擂茶、粉粿、细粄等极具特色的揭西传统美食,形成了"红色旅游+美食"的特色旅游。

▼△ 三 推动岭南文化创造性转化与创新性发展

习近平总书记多次强调,坚持中国特色社会主义文化发展道路,推动中华优秀传统文化创造性转化、创新性发展。在新的历史条件下保持岭南文化持久的生命力和旺盛的活力,就必须结合新的社会历史条件,推动岭南优秀传统文化的创造性转化与创新性发展。近年来，在各级党委政府和人民的探索下，粤剧文化、岭南建筑文化、广东饮食文化、佛山武术文化实现推陈致新，为实现中华优秀传统文化的创造性转化、创新性发展贡献了广东经验。

（一）新派粤剧：以新的艺术形式展现岭南戏曲之美

广东戏曲采西方文明之风气，继南国俊雅之精神，具有轻快流丽之特质与新颖善变之风格。粤剧作为岭南四大地方剧种之首，于2006年被列入国家级非遗代表性项目名录，2009年被列入联合国教科文组织人类非遗代表作名录。习近平总书记曾走进粤剧艺术博物馆，同粤剧票友亲切交谈，向他们提出了"把粤剧传承好发扬好"[①]的嘱托。近年来，广东采取一系列举措，推动粤剧推陈出新、与时俱进。

在世情民情深刻变化的情境下，粤剧工作者们在传承和保护粤剧的同时，采取融合创新的方式去打造体现时代精神的、群众喜闻乐见的、引领国潮时尚的精品剧目，实现了粤剧艺术的薪火传承。现代粤剧《胡不归·颦娘》在保留传统粤剧《胡不归》人物设定、关系冲突的基础上，以女性视角去审视家庭生活中的女性困局，达到观照现实的意义；新古典粤剧《倩女幽魂·爱》在保留粤剧传统韵味的同时融入现代审美，融汇多种艺术元素，呈现古典意蕴与现代价值审美的诗性艺术空间；在粤剧新剧《花月影》中，流行音乐、交响乐、电影的蒙太奇、现代舞蹈等艺术元素被大量运用，写意的荷塘与写实的亭台楼阁交相辉映，给观众带来了极致浪漫的艺术享受；粤剧电影《传奇状元伦文叙》选择了数码动画舞台背景与舞台表演相结合的方式，既有写实的手法又有粤剧艺术的写意特色，荣

---

① 《高举新时代改革开放旗帜 把改革开放不断推向深入》，《人民日报》2018年10月26日。

获第31届中国电影金鸡奖"最佳戏曲片"提名、首届中国戏曲电影展"最佳戏曲电影奖"等奖项。在对传统粤剧的剧情内涵、艺术手法进行大胆革新的同时，当代粤剧展开了新的题材探索。《梦·红船》取材于抗日战争时期粤剧红船戏班故事，红船艺人邝三华借上演《火烧黄天荡》之机，手持火把以粤剧绝技"高台照镜"跃上船顶，与敌寇同归于尽；《还金记》讲述老实淳朴的粤北山民阿金，偶然成为苏区中央银行运输队的马夫并随红军长征，历经艰险走完二万五千里长征，如数交还红军的三百两黄金，成长为坚强不屈的红军战士的传奇故事。

当代粤剧不仅在舞台艺术上进行大胆探索，也在尝试突破舞台的限制，同其他领域展开跨界联合。中国戏剧梅花奖获得者曾小敏与《原神》合作推出粤剧版《神女劈观》，一年来累计播放量达到460万，点赞50万，转发7万，在青年网络社群中产生了较大的反响与共鸣。2021年5月，珠江电影集团有限公司与广东粤剧团打造的中国首部4K全景声粤剧电影《白蛇传·情》正式上映，票房突破2300万元，创造了中国戏曲电影的最高票房纪录，荣获第32届中国电影金鸡奖"最佳戏曲片"提名、第4届加拿大金枫叶国际电影节"最佳戏曲歌舞影片"、第十九届中国电影华表奖优秀故事片等奖项。不少网友给予《白蛇传·情》以高度评价——"戏曲电影终于脱离舞台的束缚，通过CG技术走向更自由的状态"，"它开创性地为国粹带来新生"。继《白蛇传·情》之后，珠影集团与广东粤剧院再次携手推出第二部粤剧电影《谯国夫人》，该片荣获第36届中国电影金鸡奖"最佳戏曲片"奖项。除《谯国夫人》之外，珠影集团和广东粤剧院正在筹备粤剧电影《三水女儿·红头巾》，倾力打造"粤剧电影创新三部曲"，推动电影与粤剧艺术相融相促。

（二）建筑改造：推动岭南文化元素融入城市日常生活

岭南建筑既反映了本土文化特色，又吸纳中原文化和海外文化，在中国建筑之林中占有重要的地位，是岭南文化的精髓所在。总体来看，岭南建筑具有自然明朗、轻巧通透、务实通变、装饰多样等特点。以多用青砖石板砌成，外墙壁为花鸟图案的镬耳屋为代表的传统广府民居，善用"三雕两塑"、壁画、彩色玻璃等工艺进行华丽装潢的西关大屋，以佛山梁园、番禺余荫山房、顺德清晖园、东莞可园为代表的岭南园林建筑，骑楼、碉楼等西方建筑与南方传统建筑糅合而成的"折衷主义"建筑，融合中原传统建筑和岭南地域特色的客家建筑，等等，共同构成了岭南建筑景观图谱。岭南建筑彰显着岭南特色文化精神内涵，从传统岭南建筑中衍生出来的设计元素是现代岭南建筑的独特基因。

2018年10月，习近平总书记在广州市荔湾区西关历史文化街区永庆坊考察时指出："城市规划和建设要高度重视历史文化保护，不急功近利，不大拆大建。要突出地方特色，注重人居环境改善，更多采用微改造这种'绣花'功夫，注重文明传承、文化延续，让城市留下记忆，让人们记住乡愁。"[①]2020年10月，习近平总书记在汕头小公园开埠区考察时再次强调，现在我国经济社会发展很快，城市建设日新月异。越是这样越要加强历史文化街区保护，在加强保护的前提下开展城市基础设施建设，有机融入现代生活气息，让古老城市焕发新的活力。[②]在习近平总书记系列重要讲话精神的指导下，广东各地通过实施建筑"微改造"项目，将传统岭南

---

① 《高举新时代改革开放旗帜　把改革开放不断推向深入》，《人民日报》2018年10月26日。

② 《以更大魄力在更高起点上推进改革开放　在全面建设社会主义现代化国家新征程中走在全国前列创造新的辉煌》，《人民日报》2020年10月16日。

建筑元素融入现代都市和乡村景观。在提升整体环境和空间质量的同时，延续历史记忆与地域文化，从而使历史建筑在更新改造中获得新生。

《广州市文化和旅游发展"十四五"规划》指出，以"西关骑楼环"为主圈轴，规划建设串联不同主题的历史文化步径，打造多元慢行生活网络，建成具有西关人文特色和老城脉络肌理的"西关漫道"系统；《潮州市国民经济和社会发展第十四个五年规划和2035年远景目标纲要》提出，强化"潮文化"城市标识，以"绣花"的功夫把精细精致的"潮味"元素融入城市建设与管理的全领域各方面，推进城市品质升级；《佛山市文化广电旅游体育发展"十四五"规划》提出，构筑岭南传统建筑的视觉美学和宜居空间，推动现代摩登都市城市风貌和老城历史传统风貌和谐相融；《中山市文化广电旅游发展"十四五"规划》提出，通过名人历史元素塑造中山城市文化符号，展现城市历史风情，凸显城市文化亮点，推动历史文化融入升华；《东莞市国民经济和社会发展第十四个五年规划和2035年远景目标纲要》提出，推进岭南文化符号体系建设，充分融入城市公共建筑、公共空间的整体规划、建设和管理。目前，佛山岭南新天地、汕头小公园等历史街区保护性改造项目较好地实现了对岭南建筑特色和岭南文化的传承，摆脱了快速城市化建设中"千城一面"的弊病，生动展现出岭南文化的独有风韵。

（三）食在广东：广东文化旅游产业新的重要增长点

民以食为天，食是民之本。饮食文化是地域文化的重要组成部分，映照出该地的风土人情与文化精神。广东饮食文化是广东重要的文化体系内容之一，早在民国时期，"食在广州"的名号便随着广东地区繁华的商业贸易广泛传扬。在建设文化强省的战略背景下，传承发扬广东饮食文化，树立具有强大竞争力和影响力的美食品牌，是提高广东文化软实力的重要内容，能够为广东文化旅游产业提供持续的发展驱动力。

广东饮食文化历史悠久，各地美食种类繁多、风味独特、制作工艺精湛。粤菜烹饪技艺、客家菜烹饪技艺、揭阳酱油酿造技艺、石湾玉冰烧酒酿制技艺、肇庆裹蒸制作技艺等数十项饮食制作技艺入选省级非物质文化遗产代表性名录。其中，凉茶、潮州菜烹饪技艺、米粉制作技艺（沙河粉传统制作技艺）、月饼传统制作技艺（安琪广式月饼制作技艺）入选国家级非物质文化遗产代表性项目名录。随着广东各地市饮食文化的日益繁荣，"食在广州"已经逐渐演变为"食在广东"。2014年，潮州市入选由中国国际广播电台主办的"全球网民推荐的最中国美食城市"；同年12月，广东顺德被联合国教科文组织授予"世界美食之都"称号；2023中国美食旅游发展论坛上，广州市、佛山市顺德区入选"中国美食旅游十城"；2023年10月，潮州市成为广东第二个获得"世界美食之都"称号的城市。

一方面，广东通过拍摄美食纪录片的方式，展现广东饮食文化的深厚底蕴和独到之处，不断增强广东饮食文化在全国乃至全世界的影响力和号召力。2014年，美食纪录片《味道中山》在中央电视台纪录频道播出，以美食反映岭南地区独特的历史底蕴和人文情怀；2016年以来，广东卫视陆续推出《老广的味道》第1—8季，将其打造成为代表老广美食风味和岭南文化风情的重要名片；2016年，美食纪录片《寻味顺德》在中央电视台纪录频道上映，以顺德美食故事呈现顺德独特的人文气质和精神基因；2019年上映的《风味原产地·潮汕》从潮汕美食中反映潮汕人的迁徙、生根和繁衍，展现出潮汕人身上独特的性格特点和精神；2020年，美食纪录片《寻味东莞》在广东卫视首播，从"天时""地利""人和"三重视角讲述东莞美食与人文历史；2021年，侨乡美食纪录片《五邑侨香——"粤菜师傅·四海同享"》上映，展示了江门美食文化与侨乡人文底蕴；2022

年，讲述"千年美食"裹蒸传承故事的纪录片《Bound by Rice》（稻路）荣获第十二届北京国际电影节短视频单元"最具国际影响力作品"奖项。另一方面，广东各地市积极筹办美食文化活动，韶关市"韶关味道"旅游美食季、阳江市"漠阳味道"美食节庆活动、河源市"吃遍河源·百家百菜百汤"活动、汕尾市"陆丰味道"美食文化节、清远市清远鸡美食旅游文化节、潮州市"潮州美食大行动"系列活动、佛山市顺德美食文化节等活动，为全国乃至全世界人们搭建起"以美食促人文"的桥梁。

目前，传承壮大岭南饮食文化已经纳入多个地市的"十四五"发展规划当中。《广州市文化和旅游发展"十四五"规划》指出，组织"粤食粤有料"等活动，推出一批岭南文化、粤菜美食、非遗民俗等特色文化和旅游产品；《佛山市文化广电旅游体育发展"十四五"规划》提出深入建设"世界美食之都"的发展目标，实施"岭南味、佛山品"行动，擦亮"世界美食之都""食在广东、厨出佛山"的金字招牌，打造世界知名的"粤菜粤厨名城"；《梅州市文化广电旅游体育发展"十四五"规划》提出，发展以"客家长寿菜"为品牌的养生文化，推出梅州美食地图、美食纪录片、美食真人秀，举办特色文化美食节庆活动；《汕头市国民经济和社会发展第十四个五年规划和二〇三五年远景目标纲要》提出创建"世界美食之都"的发展目标，挖掘传统烹饪技艺、加强老字号保护，培育美食传承人，系统谋划"盛宴汕头"系列品牌节会体系，与央视、省级媒体、新媒体联合打造美食栏目《品味汕头》；《中山市国民经济和社会发展第十四个五年规划和2035年远景目标纲要》提出，深挖中山美食文化内涵，探索美食品牌化、集团化、社会化经营，擦亮"中国粤菜名城"金字招牌；《江门市文化和旅游发展"十四五"规划》提出，举办"五邑家宴"美食嘉年华，擦亮"世界名厨之乡"名片，全面梳理形成江门美食菜品名录。

（四）功夫之城：打造具有岭南文化特质的城市品牌

中国武术文化作为民族传统体育文化的典型代表，蕴含着民族精神，展现着民族气质，是中华优秀传统文化的瑰宝。20世纪以来，中国传统武术文化通过功夫电影等形式广为流传，使功夫文化成为中国的重要文化符号。在现代化建设背景下，传统武术不应当仅仅存留在"非遗宝库"和影视剧作当中，而应当成为文化强省建设与体育强省建设的重要部分与助推力量。

广东佛山是明代武状元朱可贞、清代武状元姚大宁，著名武术大师黄飞鸿，咏春宗师梁赞、叶问，著名功夫明星李小龙的故乡，也是中国南派武术的主要发源地。咏春拳、蔡李佛拳、洪拳等南派武术拳种的根源都在佛山。目前，洪拳、咏春拳、蔡李佛拳、鹰爪拳入选省级非遗名录；南家拳、六合八法拳、白眉拳、龙形拳、熊氏少林大易筋经入选市级非遗名录。2004年，中国武术协会授予佛山市"中国武术之城"称号。近年来，佛山市把武术文化列入岭南文化名城建设、传承岭南广府文脉的核心内容。2016年7月，佛山市政府印发《佛山市武术文化发展三年行动计划》，围绕"擦亮一张名片（佛山功夫），打造两个高地（武术文化事业和武术文化产业）"的目标，以武术文化建设为抓手，营造武术文化氛围，建立武术文化产业环境。2020年5月，佛山市政府颁布《佛山市加快建设"世界功夫之城"实施方案》，努力把佛山功夫打造为国际知名的城市名片，为建设高质量文化导向型名城提供重要支撑。

佛山市将树立国际功夫影视品牌作为传承发展武术文化的重要抓手。2017年8月，佛山市出台《佛山市扶持影视产业发展的若干政策》；2017年11月，佛山市首次举办功夫电影周，对功夫影视的优秀创作者和优秀影片进行致敬授荣；2019年12月，中国（佛山）大湾区功夫电影周遴选出40

多部中外功夫动作电影在全市影院展映，为珠三角乃至全国各地的电影爱好者带来功夫视听盛宴；2020年两会期间，多位政协委员联合递交提案，建议设立中国功夫电影节并落户佛山，推动佛山功夫文化历史资源与粤港澳大湾区丰富的影视力量实现双向良性互动；2023年11月，中国·佛山大湾区功夫电影周开幕式暨舞剧《咏春》展演在佛山大剧院举行。近年来，佛山市依托西樵山国艺影视城、南海影视城等影视基地，建设多个功夫影视片区，引入知名电影电视导演，制作高质量佛山功夫题材的电影、电视剧、纪录片和动漫作品超百部。佛山粤剧传习所等单位推出了《鸿胜馆》《将军令》等功夫粤剧，集粤剧、武术和醒狮等佛山三大名片于一体，以新的艺术形式打响佛山功夫影视品牌。

在推进影视品牌建设的同时，佛山市扎实推进武术高端赛事、武术文化、武术表演、武术旅游等业态融合发展，大力推动武术文化体验项目建设。自2018年以来，佛山市成功举办四届佛山武林大会，该活动已经成为佛山市最大规模的武术文化品牌活动。第四届佛山武林大会暨2022佛山功夫文化交流大会设立"三大核心"和"三大常规"武术竞赛。"三大核心"赛事包含传统南狮锦标赛、自由搏击和传统武术。"三大常规"赛为六大拳种赛事，包含太极拳、蔡李佛拳、咏春拳等，百余支队伍、五千多名运动员参与盛会。"亚洲杯"武术散打比赛、全国武术散打职业联赛、佛山传统武术国际邀请赛、广东省武术精英大赛、全国体育传统项目学校联赛武术赛等武术赛事也纷纷在佛山市举办。目前，佛山市正在依托丰富的武术文化资源打造功夫旅游线路、创建功夫类型景区，努力打造粤港澳大湾区武术交流中心，加快建设西樵山听音湖片区、东洲鹿鸣体育小镇的"功夫文化体验区"，推动武术与影视、培训、演艺、博物馆、展览、康养、创意设计、动漫、推拿、电竞、旅游等业态融合发展，打造一批武术旅游的网红打卡地。

第八章

文化强省建设深化拓展文化传播与交流

CHAPTER8

广东是我国通往世界各国的"南大门"，是岭南文化、港澳台文化、华侨文化、西方文化等多元文化的集萃之地。广东不断巩固自身的文化优势，借助文化交流讲好中国故事、湾区故事、广东故事，让世界看到中国的进步与发展，看到广东的底蕴与特色，让中国特色社会主义文化与岭南文化在同其他地域文化的"各美其美""美美与共"中不断增强吸引力、影响力、感召力。

一　文化强省建设展示中华民族现代文明

广东既是我国改革开放的最前沿，在国家对外战略中扮演着重要角色，也是我国对外文化交流的最前沿，肩负着向世界展示中华民族的现代文明成就的重要责任，为中华文化的传播和国家形象的塑造发挥积极作用。

（一）依托国家重大战略扩大广东文化影响力

广东借助国家平台努力推送广东文化产品和服务"走出去"。"欢乐春节"品牌活动是文化和旅游部在海外推出的大型文化交流活动，遍及多个国家和地区，成为中华文化走向世界、世界人民读懂中国的重要窗口。广东采取省市合作运作的模式，突出各地市文化特色，以购买服务、提供平台等手段调动全省文化系统资源，积极参与"欢乐春节"品牌活动，既坚持讲好中国故事、唱响中国声音，同时又注重突出广东文化特色、彰显岭南优秀文化，将粤剧、潮剧、民乐、杂技、武术、醒狮等极具代表性与观赏性的优秀地方艺术推向世界。近年来，广东文艺组团陆续在美国、加拿大、巴拿马、英国、德国、法国、瑞士、毛里求斯、南非、新加坡、印度、澳大利亚、新西兰等地献上精彩演出，广泛地激活了海外粤籍华侨的力量。目前，广东与多国华人文化机构形成常态化合作，每年春节期间多批潮剧团、舞狮团受邀参加当地节庆演出活动。2019年，应柬埔寨柬华理事总会等邀请，汕头市潮剧潮乐艺术团赴柬埔寨举办"盛世中华伟大复兴——庆祝中华人民共和国成立70周年潮剧潮乐晚会"，为华侨华人和群众献上潮剧潮乐盛宴。在为海外华侨民众献上精彩演出的同时，多位粤菜烹饪大师组成"欢乐春节——行走的年夜饭"粤菜饮食文化代表团，赴哥斯达黎加、巴拿马等地进行广东美食文化对外交流活动，以美食传递文化，扩大中华美食文化的世界影响力。

广东同国外中国文化中心等机构开展对口合作，探索对外文化交流工作转型新思路，圆满完成了一批规格高、影响大的文化交流活动项目。2014年，同悉尼中国文化中心联合举办"悉尼·中国广东文化周"活动，组织广州交响乐团、知名画家、国家级非物质文化遗产人等赴澳大利亚悉尼及周边城市举办了一系列展演活动，有效促进了广东与澳大利亚的文化交流与合作；2017年，同墨西哥中国文化中心开展年度对口合作，广东艺术团赴墨西哥参加"中国文化年"活动以及"中华风·岭南韵"系列文化展演活动；中英建交45周年之际，应英中国际友好交流中心的邀请，来自清远连南瑶族自治县、汕尾海丰县、广州市粤剧院的民间艺术表演队伍组成广东省民间艺术团，前往伦敦、南安普敦等地表演粤剧、长鼓舞、瑶族民歌、汕尾麒麟舞等节目；2018年，在文化部组派下，深圳艺术团在智利的布达维尔、佩尼亚洛伦和圣费利佩三地开展"南方以南"专场演出，以歌舞、杂技、中国民乐等艺术形式，向智利讲述中国故事，传递深圳声音；2023年，同开罗中国文化中心联合主办粤港澳大湾区世界级旅游目的地推介暨"魅力广东"视觉展，以"粤游四色"为主题，通过视频图文等形式展现广东优质多元的文化旅游资源，重点推介以休闲美食游、人文历史游为特色的"一程多站"粤港澳大湾区旅游线路，立体呈现广东之美、大湾区之美。

广东紧紧抓住国家强力推动"一带一路"建设的重要契机，密切配合国家关于"一带一路"部署，依托文化和旅游部、海外中国文化中心、驻外使领馆等资源，落实一批重要文化交流合作项目。广东粤剧团、广东民族乐团、广东南方艺术团等顶尖艺术乐团在新加坡、泰国、马来西亚等海上丝绸之路沿线国家开展"中国广东文化丝路行""丝路花语——海上丝绸之路文化之旅""月圆四海：广东精品文化丝路行"等主题巡演，为当地民众献上以海上丝绸之路为题材创编的大型新编粤剧《南海一号》等精彩剧目，为当地民众带来关于海上丝绸之路的无尽畅想。在主题巡演之外，广东省博物馆等单位主办的"东西汇流——13至17世纪的海上丝绸之路""辽阔的南海——广州与海上丝绸之路"等主题展览也陆续在海丝沿线城市开展，展现海上丝绸之路的悠远历史与壮丽景象。在广东唤醒海丝沿线国家文化记忆的过程中，广州市充分发挥海丝申遗联盟牵头城市作用，实施海丝申遗三年行动计划，推动建立和完善南海区域合作机制，积极开展与海丝沿线国家的文化交流、联合学术研究、人才交流合作，推动广州市成为海丝沿线城市文化、经济要素有序自由流动和优化配置的平台。

（二）精心打造国际文化品牌活动

结合广东省文化体制改革发展以及扩大对外开放水平的需求，广东省委、省政府组织实施了一系列高质量高水平的文化"走出去"项目，生动展示中华文化魅力和岭南文化魅力，在欧美、东盟、非洲以及大洋洲等地区打响了广东文化品牌。

广东定期举办多种类型的国际文化交流活动，努力推动社会资源投入，调动多方积极性，吸引来自世界各地的民众广泛参加。一是国际文化艺术节。中国国际马戏节、华人文化艺术节、广东国际青年音乐周、广州国际音乐节、广东国际艺术周、广州国际户外艺术节、广东国际摄影艺术节、广州爵士音乐节、广州海珠湿地国际音乐节、南海大地艺术节、连州国际摄影年展、"和颜粤色"国际音乐节等国际文化交流品牌活动，扩大了岭南文化的国际影响力，促进了国内外文化艺术的交流融合发展。二是国际电影节。广州国际纪录片节在2003年首次举办，旨在推广纪录片艺术，促进国际纪录片交流与合作，已成为中国乃至亚洲最具影响力的纪录片节之一。第二十届广州国际纪录片节共计收到来自156个国家和地区的7280部作品参评参展，其中近半来自共建"一带一路"国家。华语纪录电影大会以华语纪录电影为桥梁纽带，汇聚了来自海峡两岸暨香港的电影艺术工作者，展示中华文明与世界文明的交融互鉴，中华优秀文化的薪火相传。三是国际美食节。自1987年起，广州市在每年秋季广交会前后举办广州国际美食节。经过30余年的发展，广州国际美食节已然成为餐饮行业的盛会和中外饮食文化交流的盛会。2023年广州国际美食节汇聚了来自不同国家和地区的各类美食，主会场和各分会场共吸引了约80万人次参与活动。四是国际文旅活动。梅州市抓住当选2023年度"东亚文化之都"的重要机遇，组织实施"2023东亚文化之都·中国梅州活动年"系列活动，以"彰显客都梅州风采，促进东亚文化交融"为主题，策划组织梅州客家山歌等"十大文化交流精品项目"，全力展示客家特色文化。

广东与海外政府及文化组织建立长效交流合作机制，开展各式各样的文化推广活动。2015年，广东艺术团出访斐济开展文化交流访问，为当地人民奉献精彩而富有岭南特色的歌舞、杂技、武术、粤剧、民乐、木偶、魔术等节目；韶关市乳源瑶族自治县成立文化交流演出团，赴汤加、密克罗尼西亚进行文化交流演出活动，通过精彩的瑶族歌舞表演、多彩的瑶族服饰展示神秘、梦幻、美丽的瑶族文化。2016年，广东原创舞剧《沙湾往事》登上美国纽约林肯艺术中心，大型民族交响乐及非遗展示表演《中秋盛典》《丝路粤韵》选送至美国参加"跨越太平洋——中国艺术节"系列演出活动。2017年，广州国际友城文化艺术团赴瑞典林雪平、芬兰坦佩雷等友好城市进行文化交流演出，通过中西合璧、独具特色的文艺演出塑造广州开放包容、繁荣多元的城市文化形象，增强了广州在国际友城中的文化魅力；广东粤剧院应邀在新加坡中国文化中心和新加坡华族文化中心上演了《粤剧折子戏专场》《白蛇传》《兰陵王》等三台大戏。2018年，广东艺术团以"中华风·岭南韵"为主题，在美国波士顿、丹佛、柯林斯堡、圣路易斯、底特律、明尼阿波利斯六座城市进行演出，向当地华侨华人、中资企业人员、留学生等送上新春祝福。2019年，广东现代舞团赴法国、葡萄牙等地，为当地人民献上《须弥芥子》《临池舞墨》《本初》等具有中华传统文化底蕴和中式艺术审美意趣的文艺佳作；汕尾市陆丰皮影戏经中国木偶皮影艺术学会推荐，作为唯一一支中国专业团队，赴加拿大参加萨格奈国际戏偶艺术节演出；汕头文化艺术团在泰国曼谷举办汕头文化周活动，以杂技、歌舞、小品、话剧等丰富多彩的艺术形式展示潮汕非遗文化，为海外潮人记住乡愁架起文化桥梁。2023年，广州市组织文化艺术团赴冰岛雷克雅未克、塞浦路斯利马索尔举办"中国文化日"暨广州文化艺术团交流演出活动，通过粤剧粤曲、岭南木偶、歌舞杂技等富有岭南特色的文化表现形式展示广州风韵；广州青年交响乐团代表国家前往西班牙参与马德里"城市之夏"艺术节，深化了两国文化艺术领域的交流合作。

（三）加强广东国际性文化交流平台建设

习近平总书记向2021年"读懂中国"国际会议（广州）开幕式发表致辞时指出："世界进入动荡变革期。在此关头，我们更需要增进思想沟通，促进交流合作，为携手应对全球性挑战贡献智慧和力量。"①广东充分发挥地理区位、经济基础、文化资源等方面的优势，努力建设国际性文化交流平台，促进不同国家和地区之间的文化交流与合作。

充分利用对外新闻传媒平台，努力在国际舆论场上放大"广东声音"，引导人们更加全面客观地认识当代中国，认识当代广东，树立良好的广东形象。2016年3月，由广东省委外宣办指导、南方报业传媒集团承建的"今日广东"国际供稿中心上线运行。该平台依托南方报业传媒集团时政类、都市类、财经类、人物类、文化类五大媒体集群以及平面媒体、网络媒体、移动媒体、广电媒体、户外LED和电子阅报栏六大产品线的强大内容生产能力和资源集聚能力，大力整合全省各相关部门、主要媒体及21个地级以上市的丰富资源，向海外媒体免费提供文字、图片、报刊版面等内容，为海外华文媒体提供优质信息服务和强有力的支撑。2023年2月，大湾区（南沙）国际传播中心启用，32家境内外主流媒体机构首批入驻大湾区（南沙）国际传播中心，组成协同联动的国际传播矩阵，打造具有国际影响力的外宣阵地，成为世界读懂中国、读懂广东的重要窗口。2023年11月，广东省国际传播工作的重要阵地——广东国际传播中心（GDToday）正式成立。GDToday基于社交媒体形态开展工作，尤其重视视频形态和网红元素的运用，以英、葡、法等外文和粤语等方言为全球受众提供准确、及时的新闻报道和丰富的视听服务，对外讲好中国故事、粤

---

① 《习近平向2021年"读懂中国"国际会议（广州）开幕式发表视频致辞》，《人民日报》2021年12月3日。

港澳大湾区故事和广东故事。GDToday英文客户端的正式上线，标志着粤港澳大湾区国际传播旗舰媒体正式启航。

广州市是国家中心城市、综合性门户城市、省会城市，深圳市是经济特区、全国性经济中心城市、中国特色社会主义先行示范区，两市在网络外宣方面作出了积极探索。《中共广东省委广东省人民政府关于贯彻落实〈粤港澳大湾区发展规划纲要〉的实施意见》明确指出：支持广州建设岭南文化中心和对外文化交流门户，扩大岭南文化的影响力和辐射力。目前，广州市文化广电旅游局已创建及运营的海外社媒平台涵括Facebook、Twitter、Instagram、YouTube四大核心平台，从花城、美食、历史、粤语、非遗等方面，多维度展现生动鲜活的广州城市国际文化旅游形象，向全球讲好"广州故事"，以文化建设为突破口，为打造全球化、国际化的城市形象提供支撑。2023年第一季度，广州文化旅游海外社媒四大平台主页发布帖文超280篇次，全球各地粉丝阅读量超207万。[①] "广州故事海外传播使者行动——广州市文旅品牌国际传播案例"荣获2023世界城市品牌大会"国际传播优秀案例"奖。2016年5月，深圳市委英文门户网站"爱深圳"（EYESHENZHEN）上线，依托英文版《深圳日报》，在内容创作方式上注重将"刚性内核"与"柔性包装"相结合，为访问者提供良好的阅读体验和视觉效果。2023年7月，深圳广电国际传播中心正式成立，努力构建富有深圳特色的"1+3+3+3"国际传播体系。打造1个"深圳故事"国际传播名片，站在跨文化交流的高度上讲好深圳故事，让世界从深圳读懂中国；打造3大内容品牌，即深圳卫视新闻节目《直播港澳台》、全媒体新闻品牌"直新闻"、英文项目ShenzhenChannel；实施3个"做强做优"，一是做强做优国际传播视听产品，二是在传统平台、社交平台和多

---

① 《广州市文旅品牌国际传播案例荣获"长城奖——文旅好品牌"奖》，《信息时报》2023年7月6日。

元媒介全面发力，三是做强做优国际传播服务；打造3个"大传播"实践范例，打造"深港澳台"资源联动平台、打造大湾区国际交流活动品牌、打造符合共同利益的国际传播共同体。

华侨华人众多是广东的特殊省情和独特优势。为了促进华侨华人之间以及与中国的文化交流与合作，广东加快建设华侨华人文化交流合作平台。江门市开展以"人文湾区魅力侨都"为主题的华侨华人文化交流合作活动月，推出数十项涵盖侨务、文化、旅游、体育等多领域的华侨华人文化交流合作活动，充分展现出"中国侨都"现代、开放、创新、自信的精神风貌，承担起建设华侨华人文化交流合作重要平台的历史重任。梅州市发挥700多万客家籍华侨华人遍布世界80多个国家和地区的优势，申请加入海丝申遗城市联盟，在美国芝加哥设立客家山歌教学中心，为海外客属团体、华侨华人以及对客家文化感兴趣的群体进行客家山歌授课。2022年9月，广州市番禺区沙湾古镇、广州瓜岭华侨文化古村落、深圳市坪山区东江纵队纪念馆、中国文化名人大营救纪念馆、潮州市潮安区龙湖古寨、广东省英德华侨农场、佛山市顺德区冰玉堂自梳女展览馆、肇庆市高要区回龙镇、潮汕历史文化博览中心入选第十批"中国华侨国际文化交流基地"；2023年12月，孙文西路历史文化街区、唐家历史文化街区、肇庆市四会市威整镇、江门长堤历史文化街区、东源县黄村崇伊中学、广东省厨艺技工学校入选第十一批"中国华侨国际文化交流基地"。广东多地入选中国华侨国际文化交流基地，既是对广东华侨文化历史的尊重，又是对当下广东华侨华人文化建设工作的高度认同。

二 文化强省建设推动湾区文化的共建共享

粤港澳三地同根同源、同声同气，人缘相亲、民俗相近，以中华文明为根，以岭南文化为脉，有着共同的文化根基。广东积极发挥岭南文化作为粤港澳共同文化基因的重要作用，着力推进粤港澳大湾区文化互融互通、共建共享，支持香港、澳门更好地融入国家发展大局。

（一）共建"人文湾区"是文化强省建设的重要内容

2018年11月，习近平总书记在会见香港澳门各界庆祝国家改革开放40周年访问团时指出："实施粤港澳大湾区建设，是我们立足全局和长远作出的重大谋划，也是保持香港、澳门长期繁荣稳定的重大决策。建设好大湾区，关键在创新。要在'一国两制'方针和基本法框架内，发挥粤港澳综合优势，创新体制机制，促进要素流通。"①2023年4月，习近平总书记在广东考察时再度强调："粤港澳大湾区在全国新发展格局中具有重要战略地位。广东要认真贯彻党中央决策部署，把粤港澳大湾区建设作为广东深化改革开放的大机遇、大文章抓紧做实，摆在重中之重，以珠三角为主阵地，举全省之力办好这件大事，使粤港澳大湾区成为新发展格局的战略支点、高质量发展的示范地、中国式现代化的引领地。"②粤港澳大湾区建设，是习近平总书记亲自谋划、亲自部署、亲自推动的重大国家战略，是进一步深化改革、扩大开放的有力举措，也是保持香港、澳门长期

---

① 习近平：《会见香港澳门各界庆祝国家改革开放40周年访问团时的讲话》，《人民日报》2018年11月13日。

② 《坚定不移全面深化改革扩大高水平对外开放　在推进中国式现代化建设中走在前列》，《人民日报》2023年4月14日

繁荣稳定和丰富"一国两制"实践的重大创举。习近平总书记赋予粤港澳大湾区以新发展格局的战略支点、高质量发展的示范地、中国式现代化的引领地的全新定位，要求广东在新的更高起点上谋划推进粤港澳大湾区建设，统筹推进粤港澳三地经济建设、政治建设、文化建设、社会建设、生态文明建设，处理好各方面关系，使各项工作相互配合、相互促进、相得益彰。

2002年，粤港澳三地建立起粤港澳文化合作会议，携手谋划开展演艺、文博、非遗、公共服务、文化产业等多个领域的交流活动。2014年6月，粤港澳文化合作第十五次会议签订了《粤港澳文化交流合作发展规划》，在推动优秀文艺作品、文博藏品巡演巡展，提升公共文化服务水平等方面重点加强合作。2017年6月，在粤港澳文化合作第十八次会议上，三地达成了推进"一带一路"文化交流、加强品牌建设、完善合作机制等共识，签署了《粤港澳共同推进"一带一路"文化交流合作意向书》《粤港澳青少年文化交流合作意向书》等重要文件。2019年2月，国务院印发《粤港澳大湾区发展规划纲要》，强调从塑造湾区人文精神、共同推动文化繁荣发展、加强粤港澳青少年交流、推动中外文化交流互鉴等方面共建"人文湾区"。"人文湾区"的建设战略赋予了广东文化强省以崭新的目标、任务和方向。随后，省委、省政府印发《关于贯彻落实〈粤港澳大湾区发展规划纲要〉的实施意见》，广东省推进粤港澳大湾区建设领导小组印发《广东省推进粤港澳大湾区建设三年行动计划（2018—2020年）》。同年，《广东省推进"粤港澳大湾区文化圈"建设三年行动计划（2019—2021）》出台，标志着粤港澳大湾区文化圈建设重点工作全面启动。2020年12月，文化和旅游部、粤港澳大湾区建设领导小组办公室、广东省人民政府联合印发的《粤港澳大湾区文化和旅游发展规划》提出：到2025年，人文湾区与休闲湾区建设初见成效。文化遗产有效保护传承，文化艺术精品不断涌现，公共文化服务体系和文化产业体系更加健全，社会文明程度得到新提高，公民文明素质明显提高，人民精神文化生活日益丰富，粤港澳合作更加深入，市场发展活力充沛，中外人文交流互鉴成效显著，打造一批具有广泛影响力的示范项目、示范区。到2035年，宜居宜业宜游的国际一流湾区全面建成。粤港澳大湾区文化事业、文化产业和旅游业实现高质量发展，社会文明程度达到新高度，文化软实力显著增强，中华文化影响力进一步提升，多元文化进一步交流融合，世界级旅游目的地竞争力、影响力进一步增强。

2023年6月，粤港澳文化合作第二十一次会议在中山市召开，围绕演艺人才交流及节目合作、公共图书馆及文化资讯合作、文博合作、非物质文化遗产交流与合作以及文化产业合作进行了深入交流探讨，发布了第三届粤港澳大湾区文化艺术节和粤港澳文化资讯网升级两个合作项目内容。2023年11月，广东省政府办公厅印发《"数字湾区"建设三年行动方案》，提出加快大湾区智慧文旅建设，通过数字化平台发布和共享三地文旅资源和信息，探索在文化交流等领域共建更多智慧城市应用场景等重要举措，以"数字湾区"建设推进"文化湾区"建设。

（二）加强湾区文化艺术领域的联动合作

粤港澳三地积极配合推进粤港澳大湾区建设，积极开展各类大型文艺活动的联合主办和内容合作，举办了粤港澳大湾区文化艺术节、粤港澳大湾区舞蹈周、粤港澳大湾区曲艺艺术周、粤港澳粤剧群星荟、粤港澳粤剧新星汇、"京腔粤韵唱响湾区"文艺演出活动、"湾区升明月"2023大湾区电影音乐晚会、"畅响湾区"系列音乐会等大型文艺演出，举办了"铸梦粤港澳大湾区"全国摄影大赛、粤港澳台魔术节、粤港澳大湾区杂技艺术周、粤港澳海洋生物绘画比赛、"品读湾区"9+2城市悦读之旅等精品活动，联合打造歌剧《乡村骑士》《丑角》、戏曲音乐剧《一代天骄》《妈祖》《冼夫人》、粤剧《镜海魂》《无声的功勋》等优秀剧目，进一步拓宽了艺术家及艺术团体演出渠道，为大湾区人民奉献视觉艺术盛宴。其中，2023年粤港澳大湾区优秀剧目展演季为大湾区人民献上30余个精彩剧目，40余场线下演出，在东莞玉兰大剧院、深圳保利剧院、深圳坪山大剧院、惠州文化艺术中心、珠海大剧院保利院线华南区域5家剧院轮番上演，为人文湾区注入文化活力。

粤港澳大湾区积极整合各地的文化资源和展览设施，举办更具规模和影响力的展览活动。"三城记——明清时期的粤港澳湾区与丝绸外销""珠水一派：20世纪粤港澳大湾区美术名家精品展""海上丝路·双城忆——清代广州十三行之广州与澳门印迹"等展览，追寻粤港澳大湾区共同的历史文化记忆；"戮力同心——粤港抗战文物展""红色湾区——中国共产党在粤港澳""文学之桥——鲁迅与粤港澳大湾区进步文学"等红色文化主题展览，展现了粤港澳地区深厚的红色文化底蕴；"岭南潮声——粤港澳大湾区美术作品展""岭南新轴线——粤港澳中青年艺术家邀请展""岭南潮声——粤港澳大湾区美术书法作品展""臆象——粤港澳当代水墨艺术谱系""立德树人——粤港澳台美术作品联展"等展览呈现了新时代粤港澳大湾区的自然之美、城市之美、人文之美。现今，已经基本搭建起以粤港澳大湾区主要城市为支撑点，覆盖粤港澳大湾区城市群的文化展览平台，能够让三地人民在多样化的艺术展演中得到充分的精神享受。2023年11月，粤港澳大湾区博物馆联盟宣告成立，广东省博物馆（广州鲁迅纪念馆）、广东美术馆、香港历史博物馆、澳门博物馆等24家成为首批联盟成员。未来，粤港澳三地博物馆将以联盟为平台，围绕人员交流、学术研究、文物保护、展示传播、活动策划、文创开发、数字化建设等方面开展深入交流与合作，助力粤港澳大湾区博物馆事业高质量发展。

2020年10月，习近平总书记在深圳经济特区建立40周年庆祝大会上的讲话中提出：积极作为，深入推进粤港澳大湾区建设，要充分运用粤港澳重大合作平台，吸引更多港澳青少年来内地学习、就业、生活，促进粤港澳青少年广泛交往、全面交流、深度交融，增强对祖国的向心力。①针对青年学生，粤港澳三地联合开展了粤港澳青年文化之旅、粤港澳青少年粤剧艺术交流夏令营、粤港澳大湾区青年篮球文化节、粤港澳青年"佛山功夫行"研学活动、粤港澳大湾区大学生电影周活动、粤港澳大湾区（广东）国际青年音乐周、即刻开声·湾区校园音乐节、粤港澳中小学生故事大会、粤港澳青少年创意书画大赛等活动，成立了中国首个青少年交响乐团联盟——"粤港澳大湾区青少年交响乐团联盟"。通过不同的文化主题以及丰富多样的活动内容，为粤港澳青少年搭建广泛交往、全面交流、深度交融的平台，带领粤港澳青年大学生体验粤港澳三地历史悠久的多元文化，体验改革开放以来大湾区建设取得的伟大成就，推动粤港澳大学生彼此了解和深入沟通，加深对中华传统文化的认同感和归属感。

（三）深化粤港澳文化品牌的联合推广

广东在推进粤港澳资源整合、力量联合、文旅融合方面发挥着主导作用，不断深化三地文化和旅游交流合作，在促进非遗保护传承、推动文化繁荣发展、增进中外文化交流、丰富旅游高质量供给等方面取得了显著成效。

广东利用丰富的非遗文化资源，积极发挥非遗文化在粤港澳大湾区建设中的独特作用，以非遗文化为媒，共同传承弘扬岭南文化，增强大湾

---

① 习近平：《在深圳经济特区建立40周年庆祝大会上的讲话》，人民出版社2020年版，第11、12页。

区人民的文化自信和文化认同。粤港澳向联合国教科文组织联合申报"粤剧"列入人类非物质文化遗产代表名录，三地文博和考古机构联合推出多个非遗文化专题展览并巡回展出。粤港澳非遗交流大会、粤港澳大湾区文化遗产合作研讨会、粤港澳大湾区非物质文化遗产交流大会、粤港澳大湾区文化产业和民间艺术发展研讨会等专题研讨会为推进"人文湾区"建设汇聚多方智慧，推动粤港澳三地在非遗保护传承方面的共担共建共享。2023年广东省第四届非遗购物节云上集市汇集了来自粤港澳三地的上千种非遗产品，联动粤港澳非遗生活节共同进行展销一体化宣传。2023年粤港澳非遗生活节在东莞市举办，整合粤港澳三地数百个非遗项目，通过非遗美食集市、传统制茶技艺及其相关习俗、传统医药、领潮企业、潮玩文创等板块体验，让人民群众在购买非遗产品、体验非遗技艺中感受体验粤港澳地区非遗文化的魅力。

推动文化资源交流互通。2019年成立的粤港澳大湾区公共图书馆联盟，组织开展了"品读湾区"9+2城市悦读之旅、2022年世界阅读日创作比赛等阅读活动，有效推进了大湾区历史文献、全民阅读、图书馆发展等领域的交流合作。2020年成立的粤港澳大湾区（广东）文创联盟，组织开展了粤港澳大湾区（广东）文化创意设计大赛等活动，着力构建粤港澳大湾区在文创领域的交流合作与资源共享平台，搭建港澳与内地文创合作长效机制，推动粤港澳大湾区文创产业协同发展。广东省作协重点突出"构建粤港澳大湾区文学"的特色品牌，开展"粤港澳大湾区文学周"，推动成立粤港澳大湾区文学联盟，创办《粤港澳大湾区文学评论》杂志，先后召开粤港澳大湾区儿童文学高峰论坛、粤港澳大湾区系列作家作品研讨会、粤港澳大湾区文学发展峰会，有效推动粤港澳文学界融合发展，形成团结和谐、合作共赢的大湾区文学生态。目前，广东省（大湾区）剧院联盟正在筹建，致力于共同培育更加成熟的戏剧演艺市场，为大湾区市民带来更多更好的艺术精品。

推进文化产业协作共赢。随着粤港澳大湾区建设的加速推进，粤港澳三地注重强化一体化的协同共赢效应，打通区域界限，有效整合汇聚各地区文化产业优势力量。文化产业呈现出深度融合、蓬勃发展的局面。粤港澳大湾区文化产业联盟、粤港澳大湾区文化创意产业促进会、粤港澳大湾区文化产业投融资联盟等陆续成立。2023年中国（深圳）国际文化产业博览交易会上特设"粤港澳大湾区文化产业馆"，组织粤港澳优质文化企业、创意设计企业和产品参展。2023年粤港澳大湾区工艺美术博览会在深圳开展，借助展会传播推广平台及媒介，共建粤港澳大湾区辐射全国的工艺美术合作交流圈。2023年粤港澳大湾区公共文化和旅游产品（东莞）采购会开幕，以"文采领航融湾共生"为主题，吸引了近900家参会主体，展品超16000个，意向成交金额超过4310万元，线下人流超过46万人次，现场消费额694.5万元，将粤港澳大湾区文旅产品推向全国。[①]2023年12月，广东省商务厅、深圳市人民政府联合举办首届粤港澳大湾区老字号（文化）博览会，推动粤港澳老字号品牌传承与创新。

推动粤港澳文旅品牌"走出去"。2017年12月，广东省广州、深圳、珠海、佛山、惠州、东莞、中山、江门、肇庆9个地市的旅游主管部门与香港特区政府旅游事务署、澳门特区政府旅游局组成综合性旅游合作创新团体，成立粤港澳大湾区城市旅游联合会。同月，粤港澳大湾区旅游业界签署《粤港澳大湾区旅游业界合作协议书》。2020年以来，广东省对外公布了两批次共44条游径的粤港澳大湾区文化遗产游径，促进大湾区内文化遗产资源的保护与利用，深化文化旅游领域的交流与合作，共同塑造和丰富粤港澳大湾区人文精神内涵。2023年10月，广东省文化和旅游厅、香港

---

① 《"文化+"赋能　文采会何以从东莞向湾而强》，金羊网2023年12月1日。

旅游发展局、澳门旅游局在泰国曼谷共同举办了粤港澳大湾区旅游联合推广活动。活动通过专题推介、旅游节目现场分享等形式向当地业界媒体展示大湾区旅游业最新发展情况，呈现大湾区旅游魅力。活动推出了全新一站式大湾区专题旅游网站，以粤菜美食、文化古迹、主题乐园及节庆盛事四个主题，介绍大湾区"9+2"城市的旅游景点、风土人情及相关旅游资讯。同月，"京津冀携手粤港澳：区域协同发展文旅推介活动"在北京举行，旨在聚焦京津冀和粤港澳大湾区两大城市群优势文旅资源，加强南北两端重要世界级旅游城市群合作，在更广范围、更深层次、更高水平上推动两个区域文旅融合。2023年11月，粤港澳大湾区世界级旅游目的地推介暨"魅力广东"视觉展在埃及开罗举行，重点介绍广东文化旅游资源，以及休闲美食游、人文历史游为主题的"一程多站"粤港澳大湾区旅游线路，呈现广东之美、大湾区之美，让民众了解粤港澳大湾区的核心旅游魅力。

▼三 文化强省建设提升广东现代文化影响力

广东在中国现代化进程中始终处于时代变革的前沿，在粤港澳大湾区建设中肩负着重要使命，必须以习近平文化思想为指引，不断提升广东现代文化的吸引力影响力，继续在建设中国特色社会主义现代文化建设事业中走在前列。

（一）着力建设全国现代文化中心

提升广东现代传媒的传播力影响力。《广东省建设文化强省规划纲要（2011—2020年）》明确提出：提高现代文化传播能力，培育龙头传媒集团，增强广东文化辐射力的战略目标。党的十八大以来，广东着力搭建省市县三级全媒体传播矩阵。南方报业集团和广东广播电视台联合承建了省级技术平台"珠江云"。目前，全省近百个区、县级融媒体中心已接入"珠江云"省级技术平台，为各级融媒体中心提供优质的媒体融合平台支撑，推进了省级平台与各融媒体中心的联通，实现了"一次采集、多种生成、全媒传播"。"南方+"、羊城派、触电新闻移动端下载量过亿，成为国内具有较强影响力的新型主流媒体传播平台。南方报业着力打造以"南方+"客户端、"今日广东"国际传播中心、南方智媒云为代表的新型传播矩阵，构建起上下贯通、左右联动、内外一体的全媒体传播体系，引领驱动广东全省媒体融合发展实现新突破；羊城晚报不断完善短视频平台、核心传播平台、头部商业平台三大传播矩阵建设，同时开拓喜马拉雅、bilibili网站等新兴移动传播渠道，建立起覆盖各大主流平台的立体移动传播链；南方财经全媒体集团在媒体、智库、大数据、文化产权交易四大板块全面发力，成立智库专家委员会，形成了财经智库集群和以报纸、电视、"21财经"客户端为核心的全媒体矩阵。

加强文艺人才引进和培育。省委、省政府高度重视文艺工作，设立文艺人才扶持专项资金，柔性引进优秀文艺人才。近年来，全省开展"广东文学艺术终身成就奖""中青年德艺双馨文学艺术家"等评选表彰工作，组织实施岭南文化名家工程、"广东特支计划"宣传思想文化领军人才、青年文化英才工程，文艺名家"头雁"工程，青年作家、编导、主演"育苗"计划等。广东画院开展"岭南老中青美术大家推培计划"，计划三年间形成较稳定的老中青优秀创作专才梯队，大力度、深研究、广传扬一批艺术名师大家，力推一批德艺双馨的广东艺术中坚精英，培养一批创新力强的广东优秀青年艺术后备人才。广东作协制定《广东文学创作振兴三年行动计划（2020—2022）》，实施"文学创作精品工程""文学粤军崛起工程""文学传播提升工程"三大工程，建设科学合理的文学人才梯队，加强对优秀作家作品的研究、宣传与推广，推动广东文学更具有标识度、美誉度。2023年，在省委宣传部的指导下，由广东省出版集团联合广东省作协、广州市委宣传部共同主办的花城文学院成立，吸引了魏微、葛亮、李娟、陈楸帆、蔡崇达、笛安、杨庆祥、陈培浩等首批作家、评论家齐聚花城。随着花城文化院的成立和大批文学人才的引进，"新南方写作：流动性与未来性"等大型文学交流活动如雨后春笋，"新南方文学"日益成为当代文坛关注的热点，以文学之力助推广东文化强省建设。

打造国际性会议论坛目的地。《中共广东省委广东省人民政府关于贯彻落实〈粤港澳大湾区发展规划纲要〉的实施意见》明确指出：支持广州建设岭南文化中心和对外文化交流门户，扩大岭南文化的影响力和辐射力。《广州市服务业发展"十四五"规划》明确指出：打造高端国际会议目的地，争取引入更多具有影响力的国际会议和论坛项目。在相关政策的支持下，广州市推出"国际学术会议之都"建设项目，择优支持国内外科技类学术组织、科技团体在广州召开国际性论坛、国内外高端学术峰会，创新沙龙等学术活动，邀请全球知名人士和专家学者来穗开展研究交流，努力打造国际科技创新中心。近年来，广州市举办了"读懂中国"国际会议（广州）、《财富》全球科技论坛、国际金融论坛（IFF）等高规格国际会议，以及岭南文化湾区论坛、"江南文化·岭南文化"论坛、粤港澳大湾区文化研究论坛等特色文化论坛。习近平总书记曾多次向"读懂中国"国际会议（广州）亲致贺信或视频致辞，充分肯定了会议在战略协作、文化交流等方面的重要作用。2023年12月，习近平总书记向"读懂中国"国际会议（广州）亲致贺信，希望与会嘉宾为促进中国与世界交流合作、实现共同发展繁荣、推动构建人类命运共同体贡献力量。各类高端会议汇聚广州，既是广州文化软实力的重要体现，也是广州提升现代文影响力的重要渠道，为广东保持文化吸引力、影响力与创造力提供了坚实支撑。

（二）深入开展省际文艺交流活动

加强文艺精品创作展播展演是提升广东现代文化影响力的重要手段。2019年春晚，来自广东粤剧院的粤剧艺术家曾小敏、彭庆华和文汝清亮相央视春晚主会场舞台，带来新编粤曲《粤韵新篇》。2021年春晚，为庆祝深圳经济特区建立40周年之际而创作的《灯火里的中国》唱响春晚，粤剧名家曾小敏、朱红星演绎清新柔美的粤剧《白蛇传·情》游湖片段。在推动广东艺术精品登上全国性艺术舞台的同时，广东省出台一系列鼓励政策，支持广东文化艺术团体在全国范围内进行巡演，推动具有岭南风格、中国风骨的艺术作品走向全国。作为广东文艺"头雁工程"项目，广东粤剧院承办的"曾小敏粤剧艺术全国巡演"在2021年正式启动，先后在郑州、西安、银川、武汉、上海、北京、乌鲁木齐等国内20多个城市举办，广受各地人民好评；广东音乐精品音乐会《红色中国·粤韵飞扬》——喜迎建党100周年全国巡演项目以"弘扬中华优秀传统文化，展示岭南文化之魅力"为主题，在北京、延安、西安、上海、南京等地巡演；中国第一部以国家非遗项目"广东醒狮"为主题的大型舞剧《醒·狮》，在全国各地巡演上百场。受疫情影响，四川大剧院《舞狮》展演开启"1元"云端剧场，收获340万人次的关注，140万点赞，5.38万余条转发和评论。①

广东地区博物馆数量与文物藏品数量居全国前列，通过举办精品文物巡展、联展、外展等方式，助力岭南人文走向全国。广东省博物馆"南澳1号——明代海上贸易"展览赴辽宁省博物馆和青岛市博物馆巡展，展

---

① 《广东舞剧〈醒·狮〉来川"破圈记"》，《四川日报》2022年7月29日。

出了来自国内外十余家文博机构的藏品资源，再现了海上丝绸之路产生、发展、繁荣的全幅画卷；广东省博物馆和甘肃省博物馆联合主办"丝路光华：粤陇文物精品联展"，遴选粤陇两地文博单位文物珍品，介绍甘肃河西走廊和广州通海夷道的历史与渊源，呈现同一时空下跨地域的思想技艺传播和交融互鉴的文化历史；广东省博物馆、中国闽台缘博物馆联合主办粤港与闽台木偶艺术联展，展现泉州提线、广东杖头、潮州铁枝等地域特色的木偶造型魅力；广东省工艺美术协会、河北省工艺美术协会等联合举办河北·广东工艺美术精品联展，让广大群众近距离领略冀粤两地非遗工艺美术的风采；广东省人民政府文史研究馆与山东省文史研究馆联合举办粤鲁文史研究馆书画作品联展，岭南文化与齐鲁文化风格迥异又相映生辉；广州市青年书法家协会等联合主办全国六城市青年书法联展，展出了来自广东、江苏、江西、湖北的百余位优秀青年书法家作品；广东省博物馆《不辞长作岭南人——荔枝文化展》赴重庆中国三峡博物馆展出，展出包括广东省博物馆藏陶瓷、玉器、漆器等荔枝题材的古代文物精品，广彩、端砚、剪纸等现代非遗佳作，以及糯米糍等品种的荔枝植物标本，让观众体验岭南风情，感受荔枝文化。2021年8月，"海宇攸同——广州秦汉考古成果展"亮相中国国家博物馆，成为首个在中国国家博物馆举办的全面展示广州历年来重要考古成果的原创精品大展。此后，以"海宇攸同"展为基础，在全国开启了多站式巡展模式，先后在中国航海博物馆举办了"大汉海疆——南越航海文明展"，在贵州省博物馆推出了"共饮一江水——夜郎与南越精品文物展"。2022年7月，"踏歌而来——许鸿飞雕塑作品展"在国家大剧院展出，将广州市标志性雕塑带进国家最高历史文化艺术殿堂，让参观者感受广州市开放、多元的城市文化。

（三）积极推进文化帮扶平台建设

广东具有推进文化强国建设的责任感和使命感，通过开展跨省文化帮扶工作，将广东优质的文化资源传递到边疆省份，在文化帮扶的过程中促进彼此文化的交流与合作，推动全国文化事业的繁荣发展，实现文化共同繁荣的宏伟目标。

"春雨工程"是文化和旅游部实施的一项重点文化惠民工程，通过双向互动的形式，为各地区各民族搭建起文化帮扶与文化交流的平台，对于促进两地文化艺术事业的繁荣发展具有重要意义。近年来，广东省文化和旅游厅高度重视"春雨工程"文化志愿服务工作，坚持以"大舞台""大讲台""大展台"为主要形式，面向边疆民族地区开展文化和旅游志愿服务。2018年"春雨工程"广东省文化志愿者龙江行暨粤龙文化交流活动，在哈尔滨市、黑河市、漠河市举办了具有浓郁岭南文化特色的文艺演出、"粤动大地"广东改革开放40周年摄影作品展以及讲座活动，促进粤龙两地群众文艺创编工作者的交流互鉴。2022年9月，粤疆两地文旅部门共同签订《深化文化润疆、旅游兴疆合作战略协议》，促进粤港澳大湾区与新疆地区在文化与旅游事业之间的联动合作，更好地连贯起21世纪海上丝绸之路与丝绸之路经济带。2023年广东省"春雨工程"共开展重点工作项目15个，其中，"新疆行"包括广东美术馆实施的"乡土人间——1949年以来乡村题材美术作品研究巡展"、广东省博物馆实施的流动博物馆巡展及文博服务活动进新疆等，促进两地人民广泛交往、全面交流和深度交融，助力巩固新疆长治久安的根基。

广东省流动博物馆是我国最早设立的以巡展和送展下基层为主要业务模式的文博资源共建共享平台，也是广东推进文化帮扶工作的重要平台。2022年4月，广东省流动博物馆"边疆行"计划正式启动。广州鲁迅纪念馆"双星耀中华——人民音乐家聂耳、冼星海的革命之路"展览在云南省玉溪市博物馆、新疆兵团军垦博物馆、绍兴鲁迅纪念馆等20家博物馆巡回展出。广东博物馆与广西博物馆协会合作将"不作寻常粤剧家——粤剧名伶关德兴生平事迹展""红线女与香港"两个实物展览推送到梧州、玉林、贵港、南宁、防城港、百色等地博物馆巡展。目前，广东省流动博物馆的实物展巡展已经送达西藏、云南、内蒙古、黑龙江、广西、江西、浙江、新疆、山西等地，丰富了当地居民的文化体验。

西藏林芝是广东省对口支援的重要地区。《广东省对口支援西藏林芝工作方案》明确要求：按照积极推动、大胆探索、务求实效的原则，进一步加强文化援藏工作，加强物质与非物质文化的传承、保护、发掘、利用。组织开展形式多样的学习团、考察团、疗养团、科普队、夏令营、结对子等活动，大力推动地区间、民族间交往交流交融。2020年至今，广东省流动博物馆深入实施"粤藏文旅交流行——广东省博物馆文博服务进林芝"活动，将展览送进林芝的社区、乡村、学校和边防军营，并在粤藏交流的方式方法上进一步开拓创新，举办"云游粤博——粤藏馆校连线"活动，推动粤藏两地馆校合作。2020年藏族工布新年之际，广东省博物馆援助林芝的"背着房子去旅行——贝类动物的世界"展览，作为基本陈列在藏东南文化遗产博物馆正式开展。2023年，广东省文化志愿者在波密剧场、波贸广场、林芝八一厦门广场上演精彩惠民演出，在波密剧院连续举办六场名家讲座，在波密图书馆成立广州图书馆波密县分馆，举办"桃花飘香结硕果——广东省对口支援西藏林芝29周年摄影及书画作品展"，用笔墨与镜头记录下林芝的秀美山川，助推林芝的文化建设。

第九章

高水平推进广东文化强省建设的基本策略

CHAPTER9

广东作为中国改革开放的排头兵，其经济发展和社会建设已成为改革开放的典范。这片土地不仅是物质财富的创造之源，更是中华文化的传承与创新之地。高水平推进广东文化强省建设不仅标志着文化体制改革的再深化，而且意味着文化发展方式的创新性探索。站在新的历史起点上，党的二十大擘画了全面建成社会主义现代化强国、以中国式现代化全面推进中华民族伟大复兴的宏伟蓝图，粤港澳大湾区建设带来了前所未有的战略机遇，必须高水平推进广东文化强省建设，在努力交出物质文明和精神文明两份好的答卷上取得新突破。

一 构筑领先的现代公共文化服务体系

构筑领先的现代公共文化服务体系是广东文化强省建设中不可或缺的关键因素。作为文化传承、创新与交流的核心平台，公共文化服务不仅关乎人民群众的基本文化权益，更是展现广东文化软实力和引领力的重要窗口。在建设更高水平文化强省的背景下，需要以更高的标准和更广阔的视野，全面优化公共文化服务设施网络，创新服务方式和手段，提升服务效能和满意度，以确保广东公共文化服务体系在全国乃至全球范围内的领先优势。

（一）"文化星河"：优化和扩展公共文化服务设施网络

第一，通过先进技术，打造数字化、智能化的基层综合性文化服务中心。通过5G、人工智能等先进技术，打造数字化、智能化的基层综合性文化服务中心，具有重要的战略意义。它不仅可以推动公共文化服务的转型升级，提高服务效率和质量，而且能够有效促进文化资源的优化配置和共享，打破地域和时间限制，让更多人享受到优质的文化服务，激发文化创新活力，为广东社会经济发展注入新动力。

——5G网络建设与应用。5G网络的建设与应用对于广东公共文化服务来说具有重要意义。5G网络的高速传输和低延时特性可以实现大型文化活动的高清直播，让各地群众实时参与各类文化活动，享受身临其境的文化体验。同时，5G网络的广泛连接能力可以实现文化设施、文物展品等的智能化管理和互动，为群众提供更加便捷、个性化的文化服务。此外，5G技术还将推动数字创意产业的发展，为广东的文化产业带来新的增长点。

——人工智能技术应用。人工智能技术的快速发展为公共文化服务带来了无限可能。通过智能语音交互系统、智能图像识别技术等，人民群众可以更加方便地获取文化信息、咨询问题、参观展览、识别文物等。智能交互技术的运用，如智能语音应答、智能导览等，不仅丰富了用户与文化服务机构的互动方式，也增强了服务的趣味性和吸引力。

——数字化资源建设。数字化资源建设是公共文化服务的重要内容之一。通过先进的数字化技术手段，能够将广东丰富的传统文化资源进行数字化转化和保存，从而更好地实现珍贵文化遗产的保护与传承。建立统一的数字化文化资源库和共享平台，可以实现博物馆、研究机构等单位资源的互通有无和高效利用，促进不同文化机构之间的合作与交流。

第二，探索建设具有未来感、科技感的新型文化空间，提供沉浸式文化体验。在过去十多年间，广东公共文化服务体系建设取得了显著的进步，但面对日益增长的多样化文化需求和快速发展的科技环境，现有的公共文化设施和服务模式在某些方面稍显滞后。为了更好地满足群众对更高质量文化体验的追求，必须探索新的公共文化服务形态。在数字化背景下，探索建设具有未来感、科技感的新型文化空间是广东现代公共文化服务体系建设的重要战略方向。这将推动公共文化服务模式的创新升级，为群众提供更加优质、个性化的文化服务。

——先进技术创新文化体验。要积极引进和应用虚拟现实、增强现实、全息投影、智能交互等先进技术，创造超越传统观念的沉浸式、交互式文化体验。这些技术将为人们带来身临其境的文化体验，使人们与文化内容产生深度互动。

——跨界合作与资源整合。鼓励与科技、艺术、设计等领域的跨界合作，结合现代建筑设计理念和科技元素，打造具有未来感和科技感的公共文化空间环境。推动公共艺术与城市自然和文化生态元素的结合，共同推动新型文化空间的建设和发展，为人们提供更加舒适、健康的公共文化环境。

——打造参与式文化空间。设计合理的参与机制，鼓励公众参与新型文化空间的建设和运营，通过众创、众筹等方式让公众成为项目的共同创造者和投资者。新型文化空间将成为社区文化建设的重要载体，举办各种社区文化活动、本地文化推广活动等等，促进社区凝聚力和文化认同感的提升。

第三，持续完善公共文化设施网络，缩小区域间、城乡间、群体间的服务差距。目前，广东已经基本建成覆盖全省的公共文化设施网络，为广大群众提供了丰富的文化产品和服务。然而，在实际运营过程中仍存在着不平衡、不充分的问题。因此，要持续完善公共文化设施网络，缩小区域间、城乡间、群体间的服务差距。这不仅有助于保障人民群众的基本文化权益，提升社会文化生活质量，更是推动广东文化建设全面协调可持续的必然要求。

——强化顶层设计和规划引领。在公共文化服务体系建设中，广东一直注重顶层设计和规划引领。首先，制定全省性的公共文化设施布局规划至关重要。通过科学评估地区文化需求，合理规划设施分布，确保资源的高效利用和服务的全面覆盖。这需要综合考虑不同地区的经济、人口、文化等多方面因素，确保规划的科学性和实用性。其次，强化政策引导和支持是推动公共文化设施网络建设的有力保障。政府可以通过出台相关优惠政策，吸引社会力量的参与，进一步激活市场活力，推动公共文化设施的快速发展。再次，建立跨部门协作机制是实现规划落地的关键。通过跨部门间的协同合作，切实打破行政壁垒，形成工作合力，保障公共文化服务体系建设的高效推进。

——加大投入力度，保证资金支持。资金投入是公共文化服务体系建设不可或缺的关键要素。在推动公共文化设施网络建设的过程中，要把保证资金投入作为重要策略。政府财政投入在其中发挥着主导作用，要通过预算安排确保对公共文化设施建设和运营的持续支持。同时，引导社会资本参与是拓宽资金来源的有效途径。广东应当充分利用市场优势，创新金融产品和服务，吸引更多社会资本进入公共文化领域，形成多元化的资金投入格局。在保证资金投入的同时，也要建立完善的资金管理制度和监督机制，确保资金的合理有效使用。

——创新服务模式，满足多样化需求。目前，广东已经为博物馆等主要公共文化场所提供了一系列个性化服务项目，如"流动图书馆""无障碍文化服务"。在巩固主要服务阵地的基础上，应当针对不同地区和特殊群体的实际需求，拓展流动性强、灵活性强、指导性强的多元化服务，举办特定主题的文化艺术培训、文化讲座论坛等丰富多彩的活动项目，进一步提升服务的针对性和实效性。

（二）"心享文化"：提供高水平高质量的公共文化服务

第一，建立完善全省统一的公共文化服务平台，提供一站式、多元化的文化服务。目前，公共文化服务资源在地域和群体间分布不均，现有的文化服务方式相对单一，难以满足人民群众日益多样化的文化需求。因此，建立并进一步完善全省统一的公共文化服务平台显得尤为重要。此举不仅可以整合和优化全省的公共文化服务资源，提高资源的利用效率，还可以为人们提供更加多样化和高质量的公共文化服务。

——资源整合与平台构建。通过全面摸底和评估，了解全省各地公共文化资源的类型、数量、质量及分布情况，进而利用现代信息技术手段，如云计算和大数据，构建一个集成各类文化服务信息、提供统一服务入口和导航的全省公共文化服务平台。

——实施一站式服务模式。采用资源图谱技术等先进科技，整合既有资源，引入最新数据，形成文化数字化信息库，使公众在一站式服务的支持下较为全面地了解全省范围内的文化信息，满足人民的便捷性需求。用户可以在统一平台上完成多种文化活动的参与和体验，无需在多个平台或机构间进行搜寻。

——多元化服务内容推动。通过与各类文化机构、社会团体、文化企业建立紧密的合作关系，开发具有地方特色和民族特色的文化项目，共同打造多样化的服务内容，进一步提供个性化推荐服务，提高服务的针对性和满意度。

——持续优化用户体验。始终以人民需求为导向，通过抽样调研、数据分析等方式了解人民群众对公共文化服务平台的问题及建议，并据此对公共文化服务平台的功能和服务流程进行改进和完善。例如，改进平台的界面设计、交互方式、服务响应速度，提供多种接入方式和跨平台同步功能。

第二，通过用户画像、需求分析等手段，精准把握公众需求，提供个性化的文化产品和服务。精准把握公众需求、提供个性化的文化产品和服务是打造标杆式公共文化服务体系的关键，能够实现民众文化需求与社会文化供给的有效对接。通过建立科学的评估机制和持续改进的循环过程，"心享文化"战略将不断推动广东公共文化服务向更高水平迈进，满足广大人民群众的精神文化需要。

——用户画像：精准识别，奠定服务基础。在公共文化服务领域，了解识别人民群众的文化需求是实现精准服务的首要步骤。用户画像作为一种有效的工具，能够通过收集和分析用户数据，将用户特征标签化，从而帮助公共文化服务单位掌握不同用户群体的文化需求。通过大数据技术对用户行为数据的挖掘，能够清晰描绘出各类用户群体的文化需求轮廓。这不仅有助于精准把握人民群众现有需求，更能预测需求的发展趋势，为公共文化服务的个性化、精细化发展提供有力支撑。

——需求分析：深入挖掘，探寻服务真谛。在显性文化需求之外，人民群众的隐性需求和潜在需求同样不容忽视。通过调研、访谈、观察等手段，能够揭示人民群众对于公共文化服务的真实感受，挖掘人民群众对公共文化服务的深层次需求，包括未明确表达的需求点以及对服务品质和体验的真实反馈。综合分析这些因素，将会更加全面深入地理解人民群众的文化需求，为公共文化服务的优化和创新提供方向。

第三，建立公共文化服务评价和反馈机制，持续改进和优化公共文化服务质量。建立公共文化服务评价和反馈机制对于优化公共文化服务体系至关重要，有助于更好地了解人民群众的文化需求，及时发现问题并进行有效改进。

——构建多元化的评价渠道。公共文化服务评价体系包括线上和线下，评价内容应涵盖服务的各个方面，以便全面了解人民群众对于公共文化服务的满意度。鼓励社会各界积极参与公共文化服务的评价和反馈工作，形成和谐的社会监督氛围。

——建立快速响应的反馈机制。指定专人负责收集、整理和分析公众的反馈意见，深入挖掘、分析评价和反馈数据，确保问题得到及时回应和处理。这种快速响应机制将增强人民群众对公共文化服务机构的信任感和满意度，也能够为服务机构的未来决策与部署提供可靠支持。

——形成持续改进的闭环管理。将公众的评价和反馈作为改进工作的重要依据，定期总结分析评价结果，制定并实施改进措施，再次收集公众评价以验证改进效果，确保服务机构不断适应公众需求变化。注意与其他领域和机构建立合作关系，共享资源技术，共同提升公共文化服务质量和水平。

（三）"智慧引擎"：以智慧技术驱动体制机制创新

第一，运用智慧科技，对公共文化服务进行科学管理。在信息化数字化时代，大数据、人工智能等智慧技术已经成为推动社会各领域创新与发展的重要力量。对于广东公共文化服务而言，利用这些先进技术对服务进行精准化管理，是提高服务效能的关键所在。大数据分析在公共文化服务中具有广泛的应用前景。通过对多维度数据的分析，可以精准掌握群众的文化需求、偏好和消费习惯，为公共文化服务的个性化推荐、定制化服务提供有力支持。大数据的分析结果能够帮助各级政府和文化部门更科学地制定政策和发展策略，确保资源的高效配置和服务的精准供给，提高公共文化建设的质量和效率；智慧技术有助于打破部门间的信息壁垒，实现跨部门、跨领域的数据共享和业务协同，从而构建更加高效运转的公共文化服务网络。然而，在利用智慧技术推动公共文化服务管理的过程中，也面临着一些挑战。数据安全和隐私保护是必须重视的问题，确保在收集和使用用户数据的过程中严格遵守相关法律法规，保障用户的合法权益。

第二，鼓励社会力量参与公共文化服务，构建政府、市场、社会协同推进的公共文化服务格局。在构建广东现代公共文化服务体系的过程中，积极引入社会力量，形成政府、市场、社会协同推进的公共文化服务格局，具有重要的实践意义。企业、社会组织、个人作为社会力量的重要组成部分，具有独特的优势和作用。企业应该发挥其在技术、资源和市场洞察力等方面的优势，提供具有特色的公共文化产品和服务；社会组织能够贴近基层、灵活多样地组织和开展丰富多彩的文化活动和服务项目；个人参与能够弥补人力资源的不足，提升服务的亲民性和互动性。因此，构建政府、市场、社会协同推进的公共文化服务格局有助于确保公共文化服务体系更加完善、更加多元。广泛的社会参与也能够形成全民共建共享的文化氛围，塑造广大人民共有的精神家园。

为此，广东可以采取一系列措施。首先，政府应积极引导和支持社会力量的参与，为社会力量参与公共文化服务创造有利条件。这包括制定优惠政策、提供资金支持以及搭建沟通合作平台。其次，引入市场机制是推动公共文化服务质量提升的关键。通过公开竞标等方式鼓励社会力量之间展开公平竞争，可以促进公共文化服务质量和效率的提升，使其更加符合公众的需求和期望。最后，建立创新激励机制是激发社会力量在公共文化服务领域创新活力的重要途径。通过设立创新奖励、提供研发支持等方式，鼓励企业、社会组织与个人提出方案设想，推动公共文化服务体系的多元化和高效化。

第三，深化公共文化事业单位改革，引入市场竞争机制，提升事业单位的服务质量和效率。深化公共文化事业单位改革是构建现代公共文化服务体系的关键环节。面对新时代的挑战，文化事业单位应当实现从单一的文化管理者向文化创新者和服务者转变。首先，优化组织结构和加强人才队伍建设，尤其是培养掌握智慧技术的复合型人才。其次，引入市场竞争机制是激活事业单位创新潜力、推动服务质量持续提升的有效策略。通过开放市场准入、推行绩效管理、加强社会监督等措施，可以打破传统事业单位的"包揽"局面，形成开放、竞争的市场环境，从而激发事业单位的创新活力，提升服务质量和效率。最后，智慧技术与市场竞争机制的融合将为广东公共文化服务体系建设注入新的活力。这种融合不仅是技术层面的结合，更是理念与模式的创新，将推动着公共文化服务不断向现代化、智能化的方向发展。展望未来，在"智慧引擎"的持续推动下，广东的公共文化服务将走向更加开放、多元、智能的新时代，为人民群众提供更加丰富多彩的精神文化食粮。

（四）"暖心之翼"：用文化关爱温暖社会特殊群体

在致力于构建现代化公共文化服务体系，以满足人民群众日益增长的精神文化需求的过程中，特殊群体的文化权益保障尤为重要。"暖心之翼"以"用文化关爱温暖每一个特殊群体"为主题，建立健全特殊群体文化权益保障机制，为他们提供健康、有益的文化产品和服务。

建立健全未成年人文化权益保障机制，提供健康有益的文化产品和服务。未成年人文化权益保障在现代公共文化服务体系中具有重要地位。健康的文化生活对于未成年人的全面发展至关重要，它不仅是知识传递的过程，更是塑造积极价值观、世界观和人生观的过程。作为国家的未来，未成年人的文化素养和价值取向直接影响社会未来发展。因此，重视并落实未成年人文化权益保障，有助于培养他们的审美素养、创新能力和社会责任感，这是对国家和民族未来的重要投资。为确保未成年人文化权益保障工作的顺利实施，必须完善相关的法律法规，明确保障原则和内容，为工作提供法制支持，同时严格审查和监管面向未成年人的文化产品，确保文化活动在合法、规范的轨道上运行。其次，政府的支持和政策引导至关重要。政府应设立专项资金，用于支持面向未成年人的优秀文化产品创作、公共文化服务提升等方面，为工作推进提供坚实的经费保障。教育部门和文化部门应加强合作，将文化教育融入学校课程，提升未成年人的文化素养。再次，加强人才队伍建设，重视培养和引进专业的未成年人文化工作者，鼓励支持创作适合未成年人的优秀文化产品，举办针对未成年人的文化活动，为未成年人提供更高质量的文化服务。最后，鼓励社会各界参与监督，建立举报奖励制度，严厉打击侵害未成年人文化权益的行为，共同营造良好的文化环境。

关注老年人和残疾人的文化需求，提供舒适便捷的公共文化服务。随着社会的老龄化趋势日益严峻，广东的老年人口比例逐年上升，精神文化需求在老年人需求中日渐突出。与此同时，残疾人群体的文化需求也长期被忽视，文化参与度相对较低、文化活动较为单一、文化服务设施不足等问题凸显。老年人和残疾人作为社会中的特殊群体，他们的文化需求应该得到更多的关注和满足。构建普惠性的公共文化环境，不仅是社会公平与正义的体现，更是推动文化事业全面发展的重要一环。首先，需要对公共文化设施进行无障碍改造。在增设无障碍通道、轮椅座位等硬件设施的同时，也应该关注到他们的心理需求，比如，提供舒适的休息区、温馨的阅读空间等，都能让他们在文化活动中感受到更多的关怀与尊重。其次，创新文化产品和服务。政府应当对大字版图书、无障碍电影等文化产品进行政策性补贴，降低老年人获取信息、享受艺术的成本。再次，以社区活动中心、村民活动中心为核心，以养老院、老年大学、老年养护中心、老年食堂等老年群体聚集的场所为重点，开展丰富多彩的老年人文化巡演活动。在这个过程中，现代科技手段如数字化服务将发挥重要作用。通过数字化技术，可以打破地域和身体的限制，为行动不便的老年人群体提供更加便捷、多样化的文化体验。最后，政府应发挥主导作用，联合企业、社会组织等多方力量，推动老年大学等老年文化教育机构的创办与建设，建立多方参与的合作与联动机制，共同为特殊群体提供全面的文化服务。

为异地务工人员提供融入当地文化的机会和平台，提高社会内部凝聚力。多年来，广东吸引了大量异地务工人员前来就业，这些人员为广东的繁荣作出了巨大贡献。然而，拥有不同的文化背景和生活习惯的外来务工人员，由于语言、习俗等方面的差异，在融入当地文化的过程中往往感到困惑和无助。同时，由于工作繁忙等原因，外来务工人员很少有机会接触和参与当地的文化活动，缺乏文化交流互动的平台。因此，通过构建包容、开放、多元的文化环境，帮助异地务工人员更好地适应融入广东，使他们在生活和心灵上都与这片土地建立深厚联系，是高水平推进广东文化强省建设的应有之举。为了促进异地务工人员与广东文化的融合，需要实施以下核心措施：第一，在工厂密集区域等异地务工人员集聚场所建设公共文化服务平台，提供文化活动信息和学习资源，以文化艺术填充工人群体的闲暇时光；第二，提供免费的岭南艺术培训课程，让工人群众能够就近体验和学习岭南艺术的魅力，帮助他们缓解生活压力，获得轻松愉快的感官体验；第三，政府鼓励社区、工会等组织机构举办特色文化活动、文化艺术比赛等，激发异地务工人员的文化参与和创作热情，为他们提供展示才华的机会。

（五）"共融之光"：实现全省公共文化体系的共建共享

建立全省性的公共文化设施联盟，促进设施资源共享和配置优化。建立全省性的公共文化设施联盟是一项具有重大意义的战略措施，能够促进全省范围内公共文化体系的设施资源共享和配置优化，推动实现全省公共文化服务的均等化、便捷化和高效化，构筑标杆式的广东现代公共文化服务体系。

建设广东省公共文化设施联盟，可以建立起设施资源共享机制。各会员单位将闲置或低效利用的设施资源进行登记和公示，以供其他单位根据需求进行申请和使用。这种机制不仅能够打破资源利用的局限性，避免条块分割和资源浪费的弊病，提高资源的利用效率，还能促进不同地区、不同类型公共文化单位之间的深度合作与交流。同时，广东省公共文化设施联盟能够根据全省公共文化服务的需求和设施资源的分布状况，制定科学合理的优化配置策略，引导资源向需求迫切的地区和项目流动，确保公共文化服务的均衡发展和高效供给。在公共文化体系内部进行资源管理和协调的同时，公共文化设施联盟也将成为连接政府、社会和市场的桥梁中介，能够与政府文化部门建立更为紧密的连接，拉动更多的社会力量和市场资本投入公共文化服务建设之中。为了实现这一目标，必须明确实施路径并制定完善的保障措施。首先，政府应出台相关政策规范，为联盟的成立、建设与运行提供可靠支持，文化部门负责对联盟主要人员进行业务等方面的指导培训；其次，制定科学合理的组织架构和运行机制，设立常设机构负责联盟的决策、协调和管理，建立会员制度，吸引各类公共文化单位加入联盟，共同参与联盟的建设与运作；再次，利用现代信息技术手段建立信息化平台，实现设施资源的在线管理，提高资源共享的效率和便捷性。

推动公共文化资源跨地区、跨行业、跨部门的流通和共享。打破资源壁垒，是当前和未来的公共文化服务体系建设的重要战略方向。通过公共文化资源的跨地区流通，可以平衡不同地区间的文化发展差异，促进公共文化资源在全省范围内的均衡分布。同时，公共文化资源跨行业、跨部门流通有助于消除行业和部门间的隔阂，避免资源的重复投入和浪费，提升资源的整体利用效率。此举不仅能够丰富文化服务的内容和形式，满足公众多样化、个性化的文化需求，还有助于推动文化产业与公共文化服务的融合发展。

为实现公共文化资源跨地区、跨行业、跨部门的流通和共享，需采取一系列适当策略与路径。政府应出台相关政策和完善法规，为公共文化资源的流通和共享提供明确指导和法律保障；建立统一的文化资源管理平台是核心，利用现代信息技术手段整合各类公共文化资源，实现数字化、网络化和智能化管理，为公共文化资源的流通和共享提供技术支撑；培育多元化的流通和共享主体是重要条件，鼓励和支持各类文化机构、企业和社会组织参与，形成多元化的流通和共享格局；创新流通和共享模式是必要途径，通过探索多种形式的流通和共享模式，如文化资源互换、文化"走亲"等，促进不同地区、行业和部门间的交流与合作。

加强粤港澳大湾区建设中的公共文化服务合作，促进文化交流和融合发展。文化交流与合作日益成为区域发展的重要驱动力。在粤港澳大湾区建设的背景下，广东构筑标杆式的现代化公共文化服务体系，离不开加强粤港澳大湾区内部的公共文化服务合作。加强粤港澳大湾区建设中的公共文化服务合作也是促进粤港澳大湾区文化交流与融合发展的重要举措。

为了确保粤港澳大湾区公共文化服务合作的顺利实施和持续发展，有效的政策支持尤为重要。政府应出台关于大湾区公共文化服务体系建设的专项规划，明确合作的目标、方向和重点项目，为合作项目提供必要的资金和资源支持。粤港澳大湾区建设领导小组应当强化监督与评估机制，对合作项目的实施过程和成果进行定期监督与评估，及时发现问题和不足，为持续改进和优化提供依据。粤港澳大湾区公共文化服务合作需要从以下几个方面着力推进：一是建立合作机制与平台。通过定期举办粤港澳大湾区公共文化服务合作论坛、成立粤港澳大湾区公共文化联盟等方式，为三地提供交流合作的载体。二是合作创新文化服务模式。鼓励三地公共文化机构和服务提供者开展联动合作，如联合策划文化活动、共同开发数字化文化服务等，充分发挥各自的优势长处，集成供给多样化的公共文化服务，满足三地人民的多样化服务需求。三是加强人才交流与合作。通过共同培养、互派交流等方式，提升文化产业人才和公共文化服务人才的专业素养和创新能力。四是深化与"一带一路"沿线国家和地区的文化交流，利用粤港澳大湾区的地缘优势和国际化特色，拓宽国际视野和影响力，进一步推动文化的开放与融合，提升区域文化软实力和国际影响力。

▼二 全面提升文化产业核心竞争力

文化产业已成为经济体系中增长最快、最具发展潜力的产业之一，而广东文化产业更是站在了这场历史性变革的前沿。在此背景下，文化产业竞争力已然成为广东乃至全国所关注的焦点。这种竞争力不仅关乎文化产业的繁荣发展，更代表了广东在全球文化舞台上的话语权和影响力。为了在这场全球文化竞争中脱颖而出，必须深入挖掘和培育文化产业的核心竞争力，确保其能够持续引领广东文化产业的高质量发展，为广东乃至全国的文化繁荣注入源源不断的生机活力。

（一）创新驱动发展战略

强化战略科技力量支撑。为了全面提升广东文化产业的竞争力，推动文化产业的高质量发展，首要任务就是强化战略科技力量的支撑。这需要广东文化产业界与高等院校、科研机构建立紧密的合作关系，通过签署战略合作协议，共建研发中心，开展合作项目，双方实现资源共享、优势互补，共同推动文化产业的技术创新。强化文化产业的基础研究至关重要。基础研究是技术创新的基石，为应用研究和产业发展提供有力的支撑。高等院校、科研机构应当加强对文化产业理论体系、技术应用、市场趋势的深入研究，探索文化产业发展的内在逻辑和发展规律。建立文化产业研发平台是推动技术创新的关键措施。这个平台既可以是实体的研究机构，也可以是虚拟的协作网络，旨在汇聚各方面优势资源，开展文化产业相关领域的研究和开发工作。平台应具备先进的科研设施、优秀的研究团队以及高效的成果转化机制，能够为广东文化产业提供持续的技术支持。

扩大文化产业的科技研发投入。虚拟现实、人工智能等尖端科技在广东文化产业建设中扮演着至关重要的角色。它们不仅能为文化产业提供强大的技术支持，更能注入持续的创新动力，推动广东文化产业的蓬勃发展。广东必须加大对文化科技创新的资源投入，包括科技资金投入和科技人力投入。政府需要设立科技研发专项基金，实施优惠税收政策，鼓励企业加大技术研发投入，开拓多元化的资金来源和投入方式，确保文化产业关键技术研发得到充足的资金支持。需要特别注意的是，虚拟现实、人工智能等关键技术具有巨大的应用潜力和市场前景。广东相关部门和文化企业应当紧密关注这些技术的发展动态，在技术研发、成果转化与应用推广方面走在行业前列。

推动文化内容深度创新。文化内容创新是文化产业的灵魂和驱动力。在数字化迅速发展的今天，人民群众对文化产品和服务的需求不断演变，要求文化内容创新不仅体现在形式和媒介上，还要在文化主题、叙事结构和表现方式等方面进行创新。为此，首先需要从本土文化元素出发，挖掘岭南文化的内在精髓和历史底蕴，将其融入现代文化创作之中。例如，创作以粤剧为灵感的音乐、舞蹈或戏剧作品，让观众在放松身心的同时感受到岭南文化的深厚内涵。跨界合作也是文化内容创新的关键，应鼓励不同领域的艺术家、设计师和文化产业从业人员之间的合作，创造出新颖独特的文化产品。政府可以在文化内容创新方面发挥重要作用，制定支持文化内容创新的政策和指导方案，包括提供资金支持和奖励计划，以鼓励文化产业从业人员进行创意文化产品的开发出品。

（二）数字化科技化战略

广东作为中国名副其实的经济大省、文化大省与科技大省，积极响应党和国家关于推动文化产业数字化的重大战略。围绕建设全球领先的数字经济大湾区这一目标，广东深入推进数字技术在文化产业领域的创新转化，推动文化与数字科技的高质量融合，提高广东文化产业的核心竞争力，为广东文化产业带来更加繁荣和可持续发展的未来。

紧抓数字化发展机遇，塑造文化产业新优势。随着5G、大数据、云计算、人工智能等技术的飞速进步，数字化正在重塑文化产业的面貌。对于广东来说，这不仅是挑战，更是提升广东文化产业核心竞争力的重大机遇。第一，广泛应用数字化技术。一方面要充分利用技术手段丰富文化产业的内容与形式，使文化内容能够以个性化定制、精准化营销、协作化创新、网络化共享的形式呈现。比如，在影视制作中，利用大数据进行观众喜好分析，为内容创作提供数据支持。另一方面要通过数字技术对传统文化产业进行全产业及全链条的改造，提升产品附加值。第二，构建数字文化产业平台。平台利用云计算技术，为文化企业提供存储、计算和分发等一站式服务，能够极大地提高文化产品的生产和传播效率。第三，重视数字化人才培养。人才是第一资源，需要通过调整高校专业设置、设立专项奖学金、开展专业培训等多种方式加强数字人才培养，强化数字人才引进力度，打造一支高素质的数字化人才队伍。

发展数字文化产业，引领数字经济的发展方向。通过培育壮大线上演播、数字创意、数字艺术、数字娱乐等新型文化业态，不仅可以引领数字经济的发展方向，还可以为文化产业注入新的活力，推动其向高端化方向发展。结合广东文化产业的实际发展状况，需要进一步壮大现有的数字文化产业，建设数字文化产业集聚区，聚集优秀的数字文化企业和人才，形成产业集群效应，全力打造具有全球影响力的产业集群。数字动漫产业是广东文化产业的重要组成部分，正处于快速成长发展阶段。进一步推动数字动漫产业的发展，可以采取以下措施：第一，建立综合性动漫创作平台，聚集优秀的动漫创作者和团队，提供创作资源和技术支持，推动动漫作品的创新和生产；第二，加强广东原创动漫品牌的建设和推广，培育具有国际影响力的动漫形象和作品，提升广东动漫产业的知名度和影响力；第三，推动动漫与游戏、影视等产业的融合发展，提供更多跨界产品和服务，拓展动漫产业的价值链。

推广数字化文化产品和服务，满足现代消费者的多样性需求。现代消费者的需求日益多样化、个性化，需要推广数字化文化产品和服务来有效满足。第一，重点发展网络文化产业，特别是数字音乐产业。广东流行音乐走过了辉煌历程，也是网络音乐的重要发源地，具有良好的文化基础和产业基础。广东可以以数字音乐为新的文化产业增长点，鼓励支持原创网络音乐制作，建立优秀网络音乐产品评选和推广机制，支持建设数字音乐产业园区、孵化器等发展平台。第二，鼓励在线文化内容创新。在线文化内容已经成为人们日常生活中不可或缺的一部分，激发在线文娱、线上云播、在线文化会展、在线文化旅游等产业的创新活力，促进在线文化产业内涵式发展。第三，拓展数字化文化产品传播渠道。通过社交媒体矩阵、网络营销平台、数字出版平台、跨境电商平台等多元化渠道，在全球范围树立广东的数字化文化产品品牌。

（三）国际化发展战略

在全球文化市场的激烈竞争中，如何进一步提升广东文化产业的国际竞争力，让广东的文化瑰宝在全球舞台上熠熠生辉，是高水平推进广东文化强省的重要课题。为此，广东文化产业需要积极推进国际化战略，全面提升广东文化产业的国际影响力、竞争力和创新力。

构建全球化数字文化传播体系。在数字化时代，文化的传播速度和范围都得到了前所未有的扩展。对于广东这样的文化大省来说，利用数字技术构建全球化文化传播网络，是提升文化产业竞争力的关键。通过在线视频平台、数字博物馆等渠道，广东丰富的文化资源可以跨越地域限制，迅速且广泛地传播到全球各地。实施这一策略的重点在于数字化文化资源、国际化合作以及数据驱动优化。高精度的数字化技术能够将传统文化资源转化为适应现代传播方式的数字格式，而与国际知名平台的合作则能够将广东文化推向全球市场。此外，通过收集和分析用户数据，可以不断优化文化内容和传播策略，确保广东文化在全球范围的有效传播。

打造国际化文化产业集群。文化产业集群能够集聚创意、人才和资源，形成强大的产业协同效应，进而提升文化产业的国际竞争力。广东可以借鉴国际先进经验，如好莱坞的电影产业、伦敦西区的戏剧产业等，打造具备国际影响力的文化产业集群。实施这一策略的关键在于政策引导、国际合作与交流以及服务平台构建。政府可以出台相关政策，鼓励文化产业在特定区域内集聚，同时吸引国际知名文化企业和机构入驻，促进广东文化产业与全球市场的深度互动。此外，构建一站式服务平台，为入驻企业和创意人才提供项目孵化、资金支持、市场推广等全方位服务，也是推动文化产业集群发展的重要手段。

拓展"一带一路"文化交流与合作平台。"一带一路"倡议为广东提供了与沿线国家开展文化交流与合作的宝贵机会。通过与"一带一路"沿线国家开展文化交流活动，广东可以将自身的文化产品推向这些新兴市场，提升文化的知名度和影响力，同时促进双方文化产业的合作与发展。实施这一策略的关键在于文化交流活动策划与执行、市场拓展与合作项目推进以及政策支持与服务平台建设。在同"一带一路"沿线国家联合举办各类文化交流活动时，能够深入了解当地文化消费的需求和偏好，为文化产品的市场拓展打下基础。此外，政府可以出台相关政策支持文化企业拓展"一带一路"沿线国家市场，为合作项目提供必要的资金和资源支持。

实施"走出去"与"引进来"相结合的国际化战略。"走出去"能够提升广东文化的国际影响力，而"引进来"则有助于吸收国际先进经验和资源，促进广东文化产业的创新发展。这是一个双向互动的过程，既有利于提升广东文化的全球地位，也有助于广东引进国际优质资源，推动文化产业升级转型。政府可以出台一系列政策措施，如提供资金支持、简化审批程序等，帮助文化企业顺利"走出去"并参与国际竞争，同时制定优惠政策吸引国际优质文化资源和技术来粤投资，促进文化产业的技术升级和模式创新。此外，积极与国际知名文化企业和机构建立长期稳定的合作关系，共同推动文化产业的创新发展，也是实施这一战略的重要途径。

（四）高端人才计划战略

2018年3月，习近平总书记参加十三届全国人大一次会议广东代表团审议时强调：发展是第一要务，人才是第一资源，创新是第一动力。强起来靠创新，创新靠人才。人才政策、创新机制都是下一步改革的重点。[1] 人才是文化产业高质量发展的重要支撑，也是动力变革的核心力量。因

---

[1] 新华社中央新闻采访中心：《直通两会2018》，人民出版社2018年版，第77页。

此，如何吸引、培养和留住高端人才，成为广东文化产业提升核心竞争力的关键。

"星海计划"：全球高端人才猎头行动。"星海计划"旨在从全球范围内猎寻和引进高端人才和团队，着力将广东打造成为富有吸引力、竞争力和创造力的文化人才聚集地。"星海计划"在全球范围内进行人才寻访和选拔，重点关注那些在国际文化产业领域具有卓越成就和影响力的人才团队，为这些高端人才团队提供具有国际竞争力的薪酬、福利和研究条件，提供定制化的培养和发展计划，确保他们能够迅速融入广东的文化产业环境。同时，该计划通过与国际知名文化机构、艺术学院等建立合作关系，建立文化产业人才培养基地，为广东文化产业定向培养和输送具有创新思维、国际视野和资源整合能力的高端人才。

"智慧之塔"：高端人才研究与智库建设。"智慧之塔"是利用大数据和人工智能技术对文化产业高端人才进行深入研究的项目。该项目通过建立高端人才数据库和决策支持系统，汇聚数据科学、文化产业和人才研究领域的专家，与国内外知名智库和研究机构建立合作关系，共同开展高端人才研究。构建高端人才数据库和决策支持系统，为政策制定和企业决策提供实时数据支持。为了实现"智慧之塔"项目的目标，需要加大对数据科学和人工智能技术的投入力度，提升技术水平和应用能力。加强与国内外知名智库和研究机构的合作与交流，共同推进高端人才研究工作。此外，还需要建立完善的数据共享机制和保密制度，确保数据安全与合规使用。

"文化使者"：国际交流与合作项目。"文化使者"是选拔具有代表性和影响力的高端人才作为"文化使者"，推动国际文化交流与合作的项目。该项目意在充分发挥高端人才在国际文化领域的影响力和号召力，通过举办国际文化节、艺术展览、电影周等活动展示广东的文化魅力，重点加强同"一带一路"沿线国家的文化合作项目，为广东文化产业开拓更为广阔的国际市场空间。为了实现"文化使者"项目的目标，广东需要建立完善的高端人才选拔机制，确保选出的"文化使者"具有代表性和影响力。加强与国内外知名文化机构的合作关系，选派优秀人才出国培训深造，参加国际大型文化交流活动，共同推动文化交流与合作向更深层次发展。此外还需要加大对"文化使者"项目的宣传力度，提升其在国际上的知名度和影响力。

"岭南行动"：创新与创业支持项目。"岭南行动"是鼓励各类文化人才发扬开拓创新的岭南精神，激发文化创新创意活力，推动文化产业创新发展的项目。该项目注重打造开放、包容、充满活力的创意与创业生态环境，为人才提供优质的资源和服务。例如，通过各类文化创意比赛选拔出具有潜力的文化创意项目和人才；建设创新创业园区、孵化器、加速器等平台，为初创企业提供办公场所、资金支持、法律咨询等服务；举办创业培训、导师辅导等活动，提升创业者的能力和素质；推动知识产权保护和管理，保障创新成果的合法权益；与风险投资机构、银行等金融机构进行合作，为高端人才的创业项目提供融资支持。

▼三 提炼展示岭南文化的独特标识

岭南文化是广东文化的根脉和灵魂，凝聚着广东人民千百年来的智慧与创造。高水平推进广东文化强省建设，必须深入挖掘和阐发岭南文化的精髓，推动其传承与创新，守护好广东的历史文脉。同时，也要以开放包容的心态，积极推动岭南文化与世界多元文化交流互鉴，让岭南文化在更广阔的舞台上绽放光彩。

（一）守护传承岭南历史文脉

在大发展大变革的时代背景下，传统文化是我们在世界文化激荡中站稳脚跟的精神根基。广东作为岭南文化的主要发源地和核心地带，有责任守护好、传承好岭南历史文脉，在历史文化保护方面树立标杆。

深化岭南历史文化研究，不断挖掘和阐发岭南文化精髓。岭南文化是广东的重要文化标识，广东学界有责任和义务肩负起唤醒岭南文化记忆、擦亮岭南文化标识的历史重任和光荣使命，不断提升岭南文化在广东文化中的标识性地位。为了深入探索岭南文化的核心要素和独特魅力，政府应通过课题委托等方式，组织专业的研究团队，在既有研究的基础上，利用现代技术手段对岭南文化进行全面深入的开掘、整理和研究，对岭南的历史、民俗、艺术和哲学等各个领域进行系统的理论研究。特别是要深入挖掘岭南古籍和历史文献中的价值理念和哲学思想，收集、整理岭南传奇故事、传统节庆、民间习俗等，从理论的高度挖掘其背后的思想内涵和社会价值。这种研究不仅有助于更好地保护和传承岭南文化，还能为文化产业的发展提供学术支持和创新动力。

加强岭南非遗保护与传承，推动岭南传统技艺和民间艺术等走进现代生活。岭南地区拥有众多珍贵的非物质文化遗产，这些遗产不仅具有历史和文化价值，还有巨大的经济和社会价值，对于提升广东文化的国际竞争力至关重要。为了保护和传承这些宝贵的遗产，并推动其在现代社会生活中焕发新的活力，必须建立省级综合性保护与传承体系。这个体系应包括：对全省的传统工艺和非遗进行详细调查和登记，制定相关法规明确保护责任和措施，设立专门机构集中资源进行保护、传承和推广工作，加强人才培养以确保技艺和知识的传承，以及开展学术研究深入挖掘其历史、艺术和社会价值。随着时代的发展，还应不断创新传承方式。例如，利用虚拟现实等现代科技手段，使传统工艺和非遗文化以更生动的方式展现给公众；将传统元素融入现代设计，开发出富有创意的产品来吸引年轻消费者；组织手工艺体验课程和民间艺术表演等活动，让公众更深入地了解和热爱这些传统工艺和非遗文化。

加强岭南文化的教育和普及工作，提高人民对岭南文化的认知度和认同感。岭南文化是广东地区的文化根基和精神家园，具有深厚的历史底蕴和独特的艺术魅力。然而，在现代社会中，随着生活节奏的加快和外来文化的冲击，岭南文化面临着被淡化和被遗忘的风险。为了强化广东文化强省建设的底蕴与特色，全方位提升岭南文化作为广东文化标识的地位与价值，必须加强岭南文化的教育和普及工作，让公众更加全面、深入地了解岭南文化的历史、内涵和价值，从而增强对本土文化的认同感和归属感。具体而言，一是完善岭南文化教育体系。主要措施包括：将岭南文化纳入学校课程、编写适用于不同年龄段的岭南文化教材、对教师进行专业培训、建立实践基地等。这些措施有助于增强教育内容的严谨性和生动性，提高教师教学水平和文化素养，确保教育工作的质量。二是开展岭南文化普及活动。例如：举办有关岭南文化的展览、组织讲座和研讨会、制作和播放影视节目、开展文化体验活动等。

建立健全岭南文化传承创新体系，促进岭南文化在全国范围的传播与发展。岭南文化是广东地区文化的瑰宝，也是中华文化的重要组成部分。建立健全岭南文化传承创新体系，对于保护和传承这一独特的地域文化，促进文化多样性和社会和谐发展具有重要意义。推动岭南文化的传承和发展需要从政策保障、人才培养和资金支持三个方面入手：首先，政府将岭南文化纳入文化产业发展规划和战略，制定相关扶持政策，为岭南文化的传承、创新、传播和发展提供有力保障。这包括制定法律法规、明确权利与义务、保护知识产权和合法权益等。其次，人才是岭南文化传承创新的核心力量。通过在普通高校和职业院校开设相关专业和课程，培养和引进一批高素质的专业人才，建立传承人培养机制等方式，确保岭南文化的传承绵延。最后，资金支持是推动岭南文化传承创新的重要保障。政府需要设立专项资金，并鼓励支持社会资本投入，形成多元化的资金来源渠道，为相关项目提供充足的资金支持。

（二）创新发展岭南文化表达

鼓励文艺工作者创作具有岭南特色的文艺作品，推动岭南文化走向世界舞台。岭南文化作为中华优秀传统文化的重要组成部分，具有丰富多样的文化元素，包括独特的建筑风格、民间艺术、戏曲音乐、饮食文化等。文艺工作者应深入挖掘这些文化元素，将其作为文艺创作的素材，通过艺术手段进行加工和创新，创作出具有岭南特色的文艺作品。在文艺创作中，应鼓励原创性和创新性，打造岭南文化精品，避免简单复制和模仿。通过深入挖掘岭南文化的内涵和价值，结合现代审美和市场需求，创作出具有独特风格和时代气息的文艺作品。为了让更多的人了解和欣赏岭南文化，应通过文化交流活动、艺术展览、媒体报道等渠道和平台，积极推广和传播岭南文化，宣传和展示岭南文化的魅力和价值。特别要加强与国内外相关机构的合作与交流，推动岭南文化走向世界舞台，不断扩大其影响力和知名度。

支持以岭南文化为创意元素的文化产业发展。文化创意产业是融合文化元素和创新动力的新兴产业，具有巨大的市场潜力和良好的发展前景。岭南文化，作为中华优秀传统文化的璀璨瑰宝，为文化创意产业提供了无尽的灵感源泉。为了充分利用这一资源优势，需要深入挖掘岭南文化的历史、民俗、艺术和建筑等元素，寻找那些具有代表性和独特性的文化符号和形象。这些元素不仅可以为文化创意产业提供丰富的创意来源，还是培育具有岭南特色品牌的基础。通过强化品牌建设，可以设计独特的品牌形象、推广活动和营销策略，提升品牌的竞争力和影响力。同时，促进文化创意产业与旅游、制造、科技等相关产业的融合发展，形成紧密的产业链和产业集群效应，共同开发出具有岭南特色和文化内涵的高附加值产品和服务。

加强岭南文化的媒体传播力和影响力建设。在全球化的大背景下，如何让岭南文化走向全国、走向世界，是广东面临的重要课题。媒体传播在这一过程中扮演着至关重要的角色。现代科技手段为岭南文化的创新表达提供了广阔的空间。通过数字化技术、虚拟现实技术等，可以将岭南文化元素进行生动的数字化呈现，为观众打造沉浸式的文化体验。这种创新的表达方式不仅能吸引年轻一代的关注，还能让更多人深入地了解和感受岭南文化的魅力。影视作品和出版物是岭南文化传播的重要途径。广东地区在影视制作、出版发行等方面具有显著优势，应充分发挥这些优势制作和发行具有岭南特色的影视作品和出版物，通过生动的故事和精美的画面，展现岭南文化的历史底蕴和独特魅力，提升广东地区在文化产业领域的竞争力和影响力。

鼓励社会各界参与岭南文化的传承与创新。鼓励社会各界参与岭南文化的传承与创新至关重要，不仅可以促进岭南文化的广泛传播和创新发展，还可以增强广东人民的文化认同感和凝聚力。政府可以设立专项基金，鼓励企业、社会组织和个人积极参与岭南文化活动，面向岭南文化研究团体或研究机构提供丰富的研究资料，面向社会民众开放文化资源，形成合力推动岭南文化的创新发展。要在社会层面上加强宣传教育，利用社交媒体进行推广，开设相关公众号或账号，推广成功案例，表彰优秀企业和个人，建立示范区和示范基地，开发互动式体验项目，组织志愿者服务、文化体验等活动，形成全民共建共享的文化发展格局。通过全社会的共同努力和参与，可以更好地保护和传承岭南文化这一宝贵的文化遗产，并为其创新发展注入新的活力和动力。

（三）推动岭南文化走向世界

积极争取国际高端文化论坛落户广东，组织承办国际大型高端峰会，将广东打造成为世界文化交流中心。在当今全球化趋势日益显著的背景下，文化的交流与融合已成为国家和地区间互动的关键。对于拥有深厚文化底蕴和特色的广东来说，将岭南文化推向国际舞台是必须肩负的任务使命。其中，积极争取国际高端文化论坛是提升岭南文化的国际影响力的重要途径。岭南文化作为中华民族传统文化的重要分支，拥有悠久的历史和独具特色的艺术。广东的音乐、戏曲、绘画以及独特的建筑风格和饮食文化，都体现了岭南文化的丰富多样性。这种文化的独特性和深厚底蕴，成为吸引国际高端文化论坛的关键。此外，政府的政策扶持，如为国际论坛提供税收优惠等，完善的硬件设施，如建设具有国际水准的会展中心和博物馆等，以及与国际文化组织的紧密合作，都有助于吸引更多高端文化论坛选择广东为举办地，这将为岭南文化的国际传播提供持续、稳定的平台，为广东的文化事业注入新的活力和动力。

健全广东海外文化产业推广平台，特别是要加强与"一带一路"沿线国家和地区的文化交流合作，充分展现岭南文化的魅力和影响力。为了更有效地展示岭南文化的魅力，广东需要构建全面且高效的海外文化推广平台。这包括成立专业的推广机构，与国内外知名文化机构合作，以确保推广活动具有专业性和广泛影响。同时，针对不同国家和地区的语言和文化特点，制作多语种的宣传材料，并利用多语种网站和社交媒体拓展传播渠道。此外，在海外重要城市和地区举办各类文化交流活动，与当地文化机构和艺术家合作开展艺术展览、文艺演出等，展示岭南文化的独特魅力。

建立广泛的文化合作网络也是关键，要积极与海外文化机构、学术团体、企业等建立稳固的合作关系，签订文化交流协议，以推动双方在文化、学术、产业等领域的持续深度合作。加强同"一带一路"沿线国家和地区的文化交流合作，是广东历史文化与现实状况的内在要求。广东要积极推进政策沟通，与"一带一路"沿线国家和地区共同制定文化交流合作方案，定期举办文化交流论坛等活动，组织省内一流艺术家和艺术团体进行交流演出和展览，邀请当地的艺术机构和艺术家进行互访交流。此外，广东需要重点开展同"一带一路"沿线国家和地区的文化遗产保护项目和研究合作，共同保护和传承世界文化遗产，推动岭南文化与其他文化的交流与融合。这些措施将有助于加强与"一带一路"沿线国家和地区的文化交流合作，提升广东在国际舞台上的文化软实力和国际形象。

推动岭南文化与制造业、商业深度融合，全方位扩大岭南文化的世界传播力和影响力。岭南文化走向世界并不仅是单向的文化输出，而是一个与世界文化交融、共生和互相影响的过程。推动岭南文化与广东发达的制造业、商业深度融合，能够在多个维度上加强文化的国际传播，扩大其影响力。首先，考虑到岭南文化所蕴含的独特性以及广东制造业在技术和规模上的领先地位，两者的有机结合能够创造出具有鲜明文化特色的产品。制造业作为重要的文化输出载体，能够将岭南文化融入产品设计、工艺制造等多个环节。以家具制造为例，可以将岭南陶瓷制作、丝绸织造、木雕工艺等传统艺术手法融入现代家具之中，使其在形态、触感和制造工艺上都能展现出岭南文化的独特魅力。当这些产品在国际市场上得到推广和销售时，它们不仅仅是商品，更是岭南文化的传播媒介，帮助世界各地的消费者通过使用和接触这些产品来深入感知岭南文化的魅力。其次，商业环境在文化传播方面具有不可忽视的作用。广东商业氛围浓厚，可以借助各种与岭南文化相关的商业活动和品牌推广来进一步推广岭南文化。例如，可以在商业中心或购物中心策划和举办各种岭南文化的展览或推广活动，吸引大量的国际游客和商务人士，使他们在参与商业活动的同时，也能深入了解和感受岭南文化。这种交流方式不仅局限于展示，更重要的是互动和体验，使国际友人能更加直接地体验和感知岭南文化，从而实现文化的双向交流，并促成有益的互动与合作。

▶ 后　记

　　2024年，恰逢中山大学百年华诞，本书作为中山大学中共党史党建研究院携手广东人民出版社精心策划的《奋力建设现代化新广东研究丛书》其中之一，旨在系统回顾并总结新时代以来广东文化强省建设的壮阔历程与辉煌成就，深入分析其成功经验与路径选择。

　　自党的十八大以来，在习近平同志的引领下，党中央将文化建设提升至前所未有的战略高度，为广东及全国的文化繁荣发展指明了方向。在这一宏伟蓝图的激励下，广东文化强省建设成果斐然，为本书的研究提供了丰富的实践案例与深厚的理论基础。

　　在深入探究中，我们深切体会到广东文化强省建设的多元融合与开放包容。岭南文化的深厚积淀、改革开放的锐意进取、现代科技的蓬勃创新以及对外开放的广阔胸襟，共同铸就了广东文化强省建设的独特魅力。我们期望通过本书，让更多读者领略到广东文化强省建设的生动实践，感受其独特的文化韵味与发展活力。同时，我们也为广东文化强省建设所展现出的勃勃生机与无限潜能而深感振奋。作为改革开放的先行者，广东的文化建设成功实践不仅为本地经济社会发展注入了强大的精神动力与文化支撑，也为全国乃至全球的文化建设提供了宝贵经验与深刻启示。然而，我们也清醒地认识到，文化建设是一项长期而艰巨的任务，需要政府、社会、企业以及每个人共同努力。尽管广东在文化强省建设上已取得显著成效，但仍面临诸多挑战与机遇。面对新时代的新要求，广东文化强省建设仍需在多个领域持续发力，不断创新突破。我们期待广东能继续发挥自身优势与特色，为全国的文化建设贡献更多广东智慧与广东方案。

本书顺利出版，离不开广东人民出版社的大力支持与辛勤付出。在此，我们要特别感谢肖风华社长、黄少刚总编辑、卢雪华副总编辑和曾玉寒主任的悉心指导与鼎力相助，以及编辑团队的精心编校与无私奉献。同时，我们也要向中山大学马克思主义学院院长沈成飞教授、陈有志书记，副院长张浩教授表达衷心感激！感谢你们在本书从选题到撰写再到出版的全过程中给予的宝贵指导与大力支持。本书由我与博士生刘梦雪合著，本人负责整体构思、框架编排、资料整理以及第五章与第九章的实际撰写，刘梦雪负责第一章至第四章、第六章至第八章的实际撰写。此外，中山大学马克思主义学院的博士生杨丽梅同学、硕士生王德礼和陈佳彬同学也参与了本书的文献核对与文字校对工作，在此一并致以诚挚的谢意。

最后，尽管我们在撰写过程中力求全面、客观、准确地反映广东文化强省建设的实践与成就，但由于时间与能力所限，书中难免存在不足之处。我们诚挚地欢迎广大读者提出宝贵意见与建议，以便我们在今后的研究与工作中不断改进与完善。我们将持续关注广东文化建设的最新动态，深入研究其内在规律与发展趋势，为推动广东文化强省建设贡献更多理论成果与实践智慧。我们坚信，在党中央的坚强领导下，在社会各界的共同努力下，广东文化强省建设必将取得更加辉煌的成就，为实现中华民族伟大复兴的中国梦贡献更多的文化力量。

廖茂忠

2024年于广州